KB219364

하용조 강해서 전집 23

에베소서

하나 됨의 열망

하용조 강해서 전집 23

에베소서
하나 됨의 열망

지은이 | 하용조
초판 발행 | 1999. 6. 7
개정판 발행 | 2021. 7. 21
등록번호 | 제1988-000080호
등록된 곳 | 서울특별시 용산구 서빙고로 65길 38
발행처 | 사단법인 두란노서원
영업부 | 2078-3352   FAX | 080-749-3705
출판부 | 2078-3331

책값은 뒤표지에 있습니다.
ISBN 978-89-531-3501-7 04230

독자의 의견을 기다립니다.
tpress@duranno.com   www.duranno.com

두란노서원은 바울 사도가 3차 전도여행 때 에베소에서 성령 받은 제자들을 따로 세워 하나님의 말씀으로 양육하던
장소입니다. 사도행전 19장 8-20절의 정신에 따라 첫째 목회자를 돕는 사역과 평신도를 훈련시키는 사역, 둘째 세
계선교(TIM)와 문서선교(단행본·잡지) 사역, 셋째 예수문화 및 경배와 찬양 사역, 그리고 가정·상담 사역 등을 감당하
고 있습니다. 1980년 12월 22일에 창립된 두란노서원은 주님 오실 때까지 이 사역들을 계속할 것입니다.

하용조 강해서 전집 23

에베소서
하나 됨의 열망

두란노

하나님 나라를 꿈꾸는
모든 이에게

바울 서신의 꽃이요 면류관으로 불리는 에베소서는 다른 어떤 성경보다도 귀중합니다. 에베소서는 사도행전적 교회를 세우는 데 살과 근육을 제공합니다. 바울은 에베소서를 통해 사도행전적 교회의 모습에서 한 걸음 더 나아갑니다. 하나님의 이상적인 교회의 모습은 무엇인가, 하나님이 원하시는 참다운 성도는 어떤 사람인가, 믿음은 무엇인가, 예수님을 믿는다는 것은 또 무엇인가 등등의 문제를 요약해 주고 있습니다.

에베소서는 에베소 교회에만 보내는 편지가 아닙니다. 어떤 사본에는 '에베소에 보내는 편지'라고 쓰여 있지만, 어떤 사본에는 '에베소'라는 말이 빠져 있는 것을 보면, 일종의 회람 형식의 편지였음을 알 수 있습니다.

이 점을 언급하는 이유는, 바울의 다른 서신들은 대개 그 교회의 문제를 해결하기 위해 쓴 편지들이기 때문입니다. 그러니까 고린도 교회에 문제가 생겼기 때문에 고린도전·후서가 쓰였고, 빌립보 교회에 문제가 생겼기 때문에 빌립보서가 쓰였습니다. 그러나 에베소서만큼은 에베소 교회에 문제가 있어서 쓰인 편지가 아닙니다.

우리는 사람의 이상과 경험이 아니라 하나님의 교회의 이상과 아이디어는 무엇인가를 정확히 알고, 이해할 필요가 있습니다. 하나님의 뜻을 분명히 깨달아야만 교회를 바르게 섬길 수가 있기 때문입니다. 그래야 이 땅에서 예수님을 후회 없이 믿고, 천국까지 갈 수 있습니다.

에베소서는 교회의 본질과 모습뿐 아니라 교회의 능력과 영광이 무엇인지 가르쳐 줍니다. 특별히 구원받은 자가 누려야 할 영광스러운 삶이 얼마나 아름답고 능력 있는지, 성령 안에서 하나 됨의 축복이 얼마나 큰 것인지를 보여 줍니다.

그리스도 안에서 연합하며 성령 안에서 하나 됨은 그리스도인의 삶의 핵심이며 연합과 일치는 세상을 변화시키는 힘입니다. 그럼에도 불구하고 한국 교회는 너무나 많은 분열과 상처와 아픔을 가지고 성장했습니다. 오늘날 한국 교회가 배워야 할 중요한 교훈은 '하나 됨'이라고 생각합니다. 우리에게는 믿음도 있고, 열성도 헌신도 있습니다. 그러나 결정적으로 부족한 것이 있다면, 서로 사랑하고 존경하고 격려하는 '하나 됨'입니다.

한국 교회가 아무리 기적적으로 성장하고 부흥했다고 해도, 서로 섬기고 협력하고 하나 됨의 아름다움을 갖지 못한다면, 그것이 어찌 복음의 능력이 되겠습니까? 그리스도인들끼리 서로 사랑하지 못하면서 어찌 복음의 진보이겠습니까? "빛의 자녀들"(엡 5:8)의 특징은 서로 사랑하고 하나 되는 것입니다.

하나님은 이 시대에 필요한 것은 사도행전적인 '사람'이라고 말씀하십니다. 이것은 모든 교회를 향한 하나님의 요구이기도 합니다. 즉 세상에 그리스도인이 많지만, 하나님은 참된 그리스도인을 찾으신다는 것입니다. 진정한 사도행전적 능력을 가진 사람들을 찾으십니다.

그러기 위해서는 능력과 말씀과 성령과 사랑과 교제, 그리고 기도가 충만해야 합니다. 그래서 하나님이 원하시는 두 가지 기본 요구, 즉 땅끝까지 복음을 전하라고 하신 '선교'의 사명과 "네 이웃을 네 자신과 같이 사랑하라"(마 19:19)고 하신 '봉사와 구제'의 사명을 감당해 나가야 합니다.

에베소서는 6장으로 구성된 짧은 책이지만, 하나님 나라를 꿈꾸는 모든 이에게 그리스도인의 삶의 진수를 보여 주는, 생수와도 같은 책입니다. 에베소서를 읽는 모든 사람이 영적인 변화와 성숙을 경험하기를 기도합니다.

차례

3부

함께 승리하는 그리스도인

에베소서 5:1-33, 6:1-24

1부

그리스도의 몸 된 교회

에베소서 1:1-23, 2:1-22

에베소서는 하나님의 구원에 관한
온전한 진리와 하나님의 아름다운 모습을
그대로 전해 주기 위해서 쓴 편지이기 때문에,
다른 서신서들과는 달리 논쟁과 관련된 내용이 없습니다.
순수하게 하나님의 구원의 진리와 그 구원의 놀라운 풍요함과
하나님의 계획과 하나님의 온전하심을 교회 모습을 통해
그대로 보여 주고 있습니다. 이것이 에베소서의 특징입니다.

1

예수 안에 있는
신실한 사람들

에베소서 1:1-2

그리스도 안에서 쓴 편지

사도행전 마지막 장은 우리가 잘 아는 대로, 바울이 죄인의 몸으로 꿈에 그리던 로마에 도착하여 셋집에 살면서 2년 동안 하나님의 말씀을 전파하는 내용입니다. 바울은 3차 전도 여행 첫 무렵에 3년 동안 에베소 교회에서 목회했었습니다. 에베소서는 바울이 로마의 셋집에서 성경을 가르치는 동안에 쓴 편지입니다. 그러므로 이 편지가 쓰인 시기는 AD 60-64년 경일 것으로 보입니다.

6장으로 구성된 에베소서는 하나님의 구원에 관한 온전한 진리와 하나님의 아름다운 모습을 그대로 전해 주기 위해서 쓴 편지이기 때문에, 다른 서신서들과는 달리 논쟁과 관련된 내용이 없습니다. 어떤 문제를 해결하기 위해 쓴 편지가 아니라는 뜻입니다. 이 편지는 순수하게 하나님의 구원의 진리와 그 구원의 놀라운 풍요함과 하나님의 계획과 하나님의 온전하심을 교회 모습을 통해 그대로 보여 주고 있습니다. 이것이 에베소서의 특징입니다.

에베소서에 담긴 하나님의 메시지를 이해하기 위해서는 자주 언급되는 몇 가지 단어와 구절들을 이해할 필요가 있습니다. 먼저, "그리스도 [예수] 안에서"(in Christ [Jesus])입니다. 1장 1절부터 시작하여 2장, 3장, 4장에 이르기까지 이 말이 계속 나옵니다. 주로 하나님의 구원의 경륜과 비밀과 섭리와 그리스도인의 몸으로서의 교회를 설명할 때, 사용되었습니다. "그리스도 [예수] 안에서"(in Christ [Jesus])라는 말이 특별히 많이 나온다는 사실을 기억해 두면 에베소서를 이해하는 데 도움이 될 것입니다.

에베소서에 많이 나오는 두 번째 말은 "하늘"입니다. 1장에서만 "하늘에 속한"(3절), "하늘에 있는"(10절), "하늘에서"(20절) 등 세 번이나 나옵니다. 이는 하나님의 축복과 구원의 역사가 '하늘에서부터' 우리에게 어떻게 임했고, '하늘의 사건'이 이 땅에서 어떻게 일어났는가를 구체적으로 알려 주기 위함입니다(참조, 엡 1:3, 20; 2:6; 3:10).

다음으로는 "풍성[함]"(riches)이 있습니다. "그의 은혜의 풍성함"(엡 1:7), "그 기업의 영광의 풍성함"(엡 1:18), "긍휼이 풍성하신 하나님"(엡 2:4), "그 은혜의 지극히 풍성함"(엡 2:7), "측량할 수 없는 그리스도의 풍성함"(엡 3:8) 등 1장에서 3장까지 여러 번 등장합니다.

한 가지 더 강조할 말은 '가득하다'는 뜻의 "충만[함]"(fullness; to fill)입니다. 삼위일체 하나님의 충만을 나타낼 때 쓰였습니다. "하나님의 모든 충만하신 것으로"(엡 3:19), "그리스도의 장성한 분량이 충만한 데까지"(엡 4:13), "성령으로 충만함을"(엡 5:18) 등이 그것입니다.

하나님의 주권과 부르심의 확신

에베소서의 기본 대주제는 하나님입니다. 하나님의 주권에서부터 편지가 시작됩니다. 1장 1절을 보십시오.

> 하나님의 뜻으로 말미암아 그리스도 예수의 사도 된 바울은 에베소에 있는 성도들과 그리스도 예수 안에 있는 신실한 자들에게 편지하노니(엡 1:1).

바울 신학의 첫출발은 바울 자신이 아닌 '하나님'입니다. 그는 모든 글에서 하나님의 주권을 강조하곤 합니다. '하나님의 주권'이 에베소서의 첫 번째 주제입니다. 그는 영원하시고 영존하시고 스스로 계시는 하나님, 영원부터 영원까지, 영광에서 영광에 이르시는 살아 계신 인격자 하나님에 관해 계속해서 관심을 둡니다.

'하나님의 주권'과 더불어 나타나는 두 번째 주제는 '교회의 비밀'입니다. 바울은 교회가 무엇인가에 관해 많은 이야기를 들려줍니다. 감추어졌던 비밀이 드러난 사실을 말하고 있습니다.

세 번째 주제는 '사랑'입니다. 1장 시작 부분과 6장 끝부분을 보십시오.

> 그 기쁘신 뜻대로 우리를 예정하사 예수 그리스도로 말미암아 자기의 아들들이 되게 하셨으니 이는 그가 사랑하시는 자 안에서 우

리에게 거저 주시는 바 그의 은혜의 영광을 찬송하게 하려는 것이라(엡 1:5-6).

아버지 하나님과 주 예수 그리스도께로부터 평안과 믿음을 겸한 사랑이 형제들에게 있을지어다 우리 주 예수 그리스도를 변함없이 사랑하는 모든 자에게 은혜가 있을지어다(엡 6:23-24).

구원의 놀라운 드라마가 사랑에서 시작하여 사랑으로 끝나는 것을 볼 수 있습니다.

그렇다면 사도 바울은 에베소서를 통해 우리에게 무엇을 보여 주려고 했을까요? 세 가지로 생각해 볼 수 있습니다. 첫째, 바울은 자기가 '하나님으로부터 부름 받았다고 하는 확신'을 보여 줍니다. 1절을 보십시오.

하나님의 뜻으로 말미암아 그리스도 예수의 사도 된 바울은 에베소에 있는 성도들과 그리스도 예수 안에 있는 신실한 자들에게 편지하노니.

사도 바울이 쓴 편지는 대개 이와 비슷한 말로 시작됩니다. 골로새서도 에베소서와 똑같이 시작합니다. 로마서는 "예수 그리스도의 종 바울은 사도로 부르심을 받아 하나님의 복음을 위하여 택정

함을 입었으니"(롬 1:1)라는 고백으로 시작합니다. 바울은 자신을 "예수 그리스도의 종"이요 사도로 선언하는데, 자기가 원해서 된 것이 아니라 하나님이 복음을 위해 따로 세워 주셨다고 말합니다.

고린도전서는 "하나님의 뜻을 따라 그리스도 예수의 사도로 부르심을 받은 바울"(고전 1:1)이 편지를 쓴다고 밝히는 것으로 시작되며, 고린도후서도 마찬가지입니다. 갈라디아서에서는 자신을 "사람들에게서 난 것도 아니요 사람으로 말미암은 것도 아니요 오직 예수 그리스도와 그를 죽은 자 가운데서 살리신 하나님 아버지로 말미암아 사도 된 바울"(갈 1:1)로 소개합니다. 그런가 하면, 빌립보서는 "그리스도 예수의 종 바울과 디모데는 그리스도 예수 안에서 빌립보에 사는 모든 성도와 또한 감독들과 집사들에게 편지하노니"(빌 1:1)라고 시작합니다.

이처럼 바울은 자신의 첫출발과 그의 존재의 의미를 자신에게 두는 것이 아니라 '하나님'에게 두고 있습니다. 그는 "내가 나 된 것은 하나님의 은혜"(고전 15:10)라고 고백합니다.

이것이 신앙의 첫출발입니다. 신앙은 나에게서 출발하는 것이 아니라 하나님에게서부터 출발합니다. 내가 주님을 찾아온 것이 아니요, 주님이 먼저 나를 찾아오셨습니다. 내가 먼저 주님을 사랑한 것이 아니요 주님이 먼저 나를 사랑하셨습니다. 내가 먼저 하나님을 택한 것이 아니요 하나님이 먼저 나를 택하셨습니다.

그래서 바울은 하나님이 그를 부르셨고, 그를 택하셨다는 믿음으로 "사망아 너의 승리가 어디 있느냐 사망아 네가 쏘는 것이 어디 있느냐"(고전 15:55)라고 당당히 말할 수 있었습니다. 이것이 사도 바울의 신앙입니다.

왜 많은 사람이 신앙의 흔들림을 경험합니까? 확신이 없기 때문입니다. 왜 많은 사람이 그렇게 절망하고 좌절합니까? 왜 하나님의 은혜를 받지 못합니까? 바로 확신이 없기 때문입니다. 확신이 얼마나 중요한지 모릅니다. 확신은 모든 영역에 적용됩니다. '하나님이 우리에게 교회를 주셨다'는 확신에서부터 교회가 비롯되었고, '하나님이 나를 부르셨다'는 확신에서부터 소명이 비롯되었습니다.

하나님에게 부름 받았다는 확신, 하나님이 배우자를 주셨다는 확신, 하나님이 나를 한국인으로 태어나게 하셨다는 확신, 이런 확신이 없으면, 이 땅에 사는 것이 참으로 저주스럽게 느껴질 것입니다. 그러나 하나님이 나를 고난의 역사 속에 보내어 그 고난을 통해 하나님에게 영광을 돌리게 하셨다고 생각하면, 내가 사는 이 땅은 영광스러운 땅으로 변합니다.

그러므로 확신이 필요합니다. 내가 사는 이유에 관한 확신이 필요합니다. 직장이나 가정이나, 개인적으로나 국가적으로나 하나님이 나를 부르시어 이 시대의 사명을 감당하도록 하셨다는 확신이 있어야 합니다.

바울의 사역은 이러한 확신에서부터 시작되었습니다. 그래서 그는 "유대인들에게 사십에서 하나 감한 매를 다섯 번 맞았으며 세 번 태장으로 맞고 한 번 돌로 맞고 세 번 파선하고 일 주야를 깊은 바다에서 지냈으며 여러 번 여행하면서 강의 위험과 강도의 위험과 동족의 위험과 이방인의 위험과 시내의 위험과 광야의 위험과 바다의 위험과 거짓 형제 중의 위험을 당하고 또 수고하며 애쓰고 여러 번 자지 못하고 주리며 목마르고 여러 번 굶고 춥고 헐벗었노라"(고후 11:24-27)라고 말하면서도 자신의 사명을 조금도 의심하지 않았습니다. 그러기에 바울은 죽는 순간까지 하나님께 충성할 수 있었고, 결과적으로 전 유럽을 복음으로 뒤집을 수 있었습니다.

우리에게도 이런 확신이 있어야 합니다. '우리 가정은 하나님이 만들어 주셨고, 내 자녀는 하나님이 주셨다'는 확신이 있으면, 어떤 시련도 이겨 낼 수 있습니다.

거룩에의 열망

바울이 에베소에 보낸 편지에서 그가 성도들을 향하여 쓴 표현을 보면, 예수님을 믿는 사람은 누구이며 어떤 사람인지를 알 수 있습니다.

> … 바울은 에베소에 있는 성도들과 그리스도 예수 안에 있는 신실한 자들에게 편지하노니(엡 1:1b).

이 구절에는 그냥 흘려 버려서는 안 될 아주 중요한 의미가 세 가지 담겨 있습니다. 첫째, 바울은 이 편지를 "성도들"(the saints)에게 보낸다고 밝히고 있습니다. 구약에서 "하나님의 백성"이 '선택된 민족, 구별된 민족'을 의미하듯이 "성도들"이란 '구별된 사람들'을 가리킵니다.

성도로 번역된 헬라어 '하기오이스'(ἁγίοις)는 '거룩한 자'라는 뜻입니다. 거룩은 그 사람의 도덕적 깨끗함이나 윤리적 깨끗함을 의미하는 것이 아닙니다. 이스라엘 민족이 세상 민족보다 윤리적으로 더 깨끗한 것은 아닙니다. 그러나 그들은 하나님께 선택받은 민족이라는 선민사상이 있습니다. '구별된 사람들'이라는 것입니다.

그리스도인은 "나는 세상에 속하지 않고, 하나님 나라에 속했다. 내 시민권은 땅에 있지 않고, 하늘에 있다. 내 생명은 하나님의 생명책에 기록되어 있다. 나는 마귀가 아닌 하나님께 속한 사람이다. 거룩한 하나님의 천국 백성이다"라는 신앙고백이 있어야 합니다. 이 생각은 어마어마한 결과를 낳습니다.

오늘날 하나님을 믿는다는 사람들에게서 이런 생각은 찾아볼 수 없습니다. 어느 정도까지 심각한지 압니까? 주일을 구별하여 드리지 않습니다. 옛날 믿음의 선배들은 주일에 음식을 사 먹지 않았고, 빨래도 하지 않았습니다. 안식일을 거룩히 지키기 위해서 아무것도 하지 않았습니다. 비록 율법주의적인 행동이기는 했지만, 안식일을 거룩하게 지키려는 그들의 노력 덕분에 오늘의 기독교가 있다고 봅니다.

　그런데 요즘은 안식일 하루는커녕 주일 예배 2시간조차 지킬까 말까 합니다. 설교를 30분 이상 들으면 귀찮아합니다. 불편한 것을 아주 싫어합니다. 모든 것을 간단하게, 간편하게만 하려고 합니다. 세상 사람들과 다를 것이 하나도 없게 되었습니다. 교회도 성공을 좋아하고, 물질을 좋아하고, 부자 되는 것을 좋아하고, 돈 많은 사람과 권력을 좋아합니다. 그러니 세상이 교회를 봐도 감동을 받지 않습니다.

　무엇이 잘못되었을까요? "나는 성도다"라는 생각이 없기 때문입니다. 즉 나는 '하나님의 사람'이라는 생각이 없기 때문입니다. '성도'라면, '나는 죄인이며 완전하지 않다. 하지만 이래 봬도 나는 예수님을 믿는 사람이다. 하나님의 사람이다. 내 안에는 생명이 있다'고 말할 수 있어야 합니다.

　"성도"에는 또 다른 중요한 뜻이 있습니다. 하나님의 백성답게 사는 사람이 바로 성도라는 것입니다. 죄를 안 짓는 사람이 아니라 성령의 도우심으로 죄짓지 않으려고 노력하는 사람, 죄를 미워하고 싫어하는 사람, 불의를 미워하고 싫어하는 사람, 그래서 죄를 미워하는 마음으로 체질이 변하여 심령이 깨끗해지고, 거룩과 청결의 옷을 입고, 그리스도의 피로 영혼이 정결해진 사람을 '성도'라 말합니다.

　구약부터 신약까지 성경을 전체적으로 보면, 하나님이 하나님의 백성에게 강조하는 것이 하나 있습니다. 그것이 무엇입니까? 하나님의 백성을 "거룩하게 하라"는 것입니다.

여호수아는 가나안에 있는 31명의 왕을 죽이며 가나안 땅을 점령해 갔습니다. 그 비결이 무엇입니까? 전쟁 수행 능력 때문이 아닙니다. 비결은 두 가지입니다. "이 율법책을 네 입에서 떠나지 말게 하며 주야로 그것을 묵상하여 그 안에 기록된 대로 다 지켜"(수 1:8) 행하고, "백성을 거룩하게"(수 7:13) 하라는 것입니다. 이것이 영적 무기입니다.

오늘날 한국 교회가 직면한 가장 큰 위기는 무엇입니까? 정치적, 경제적, 사회적 위기가 아니라 도덕적 위기입니다. 예수님을 믿는 사람들이 거짓말하고, 거룩하게 살지 못하고, 깨끗하게 살지 못하는 것이 하나님 보시기에는 가장 큰 위기입니다. 예수님을 믿는 사람이 타락하면서부터 하늘의 심판이 임합니다.

그러므로 예수님을 믿는 사람은 거룩에 대한 열망을 품어야 합니다. 십자가를 바라보면서 날마다 주님을 닮아 가고, 깨끗하게 살아야 합니다. 이런 사람을 가리켜 성도라고 할 수 있습니다. 성도는 예수 그리스도의 십자가 보혈로 정결함을 입고, 날마다 그 보혈에 의지하여 깨끗하게 살려고 애쓰는 사람이며 세상 사람과는 다릅니다.

그리스도 안에 있는 능력

둘째, 바울은 편지를 받게 될 사람들을 "신실한 사람들"(the faithful)이라고 부릅니다. "신실한 사람들"이란 단순히 믿을 만한 사람들을 가리키는 것이 아닙니다. 더 근본적인 뜻이 있습니다.

요한복음 20장에서 도마가 "내가 그의 손의 못 자국을 보며 내 손가락을 그 못 자국에 넣으며 내 손을 그 옆구리에 넣어 보지 않고는 믿지 아니하겠노라"(요 20:25)라고 말하자 예수님이 다시 찾아오셔서 그에게 "네 손가락을 이리 내밀어 내 손을 보고 네 손을 내밀어 내 옆구리에 넣어 보라 그리하여 믿음 없는 자가 되지 말고 믿는 자가 되라"(요 20:27)고 하셨습니다. 그제야 도마가 무릎을 꿇고 "나의 주님이시요 나의 하나님이시니이다"(요 20:28)라고 고백하며 예수님을 영접했고, 예수님은 그에게 "너는 나를 본 고로 믿느냐 보지 못하고 믿는 자들은 복되도다"(요 20:29)라고 말씀하셨습니다.

그러므로 신실한 사람이란 하나님을 신실하게 믿는 사람, 곧 그리스도인입니다. 물론, 거기에는 신실하고, 믿을 만하고, 의뢰할 만한 사람이라는 뜻이 내포되어 있습니다.

그런데 오늘날 예수님을 믿는 사람은 믿을 만한 사람입니까? '예수 믿는 사람'이란 말이 곧 보증 수표가 되느냐는 말입니다. 직장에서 사람들이 나를 가리켜, "저 사람에게 물어보면, 확실하다"고 하는 평가를 듣고 있습니까? "저 사람한테 가면 거짓이 없다"

는 소리를 듣습니까? 그런 평가를 받는다면, 이것이 신실한 사람이요 이런 사람이 성도입니다. 이런 사람이 열 명만 있어도 세상이 변합니다.

생각해 보십시오. 그 엄청난 로마 제국의 법과 권력 앞에서, 엄청난 우상 숭배의 문화 속에서 초대 교회가 어떻게 세상을 뒤엎을 수 있었겠습니까? 나사렛 예수라고 하는 청년이 죽은 사건 하나만을 가지고 말입니다. 더구나 그때 그리스도인은 소수였습니다. 그런데도 그들은 어떻게 인류 역사를 바꾸어 놓을 수 있었을까요? 세상 사람들과 달랐기 때문입니다. 초대 교회 사람들은 말 그대로 "신실한 자들"이었습니다. 그런데 지금은 예수 그리스도를 믿는다는 사람의 수가 그렇게 많은데도 세상이 꿈쩍도 하지 않으니 마음이 아픕니다.

셋째, 바울은 "그리스도 예수 안에 있는" 사람들에게 편지를 썼습니다. 그리스도 안에 있다는 것은 무슨 뜻입니까? 그리스도와 연합했다는 뜻입니다. 주님이 내 안에, 내가 주님 안에 있는 것을 의미합니다. 그리스도와 연합하는 것, 그리스도의 부활에 참예하는 것, 그리스도의 구원 사건이 구체적으로 내 것이 되는 것, 그리스도의 능력이 내 능력이 되는 것이 바로 "그리스도 안에" 있다는 의미입니다. 이것은 로마서 6장에 자세히 설명되어 있습니다.

교회에 많은 사람이 오기를 바라지 마십시오. 교인과 교회가 내용 없이 부흥하는 것은 저주이지 축복이 아닙니다. 한 사람 한 사람이 '그리스도 예수 안에 있는 신실한 성도'가 되어야 합니다. 그리스도 안에서 신실하게 살려고 날마다 애쓰는 성도들이 모일 때, 기적이 일어납니다. 그때 하나님이 일하기 시작하십니다. 만약 그렇지 않다면, 교회는 세상에 아무런 감동을 줄 수도, 변화를 줄 수도 없습니다.

○

2

선택의 축복

에베소서 1:2-6

○

바울이 이해한 교회

바울은 에베소 교회 성도들에게 "은혜와 평강"(엡 1:2)이 있기를 기도합니다. 은혜와 평강은 단순한 인사말이 아니라 그가 고백하고 싶었던 신앙의 핵심이었습니다. 바울은 복음의 핵심인 두 단어를 선택하여 그들을 축복해 주었습니다.

"은혜"는 '믿음의 시작'을 의미하고, "평강"은 '믿음의 완성'을 의미합니다. 예수 그리스도를 믿음으로 말미암아 의롭다 함을 얻은 것이 참 '은혜'라고 한다면, 예수 그리스도의 은혜를 소유한 사람이 죽을 때까지, 천국에 갈 때까지 소유하는 것은 '평강', 즉 평화입니다.

에베소서를 비롯한 바울이 쓴 서신서들은 모두 교회에 보낸 것들입니다. 그런데 우리가 일반적으로 이해하는 교회와 바울이 생각하는 교회는 약간 다릅니다. 우리는 교회를 조직이나 건물이나 헌법으로서 이해합니다. 물론, 성숙한 그리스도인은 외적인 형태의 교회와 더불어 그리스도의 몸으로서 눈에 보이지 않는 무형의 교회를 생각하기도 합니다.

그러나 바울의 교회는 철저히 그리스도의 몸으로서의 교회를 의미합니다. 왜냐하면 당시에는 교회의 조직이나 건물이나 헌법이나 교파가 없었기 때문입니다. 그러므로 우리는 바울 서신을 읽을 때, 그가 그리스도의 몸을 의미하는 교회만을 생각하며 편지를 썼다는 사실을 기억해야 합니다.

교회에 해당하는 헬라어는 에클레시아(εκκλησια)입니다. 이것은 하나님의 선택을 받은 사람들, 즉 거룩한 사람들이 부름 받아 모인 집단을 가리킵니다. 즉 그리스도 안에서 새롭게 지음받은 사람들의 모임을 말합니다. 바울은 이것을 좀 더 압축하여, 에베소서 1장 1절에서 "성도들과 그리스도 예수 안에 있는 신실한 자들"을 하나하나 가리켜 교회로 생각했습니다. 그래서 그는 교회를 "몸"(body)으로 표현하곤 했습니다.

바울은 교회에 관해 여러 가지 다양한 은유적 표현을 씁니다. 교회의 개념을 설명하기 위해 몸, 신부, 모퉁잇돌 같은 표현을 쓸 뿐만 아니라 포도나무와 가지 또는 가족에 빗대기도 합니다.

그는 여러 사람이 모인 집단을 '몸'으로 표현하면서 그 몸의 '머리'는 예수 그리스도이시며, 성도 한 사람 한 사람은 그 몸을 형성하고 있는 지체들이라고 말합니다. 각 지체가 다르지만, 성령과 사랑 안에서 '하나'라는 것이 바울의 이야기입니다.

이것은 겸손과 사랑의 띠를 띠고, 그리스도께서 원하시는 대로 움직이고 일하는 신부 같은 존재입니다. 교회란 그런 존재입니다. 바울이 생각하는 교회는 천국 자체가 아니지만, 천국의 그림자로 나타납니다. 교회는 그리스도의 신부요 그의 몸이기에 한 분 하나님께 순종하며, 사탄과 세상과 죄악이 도사리고 있는 이 세상에서 하나님의 전으로 존재한다는 것이 그의 기본적인 생각입니다. 이런 생각에서부터 편지의 의미를 하나씩 해석해 나갈 때, 바울이 의도하는 바를 올바로 깨닫게 됩니다.

하늘에 속한 신령한 복

바울은 "찬송하리로다 하나님 곧 우리 주 예수 그리스도의 아버지"(엡 1:3)라고 말하며 감사와 찬송을 먼저 올립니다. 왜 그렇습니까? 그다음 구절을 보면, 하나님이 예비하신 "신령한 복"을 깨닫고, 감사로 찬양한 것임을 알 수 있습니다. 바울 자신이 신령한 복을 경험했기 때문입니다.

신령한 복은 세상의 복이 아닙니다. 신령한 복은 욕심과 정욕의 만족이 아닙니다. 신령한 복은 사탄의 달콤한 유혹이나 꾐도 아닙니다. 성경에 따르면, 신령한 복은 "그리스도 안에" 감추어진 것이요 "하늘에 속한" 것입니다. 이것은 구원받은 성도들, 그리스도와 연합된 사람들, 그리스도의 몸으로서의 교회가 누릴 특권과 축복입니다.

그리스도인들이 시급히 해결해야 할 문제가 하나 있는데, 바로 복에 관한 잘못된 개념입니다. 잘못된 복의 축원은 우리 신앙을 잘못된 길로 이끕니다. 왜냐하면 사람마다 원하는 바가 다 다르기 때문입니다. 하나님이 원하시는 것을 기도하지 않고, 자기가 원하는 복의 개념을 하나님께 자꾸 요구하기 때문입니다. 하나님의 뜻에 순종하지 않고, 자기 뜻을 하나님께 강요하기 때문입니다.

시편 1편을 보십시오. "복 있는 사람은 악인들의 꾀를 따르지 아니하며 죄인들의 길에 서지 아니하며 오만한 자들의 자리에 앉지 아니하고 오직 여호와의 율법을 즐거워하여 그의 율법을 주야로 묵상하는도다"(시 1:1-2)라고 말합니다. 시편 32편을 보십시오. "허물의 사함을 받고 자신의 죄가 가려진 자는 복이 있도다"(시 32:1)라고 쓰여 있습니다. 마태복음 5장에는 "심령이 가난한 자"(마 5:3), "온유한 자"(마 5:5), "의에 주리고 목마른 자"(마 5:6)는 복이 있다고 기록되어 있습니다. 성경은 이것이 참된 복이라고 가르치며, 이것을 추구하는 것이 진정한 그리스도인이라고 말합니다.

에베소서는 어떻게 말합니까? "그리스도 안에서 하늘에 속한 모든 신령한 복"(엡 1:3)이 창세전에 이미 우리에게 주어졌기 때문에, 그것을 믿고, 영접하여 현실 속에서 신령한 복을 누리며 활용하고 적용하는 것이 진짜 복 있는 사람이라고 말합니다. 성경이 말하는 복 외에 다른 복을 말하거나 강조해서는 안 됩니다.

의로운 사회에서 의로운 방법으로 의롭게 잘사는 것은 이해되지만, 불의한 세상에서 잘사는 것이나 악한 방법으로 잘사는 것은 부러워할 필요가 없습니다. 시기할 필요도 없습니다. 참된 복이 여기 숨겨져 있기 때문입니다. 3절을 보십시오.

찬송하리로다 하나님 곧 우리 주 예수 그리스도의 아버지께서 그리스도 안에서 하늘에 속한 모든 신령한 복을 우리에게 주시되(엡 1:3).

"복을 우리에게 주시되"에 해당하는 영어 성경(NIV)의 표현은 "who has blessed us"입니다. 시제에 주목하십시오. 복을 새로 주실 것이라는 말이 아니라 '이미' 주셨다는 것입니다. 하나님이 창세전부터 예수 그리스도 안에서 하늘에 속한 모든 신령한 복을 예비하셨고, 우리에게 '이미' 주셨습니다.

하늘에 속한 신령한 복은 이 땅에 속한 세속적인 것이 아닙니다. 물질적인 것도 아닙니다. 그래서 가난한 것이 복일 수 있고, 어려움을 겪는 것이 복일 수 있으며 심지어 죽는 것이 복일 수 있습니다. 이것이 신령한 복입니다.

에베소서는 문장들이 자로 잰 듯이 기가 막히게 잘 짜여 있습니다. "성도", "신실한 자들", "그리스도 안에서 하늘에 속한" 사람들 등으로 부를 수 있는, 하나님께 부름 받은 거룩한 사람들의 집단, 즉 교회가 하나님께 할렐루야 영광을 돌려 찬양합니다. 왜 찬양합니까? 신령한 복 때문입니다.

바울은 신령한 복을 "선택", "구속", "기업", 세 가지로 요약합니다. 1장 4-6절은 몸 된 교회가 갖게 되는 "선택"의 문제에 관해, 7-12절은 신령한 복을 받은 사람의 "구속"에 관해, 마지막으로, 13-14절은 성령으로 인 치심을 받은 "기업"에 관해 말합니다.

세 가지 신령한 복은 삼위일체 하나님과 연결됩니다. 즉 "선택"은 성부 하나님의 경륜과 섭리와 사랑과 구원의 계획에서 비롯되었고, "구속"은 예수 그리스도의 피로 말미암아 얻는 구원을 가리킵니다. 참된 "기업"은 성령으로 인 치신 바 된 성도의 것입니다. 바울은 이렇게 놀라운 구조 속에서 신령한 복에 관해 말하고 있습니다.

창세전에 택하신 이유

바울이 말한 첫 번째 신령한 복은 하나님의 "선택"의 축복입니다. 선택은 성경 전체의 핵심적인 진리입니다. 하나님은 우리를 조건 없이 택하여 부르셨습니다.

성경은 이 사실을 곳곳에서 말하고 있습니다. 요한복음은 "너희가 나를 택한 것이 아니요 내가 너희를 택하여 세웠나니"(요 15:16)라고 말하고, 디모데후서는 "하나님이 우리를 구원하사 거룩하신 소명으로 부르심은 우리의 행위대로 하심이 아니요 오직 자기의 뜻과 영원 전부터 그리스도 예수 안에서 우리에게 주신 은혜대로 하심이라"(딤후 1:9)라고 말합니다.

"선택"은 전적으로 하나님의 뜻과 은혜의 결과이지, 나의 행동과 나 됨의 조건에 의한 것이 아닙니다. 하나님이 우리를 택하여 부르셨습니다. 우리를 무조건 사랑하기로 결정하셨습니다. 이것이 하나님의 선택이요 사랑입니다.

하나님이 우리를 부르셨다니, 얼마나 놀라운 말씀입니까? 우리가 이 사실을 믿지 못할까 봐, 성경은 창세기부터 계시록까지 이 말을 수없이 반복하여 들려줍니다. "두려워하지 말며 놀라지 말고"(사 8:12), "너는 내 것이다"(사 43:1), "내가 너를 내 손바닥에 새겼고"(사 49:16) 등 수없이 많습니다. 예수님뿐 아니라 성령님도 반복해서 말씀하십니다. "내가 너를 사랑한다", "내가 너를 택했다", "내가 너를 불렀다", "내가 너를 세웠다", "놀라지 말고 두려워 말라", "나를 믿고 앞으로 나아가라"고 말씀하십니다.

그런데 인간은 계속해서 "아닙니다, 아니올시다, 나는 나입니다, 내 인생은 내가 책임집니다, 하나님은 주무시겠지요, 하나님도 졸고 계시겠지요, 내가 하나님을 잘 잊어버리는 것처럼 하나님도 나를 잘 잊어버리시겠지요"라고 말합니다. 이것이 창세기부터 계시록까지 이어지는 하나님과 우리 사이의 평행선입니다.

그러나 호세아서를 보십시오. 하나님의 선택은 지독합니다. "내 백성 아니었던 자에게 향하여 이르기를 너는 내 백성이라 하리니"(호 2:23)라고 말씀하십니다. 변함없으신 하나님의 절대적인 부르심입니다.

하나님의 "선택"은 임기응변적으로 꾸며 낸 드라마가 아닙니다. 2천 년 전에 만들어진 이야기도 아닙니다. 성경은 천지가 창조되기 전부터 세워진 하나님의 계획이라고 말합니다.

곧 창세전에 그리스도 안에서 우리를 택하사 우리로 사랑 안에서 그 앞에 거룩하고 흠이 없게 하시려고(엡 1:4).

이 사실이 믿어집니까? 창세전에 우리를 택하셨다는 사실이 믿어집니까? 이 진리가 평소에는 잘 보이지 않습니다. 그러나 우리 가슴을 치게 되는 순간이 있습니다. 예수 그리스도를 만났을 때입니다. 그전에는 절대로 이해하지 못합니다. 예수님을 영접하면, 그제야 우리 과거가 해석됩니다. 그동안 내가 왜 그렇게 아팠으며, 왜 그런 고난을 겪어야 했는지를 알게 됩니다. 오히려 과거의 사건들이 하나님의 기기묘묘한 손길이었음을 느낍니다.

그때 우리는 어떤 고백을 하게 됩니까? '내가 하나님을 몰랐을 때도 하나님은 나를 사랑하고 계셨구나!' '내가 하나님께 예배도 드리지 않고, 교회에 가지 않을 때도, 하나님께 감사하지 않을 때도, 하나님을 찬송하지 않을 때도 하나님은 나를 내내 지켜 주고 계셨구나!' '이 모두가 하나님의 기막힌 섭리와 인도로구나!' 하고 눈물로 고백하게 됩니다.

하나님과 진짜 사랑을 하게 되면, 하나님이 나만을 위해 존재하시는 것처럼 느껴집니다. 나만을 보호해 주시고, 나만을 위해서 모든 것을 다 쏟아 주시는 그런 분으로 인식됩니다. 사랑이 깊어지면 그렇게 느끼기 마련입니다.

하나님은 왜 창세전에 우리를 택하셨을까요? 우리로 "사랑 가운데 그 앞에 거룩하고 흠이 없게"(엡 1:4) 하시기 위해서입니다. 이것이 창세전에 우리를 택하신 목적입니다. "거룩"은 하나님의 적극적인 목적이요, "흠이 없게" 하심은 하나님의 소극적인 목적입니다.

인생을 4, 50년 살다 보면, 흠이 많이 생깁니다. 수치스러워 땅에 묻어 버리고 싶은 순간이 생기고, 인생을 다시 시작해 보고 싶은 생각이 들기도 합니다. 우리 인생이 낱낱이 드러난다면, 쥐구멍이라도 찾고 싶어질 것입니다. 그러나 하나님은 그리스도 안에 있는 사람을 완전히 거룩하고 흠 없는 새사람으로 만들어 주십니다. 이것이 바로 "그런즉 누구든지 그리스도 안에 있으면 새로운 피조물이라 이전 것은 지나갔으니 보라 새것이 되었도다"(고후 5:17)라는 말입니다.

그러므로 우리 죄가 주홍같이 붉을지라도, 우리 과거가 말할 수 없이 부끄럽고 수치스러운 사건들로 가득 차 있을지라도, 그리스도 안에 있는 우리를 거룩하고 흠 없는 완전한 신부로 만드시는 것이 하나님의 창조 목적이요 목표입니다. 그렇게 하기 위해서 우리에게 연단을 주시고, 고난을 주십니다. 얼마나 놀랍습니까? 우리를 천국 시민으로, 하나님의 품에 안기기에 부족함이 없는 사람으로 만들기 위해서입니다. 하나님은 거룩하고 흠이 없는 분이기에 우리도 거룩하고 흠이 없어야 하나님과 사귈 수 있습니다.

우리를 위한 놀라운 계획

하나님은 "그 기쁘신 뜻대로"(5절) "사랑 안에서"(4절) 우리를 택하셨습니다. 영어 문장을 보면, 일맥상통하는 부분입니다. 하나님이 우리를 선택하신 것은 그분의 전적인 사랑 때문입니다. 이유는 그뿐입니다. 누군가를 사랑하는 데는 이유가 없습니다. 하나님은 못난 엉터리에 형편없이 무절제한 우리를 사랑하기로 결정하신 것입니다. 이것이 그분의 깊으신 뜻입니다. 그리고 우리를 하나님의 가족으로 초대해 주셨습니다.

> 그 기쁘신 뜻대로 우리를 예정하사 예수 그리스도로 말미암아 자기의 아들들이 되게 하셨으니(엡 1:5).

초대하셨을 뿐만 아니라 양자로 삼아 호적을 바꾸어 주셨습니다. 왜 이렇게까지 하십니까? 하나님에게는 목적이 있습니다. 그것은 무엇입니까? 바로 하나님의 "은혜의 영광을 찬송하게 하려는 것"(엡 1:6)입니다. 우리는 더 이상 세상의 아들이 아니고, 마귀의 아들도 아니고, 욕심의 아들도 아닙니다. 우리는 하나님의 아들입니다.

성경은 하나님이 택하신 사람이 있다고 말합니다(참조, 요 6:39, 롬 9:11, 14-15, 18-19, 20-23). 어떤 사람이 선택을 받습니까? 하나님의 선택의 교리를 알면, 하나님의 신비로운 경륜을 깨달으면, 그것이 은혜가 됩니다. 바울은 "누구든지 주의 이름을 부르는 자는 구원을 받으리라"(롬 10:13)라고 말합니다. 그러므로 하나님이 선택하신 사람은 누구든지 주의 이름을 부르게 된다고 말할 수 있습니다. 예수님을 처음 믿을 때는 내 힘으로 믿는 것 같습니다. 그러나 그모두가 하나님이 선택하여 부르신 것이었고, 예정된 것이었음을 나중에서야 알게 됩니다.

만약 내가 내 인생을 결정하고, 내 미래를 선택하고, 그 결과에 대해서 오롯이 책임져야 한다면 얼마나 무섭고 두렵겠습니까? 그러나 나를 불러 선택하시고, 조건 없이 사랑해 주시는, 내 생애의 알파와 오메가가 되시는 하나님이 내 생애를 인도해 주신다고 믿으면 얼마나 안심되겠습니까?

두렵고 불안한 인생 항로를 선택하겠습니까? 아니면 하나님이 선택하여 베푸시는 계획과 그 경륜 속의 사랑을 믿고, 안심하며 주님을 의지하고 따라가겠습니까? 바울은 이것을 깨닫고는 찬양하며 신령한 복을 외쳤습니다.

하나님은 우리를 위한 놀라운 계획을 가지고 계십니다. 우리의 영원을 책임져 주시는 하나님을 믿고 의지하십시오. 하나님을 거부하지 말고, 그분이 인도해 주시는 대로 인생 항로를 걸어가 보십시오. 흠 없고 거룩하고 완전한 생애를 약속해 주실 것입니다.

3

구속의 축복

에베소서 1:7-12

죽을 수밖에 없는 존재

성도의 참된 축복은 땅에 속한 것이 아니고 하늘에 속한 것이며, 그리스도 안에서 주어집니다. 그러나 다음 세 가지 사실을 깨닫고, 그 의미를 이해해야 신령한 복이 나타나기 시작합니다.

첫째, 성도의 참된 축복은 창세전에 우리를 택하신 하나님의 "선택"을 알아야 합니다. 하나님의 선택을 깨닫는 순간, 진정한 축복의 감격과 축복의 은혜가 마음속에 넘치기 시작합니다. 하나님이 나를 택해 주셨다는 사실을 알지 못하면, 축복을 느낄 수가 없습니다. 둘째, 그리스도의 피로 말미암아 "구속", 곧 죄 사함을 받았음을 알아야 합니다. 마지막으로 약속하신 성령으로 인 치심을 받은 사실을 알아야 합니다. 사도 바울은 이 세 가지를 가리켜 진정한 영적 축복이라고 말했습니다.

첫 번째 신령한 복인 "선택"에 이어 그리스도의 피로 말미암은 "구속"에 관해 살펴보겠습니다. 일찍이 다윗은 시편 32편에서 "허물의 사함을 받고 자신의 죄가 가려진 자는 복이 있도다"(시 32:1)라고 말했습니다. 사람은 누구나 다 허물이 많고, 죄가 많은데, 만약 그 허물이 가려지고, 그 죄를 용서받을 수 있다면 이보다 더 큰 축복이 없을 것입니다.

바울에 따르면, 사람은 원래 허물과 죄로 죽을 수밖에 없는 존재
요 "본질상 진노의 자녀"(엡 2:3)입니다. 그래서 우리는 "이 세상 풍
조를" 따라 살거나 "공중의 권세 잡은 자"를 따라다니거나 "육체
의 욕심을 따라 지내며 육체와 마음의 원하는 것을" 하며 사느라
사실상 죄의 노예로 살았습니다(엡 2:2-3). "이 세상 풍조"는 세상
적인 것을, "공중의 권세 잡은 자"는 사탄을, "육체의 욕심"은 정
욕을 의미합니다. 그리스도인이 경계해야 할 세 가지, 곧 세상과
사탄과 육체의 정욕을 다 포함해서 말하고 있습니다. 이것들은 죄
를 대표합니다.

성경은 "죄의 삯은 사망"(롬 6:23)이라고 말합니다. 말씀대로 해
석하면, 우리는 정말로 죽을 수밖에 없는, 아니 죽어야 하는 존재
임이 분명합니다. 이렇게 죽을 수밖에 없고, 절망할 수밖에 없는
인간에게, 하나님은 예수 그리스도를 보내어 다시 살리셨습니다.
이것이 복음의 핵심 내용입니다. 바울은 이에 대해 "이제는 전에
멀리 있던 너희가 그리스도 예수 안에서 그리스도의 피로 가까워
졌느니라"(엡 2:13)라고 명쾌하게 설명합니다.

사실, 성도의 신령한 복은 "구속"에 있습니다.

우리는 그리스도 안에서 그의 은혜의 풍성함을 따라 그의 피로 말
미암아 속량 곧 죄 사함을 받았느니라(엡 1:7).

매우 중요한 말씀입니다. 이 구절의 핵심 단어는 "속량 곧 죄 사함"입니다. "속량"이란 무엇입니까? 왜 이것이 우리에게 축복입니까? 왜 사도 바울은 "속량"을 두 번째 신령한 복으로 꼽았을까요?

"속량"은 '노예 상태에서의 해방'을 의미합니다. 다시 말해서, '죄의 노예 상태에서부터 해방'을 말합니다. 그러면 죄는 무엇입니까? 죄는 하나님과 단절된 상태입니다. 하나님께 거역하고, 하나님께 불순종하고, 하나님께 반항하는 등 하나님과 근본적으로 단절된 상태가 죄입니다.

죄에는 두 가지 형태가 있습니다. 예수님을 안 믿는 사람은 하나님과 단절된 상태에 있기 때문에 죄인입니다. 그러나 예수님을 믿는 사람이라고 해도, 즉 성경을 읽고, 교회에 다니며 신앙생활을 한다고 해도 하나님의 뜻에 순종하지 않으면, 그것도 단절입니다. 그러므로 예수님을 믿는 사람이나 믿지 않는 사람이나 어떤 형태로든 하나님과 단절된 상태를 성경은 죄라고 말합니다.

"죄의 삯은 사망"(롬 6:23)입니다. 죄지은 사람은 결국 죽음 또는 죽을 수밖에 없는 상황에 놓이게 됩니다. 죽음은 인간에게 주어진 결론입니다. 인간은 죽을 수밖에 없고 심판받을 수밖에 없습니다. 그러므로 죄인인 인간에게는 죽음을 포함한 모든 현상이 일어나기 시작합니다. 그중 하나가 바로 질병입니다. 병을 오래 앓으면, 죽습니다. 죽음의 또 다른 현상은 고통입니다. 사람은 죄인이기 때문에 이 세상에서 끊임없이 고통을 당합니다. 죽음으로 인해 나타나는 또 다른 현상은 좌절, 고독, 미움, 시기 등입니다. 이처럼 죄와 죽음의 현상들이 개인의 삶 주위에 계속 맴돕니다. 그러다가 어느 순간이 되면 죽음이 인간을 덮칩니다. 그러므로 죽음뿐 아니라 죽음의 모든 그림자가 다 죄의 결과인 것입니다. 죄의 대가는 죽음이기 때문입니다.

죄 문제의 해결책

죄는 시간이 지난다고 해서 없어지지 않습니다. 영원히 존재합니다. 세월이 갈수록 오히려 더 분명해집니다. 놀라운 사실은, 세월이 지나가면 사람의 기억은 희미해지지만, 죄는 희미해지지 않는다는 것입니다. 죽을 때가 가까워지면, 죄가 더 선명하게 깨달아집니다. 죽을병에 걸리면, 남에게 상처 주며 죄지었던 일들이 자꾸 생각납니다. 이것은 어떤 것으로도 지울 수 없는 병입니다. 죄란 그런 것입니다.

그뿐만 아니라 인간은 죄 문제를 스스로 해결할 수 없습니다. 오죽하면, "울어도 못하네 … 힘써도 못하네 … 참아도 못하네"(찬송가 544장) 하고 노래를 부르겠습니까? 울어도, 힘쓰고 애써도, 참아도 죄는 없어지지 않습니다.

성경은 "피 흘림이 없은즉 사함이"(히 9:22) 없다고 말합니다. 죄란 영혼에 찍힌 낙인과도 같아서 결코 지워지지 않습니다. 아무리

꼭꼭 숨겨도 죄가 우리를 고발합니다. 양심이 우리를 찌릅니다. 일부러 피하며 생각하지 않으려고 해도 죄는 다시 살아납니다. 가인의 표와 같습니다.

우리에게 주어진 가장 큰 숙제는 바로 이 죄 문제입니다. 죄에 관한 철저한 인식과 발견 없이는 죄의 해결도 없습니다. 그러므로 죄 문제를 해결하기 위해서는 첫째, 죄가 깨달아져야만 합니다. 그래야 죄를 해결할 가능성이 생기기 때문입니다. 이렇게 죄 문제를 해결하는 것이 바로 "속량"입니다. 신령한 축복은 바로 죄 문제를 해결하는 것입니다. 죄 문제를 해결하는 것보다 더 큰 축복은 없습니다.

"속량"은 곧 "죄 사함"이며, 영혼의 씻음을 의미합니다. 죄인의 표가 사라지고, 영혼이 자유로워지는 것입니다. 새장에서 새가 날아가듯이, 세상과 사탄과 정욕에서부터 해방되는 것입니다. 더러운 옷을 벗고, 새 옷을 입는 것이요, 땅에 살던 사람이 하늘의 영광을 맛보는 것입니다. 이것이 바로 구속입니다.

그러면 "구속, 곧 죄 사함"은 어떻게 얻을 수 있습니까? 한마디로 예수 그리스도의 "피"로 말미암습니다.

율법을 따라 거의 모든 물건이 피로써 정결하게 되나니 피 흘림이 없은즉 사함이 없느니라(히 9:22).

피는 죽음을 의미합니다. 피를 많이 흘리면, 사람은 죽습니다. 죄 문제는 다른 방법으로 해결되지 않고, 누군가가 죽어야만 합니다. 누군가 피를 흘려야만 죄가 씻깁니다. 구약 시대에는 짐승의 피로 죄지은 인간의 죽음을 대신하게 했습니다. 윌리엄 바클레이(William Barclay)에 의하면, 예수님의 구속 사건 이전에는 인간의 죄 때문에 유월절마다 약 14만 마리의 양이 피를 흘렸다고 합니다.

그러나 바울은 그리스도께서 "염소와 송아지의 피로 하지 아니하고 오직 자기의 피로 영원한 속죄를 이루사 단번에 성소에 들어가셨느니라"(히 9:12)라고 선언합니다. 이것이 바로 그리스도의 대속적인 죽음입니다.

죄 사함의 결과

자기 안에서 죄가 녹아 사라지고, 자기 안에서 죄가 산산조각 나는 경험보다 더 큰 감격과 기쁨은 없습니다. 구속이 축복인 이유입니다.

성경은 "믿음의 결국 곧 영혼의 구원을"(벧전 1:9) 받는다고 말합니다. 믿음은 무엇입니까? 믿음의 결론은 무엇입니까? 영혼의 구원입니다. 예수 그리스도를 믿고, 영접함으로써 우리 영혼이 구원받습니다. 구속, 곧 죄 사함은 예수 그리스도의 죽음, 곧 피로 인한 것입니다.

하나님은 우리 "마음의 눈을 밝히사 그의 부르심의 소망이 무엇이며 성도 안에서 그 기업의 영광의 풍성함이 무엇"(엡 1:18)인지를 알게 하시는 "긍휼이 풍성하신 하나님"(엡 2:4)입니다. 하나님은 특히 은혜와 영광과 긍휼, 세 가지에 있어서 풍성하십니다. 우리가 예수 그리스도의 피로 죄 사함을 받게 된 가장 근본적인 이유는 바로 하나님의 은혜의 풍성함 때문입니다. 하나님의 사랑이 큰 만큼, 하나님의 용서도 큽니다. 하나님의 은혜가 큰 만큼, 우리를 향한 그분의 사랑도 큽니다.

그러면 그 결과는 무엇입니까? 죄 사함을 받으면 어떤 결과가 나옵니까?

이는 그가 모든 지혜와 총명을 우리에게 넘치게 하사(엡 1:8).

예수 그리스도의 피로 죄 사함을 받은 사람에게는 하나님이 두 가지를 주십니다. 첫째는 "지혜"요 둘째는 "총명"입니다. 그것을 우리에게 주시되 "넘치게" 주신다고 성경은 말합니다.

"지혜"는 사물을 올바르게 판단하는 지적인 능력, 특히 하나님의 계시를 바로 깨닫게 하는 통찰력을 의미합니다. 그러면 "총명"은 무엇일까요? 이해(understanding) 또는 통찰력(insight)입니다. 우리를 바르게 행동하게 하는 총체적인 이해력이나 분별력을 뜻합니다.

결론적으로 말하면, 하나님은 하나님의 뜻과 계시를 바로 깨닫게 하는 지적인 능력을 우리에게 주실 뿐만 아니라 그것을 전체적으로 이해하고, 분별하는 통찰력도 주신다는 것입니다.

죄가 많은 사람은 정신이 혼미하여 지혜가 없고, 통찰력이 생기지 않습니다. 미련한 짓, 죽을 짓만 골라서 합니다. 그러나 죄를 용서받은 사람, 마음속의 더러운 죄가 씻긴 사람은 하나님이 그의 심령에 지혜와 총명을 주시기 때문에 그 영혼이 보석처럼 빛납니다.

하나님의 구원의 비밀

하나님은 "지혜와 총명을 우리에게 넘치게" 하여 무엇을 어떻게 하십니까?

> 그 뜻의 비밀을 우리에게 알리신 것이요 그의 기뻐하심을 따라 그리스도 안에서 때가 찬 경륜을 위하여 예정하신 것이니 하늘에 있는 것이나 땅에 있는 것이 다 그리스도 안에서 통일되게 하려 하심이라(엡 1:9-10).

지혜와 총명은 죄 사함 후에 옵니다. 성령의 지혜와 성령의 총명은 예수 그리스도의 피로 말미암아 구원받은 후에 하나님이 부어주시는 것입니다. 지혜와 총명을 받으면, 하나님의 뜻의 비밀을 깨닫게 됩니다.

"비밀"이라는 단어가 성경에 자주 등장합니다. 감추어졌던 신비스러운 하늘의 진리가 성령 받은 사람과 지혜와 총명이 있는 사람에게는 보입니다. 바로 이러한 이유로 성경은 "귀 있는 자는 들을지어다"(마 11:15) 또는 "너희가 눈이 있어도 보지 못하며 귀가 있어도 듣지 못하느냐 또 기억하지 못하느냐"(막 8:18)와 같은 말을 자주 합니다. 예수님도 똑같은 이유로 천국 진리를 비유로 설명하셨습니다.

"그 뜻의 비밀"이란 그리스도 안에서 때가 찬 경륜을 위해 하나님이 그 기쁘신 뜻에 따라 예정하신 것입니다. 인류가 최초로 세상에 존재하는 순간, 특히 창세기 3장 15절에 나타난 하나님의 구속 계획과 함께 시작했던 그 비밀을 가리킵니다. 영원히 죽을 수밖에 없었던 인간을 구원하고자 하신 하나님의 신비스러운 비밀입니다. 그것은 감추어졌던 것인데, 조금씩 보여 주기 시작하여 예수 그리스도께서 완전히 보여 주셨습니다.

이것을 한마디로 "기업"이라는 말로 표현할 수 있습니다. 하나님의 비밀은, 온 우주에 있는 모든 내용을 그리스도 안에서 통일되게 하는 것입니다. 그 내용이 바로 "기업"입니다. 기업이 무엇입니까? 이스라엘을 선택하셔서 하나님의 상속자가 되게 하신 것입니다.

그러나 여기서 말하는 비밀은 이스라엘만 해당하는 것이 아님니다.

누구든지 주의 이름을 부르는 자는 구원을 받으리라 하였느니라
(행 2:21).

이방인도 하나님의 "기업"이라는 것입니다. 하나님은 바울을 택하여 이방인을 위한 그릇으로 삼으셨습니다. 바울은 이것이 하나님이 보여 주신 놀라운 비밀이라고 말합니다. 그러므로 "기업"이란 이스라엘 백성뿐 아니라 하나님을 몰랐던 이방인까지도 전부 포함하는, 하나님의 구원의 비밀, 곧 구원 계획을 의미합니다.

하나님은 우리 죄를 용서하여 구속해 주실 때, 한없는 은혜를 내려 주셔서 지혜와 총명을 주셨습니다. 그래서 영적인 눈을 뜨게 해 주셨고, 그 결과로 창세전에 예비해 두신 하나님의 놀랍고 신비스러운 구원의 비밀을 우리에게 보여 주셨습니다. 에베소서는 이것을 그리스도의 몸인 '교회'로 표현합니다. 이 비밀이 교회를 통해 드러난다는 것입니다.

온 우주가 그리스도 안에서 하나가 될 뿐만 아니라, 그리스도에게 굴복하고, 하늘에 있는 것이나 땅에 있는 것이 다 그리스도 안에서 완전하게 일치되고, 결론이 지어지고 통일이 된다는 것입니다. 그뿐만 아니라 기업이 된 우리가 그리스도와 함께 온 우주를 통치하게 됩니다.

바울은 자신이 하나님 나라의 상속자로서 놀라운 축복의 반열에 서게 된다는 비밀을 깨닫습니다. 이것을 깨닫고 난 그는 찬양하지 않을 수가 없었습니다.

이는 우리가 그리스도 안에서 전부터 바라던 그의 영광의 찬송이 되게 하려 하심이라(엡 1:12).

하나님이 베푸신 구원에 감격한 바울은 눈물을 흘리며, 자기 생애를 전적으로 포기하기로 결단합니다. 그는 매 맞고, 오해받으며, 생명이 다하는 날까지 아시아 전역과 유럽을 오늘은 이곳, 내일은 저곳으로 걸어 다니며 복음을 전했습니다. 오늘날 교회가 진정으로 받을 축복이 있다면, 바로 이 축복이라고 믿습니다.

하나님은 우리를 선택하셨을 뿐만 아니라 우리의 모든 죄를 용서하시고, 우리를 구속해 주셨습니다. 문제는 우리가 그 감격을 회복하느냐 하지 못하느냐입니다. 성령의 도우심으로 우리 마음속에 이 감격이 회복되기를 바랍니다. 주님이 우리 죄를 용서하셨음을 확신하십시오. 지혜와 총명을 넘치도록 부어 주시는 것에 감사하십시오.

온 교회가 놀라운 구원의 경륜과 비밀을 담대히 세상에 전하기를 바랍니다. 더 나아가 한국과 전 세계에 복음을 전파하는 사명을 잘 감당해 나가기를 바랍니다.

4

성령으로
인 치심을 받은 축복

에베소서 1:13-14

들음에서 믿음으로

인간의 구원 문제만큼 본질적인 문제는 없습니다. 그러므로 인간에게 있어서 참된 축복의 실체는 바로 '인간의 구원'입니다. 그 외의 모든 축복과 행복은 축복의 그림자에 불과합니다.

그러나 유감스럽게도 많은 사람이 구원의 실체에는 접근하지 못한 채, 단지 구원의 그림자 속에서 행복과 축복을 추구합니다. 단지 구원의 그림자만 맛보면서 그것이 참된 축복이라고 세상이 말하는 것은 이해가 됩니다. 그러나 참된 구원의 실체를 가지고 있는 그리스도인마저 세상의 축복을 따라가고 있다는 것은 불행한 일입니다.

그처럼 귀중한 구원은 어떻게 이루어졌습니까? 1장 3절 이하를 보면, 첫째로 이 구원은 하나님이 설계하고 계획하셨습니다. 둘째, 예수님이 십자가에 못 박혀 피 흘려 돌아가심으로써 구원의 계획이 성취되었습니다. 이제 마지막으로 남은 문제는 그리스도께서 완성하신 구원의 성취가 과연 나와 어떤 상관이 있는가, 그 구원이 나에게 어떤 효력이 있는가, 실제로 나에게 어떻게 영향력을 미칠 수 있는가입니다. 바울은 그 해답을 성령의 "인 치심"으로 표현합니다.

그렇다면 약속하신 성령의 인 치심이 어떻게 이루어지는지를 살펴봐야 합니다.

> 그 안에서 너희도 진리의 말씀 곧 너희의 구원의 복음을 듣고 그 안에서 또한 믿어 약속의 성령으로 인 치심을 받았으니(엡 1:13).

바울은 약속하신 성령의 인 치심은 그리스도 안에서 진리의 말씀, 곧 "구원의 복음을 듣고" 믿음으로써 시작되었다고 말합니다. 성령의 인 치심은 첫째로 예수 그리스도 안에서부터 시작된다고 볼 수 있습니다.

구원은 인간의 선행이나 의지나 노력에 의해서 이루어지는 것이 아니라 하나님의 선물입니다. 구원이 하나님의 선물인 까닭에 인간이 취하는 것이 아니라 예수 그리스도 안에서 하나님이 주시는 것이기 때문입니다. 그러므로 성령의 인 치심은 예수 그리스도 안에서 이루어진 것입니다. 그리스도가 없는 곳에는 구원이 없습니다.

그러기에 구원받은 사람은 예수 그리스도만 생각하고 예수 그리스도만 말합니다. 구원받은 사람은 온 생애를 바쳐 예수님을 위해 사는 경험을 하게 됩니다. 그가 어떤 직업에 종사하든, 성직자든 평신도든 상관없이 성령의 인 치심을 받은 사람은 누구든지 생의 목표가 그리스도가 되고 마는 것입니다. 그리고 그가 숨 쉬고 활동하는 모든 영역이 예수님에게로 집중하게 되어 있습니다. 이것을 가리켜 우리는 예수님 안에서 성령의 인 치심이라는 말로 표현합니다.

그러므로 우리가 성령의 인 치심을 받았는지 받지 않았는지를 확인하려면, 과연 내 생애 전체가 예수님에게 초점이 맞추어져 있는지를 물어보면 됩니다. 공부하는 것이 나의 목표인가, 세상적으로 돈을 많이 벌고 사업에 성공하는 것이 나의 목표인가, 아니면 그리스도가 나의 목표인가를 물어보면, 내가 성령의 인 치심을 받았는지 받지 않았는지를 쉽게 알 수 있습니다.

둘째로, 바울이 말하는 성령의 인 치심은 진리의 말씀 안에서 진리의 말씀 때문에 이루어집니다. "진리의 말씀"이란 다른 말로 하면 구원의 복음입니다. 구원은 진리의 말씀을 듣는 데서부터 시작됩니다. 말씀을 듣지 않으면, 믿음이 생기지 않습니다. 그러므로 교회는 말씀을 선포하고 가르쳐야 합니다.

진리의 말씀을 듣고 구원의 복음을 받아들이고 나면, 말씀을 믿게 됩니다. 13절을 다시 주의 깊게 살펴보십시오. "구원의 복음을 듣고 그 안에서 또한 믿어 약속의 성령으로 인 치심을" 받는다고 쓰여 있습니다. 듣고 나서 믿는 것입니다. 다시 말하면, 구원의 복음, 곧 진리의 말씀을 듣는 일이 구원의 첫 단계요, 그 말씀이 믿어지는 것은 그다음 단계라는 뜻입니다.

하늘에 속한 신령한 복은 진리의 말씀을 듣는 데서부터 시작됩니다. 그러므로 말씀을 듣지 못한 사람들은 구원의 길에서 점점 멀어진다는 뜻입니다.

마귀는 어떤 일을 할까요? 간단합니다. 말씀을 듣지 못하도록 방해하는 것입니다. 말씀 안에서 은혜로운 분위기가 지속되지 못하도록 방해하는 역사를 합니다. 어떻게 해서든지 그 사람이 말씀을 듣지 못하도록 졸게 만든다든지, 피곤하게 만든다든지, 말씀을 듣기 전에 싸우게 만든다든지 여러 가지 방법을 동원해서 말씀을 듣지 못하게 하는 것이 마귀의 일입니다.

마귀가 우리에게 다가올 때는 결코 나쁜 방법을 쓰지 않습니다. 합리적이고 이성적인 방법, 가장 그럴듯한 방법으로 우리 신앙을 파괴해 옵니다. 처음에는 잘 모르지만, 결과적으로 신앙에서 멀리 떨어지게 합니다. 좋은 동기로 가장하지만, 결과적으로 말씀을 듣지 않도록 이끕니다.

진리의 말씀을 들으면, 마음 문이 열립니다. 그리고 구원의 복음이 자연스럽게 믿어집니다. 그러므로 교회에서나 어디에서나 그리스도인들이 함께 힘을 모아 말씀을 듣는 아름다운 분위기를 만들어야 합니다. 좋은 분위기를 통해서 사람들이 계속 말씀에 관심을 가질 수 있도록 유도하는 것은 성령의 사역 가운데 하나입니다.

그런데 중요한 것은 듣는 데 있지 않고, '믿는 데' 있습니다. 듣는 것은 믿음을 위한 전제 조건입니다. 좋은 말씀을 아무리 많이 듣는다고 할지라도 믿지 않고 행동하지 않으면, 그것은 모래 위에 세운

집과 같습니다. 오히려 그것은 저주라고 신명기에 기록되어 있습니다. 그러므로 말씀을 듣고 믿으면, 세 번째 단계, 즉 성령이 인 치시는 단계로 자연히 넘어가는 것을 발견하게 됩니다.

성령의 인 치심과 성령 세례

약속하신 성령으로 인 치신다는 말은 어떤 의미입니까? 특별히 계시록과 요한복음에서 '인 친다'는 표현이 많이 등장합니다. 인 친다는 것은 쉽게 말하면 '도장을 찍는다'는 것입니다. 이것은 기본적으로 세 가지 내용을 포함하고 있습니다.

첫째, '권위'를 상징합니다. 왕의 도장은 권위가 있습니다. 계약서를 쓸 때나 서류에 결재할 때는 반드시 도장을 찍거나 서명을 해야 합니다. 그러면 거기에 권위가 생깁니다. 도장을 찍지 않은 서류는 아무런 의미가 없습니다. 책임자의 결재 서명이 없는 서류도 의미가 없습니다.

성령이 누군가에게 인 치셨다는 것은 하늘의 권위가 그에게 임했다는 뜻입니다. 즉 하나님의 권위를 그에게 부어 주셨다는 것을 의미합니다.

둘째, '소유물'이라는 의미가 있습니다. 말이나 소의 엉덩이에 불로 낙인을 찍곤 합니다. 양에게 찍은 낙인은 "이 양은 내 것"이라는 확인이자 표시입니다. 그러므로 도장 찍기는 소유를 나타냅니다. 우리는 책과 여러 소유물에 도장을 찍습니다. 도서관들도 다 도장을 찍어서 자기 소유를 표시합니다.

셋째, '안전 보장'을 의미합니다. 초대 교회 당시에는 편지의 안전한 배달을 위해서 봉인하고 도장을 찍었습니다. 어떤 경우에는 왁스를 바르고 끈을 넣은 뒤 인을 쳤습니다. 다른 사람들이 절대로 떼 보지 못하게 하기 위해서였습니다. 예수님의 무덤은 커다란 돌로 봉인되었습니다. 아무도 들여다보지 못하게 '안전 보장'을 위해서 총독이 인을 쳤던 것입니다.

특별히 "약속의 성령으로" 인 치셨다는 것은 무슨 의미일까요? '성령의 권위'를 의미합니다. 약속하신 성령으로 인 치신 사람은 하늘의 권위가 그에게 있다는 말이요, 약속하신 성령으로 인 치신 사람은 하나님의 안전이 그에게 보장되었다는 말이요, 그가 하나님의 소유라는 뜻입니다.

"인 치심"이 예수님을 믿고 영접할 때의 성령의 역사와 어떻게 다른지를 좀 더 깊이 생각해 볼 필요가 있습니다. 우리는 예수 그리스도를 믿을 때, 그것이 바로 성령의 역사임을 압니다. 성령이 아니고서는 누구든지 예수 그리스도를 주라 시인할 영이 없다고 성경이 말하기 때문입니다(빌 2:11). 성령은 사람의 마음 문을 열고, 예수님을 영접하게 하는 역사를 하십니다. 성령의 인 치시는 역사는 바로 여기서부터 시작됩니다.

그러므로 예수 그리스도를 영접하는 순간부터 성령의 인 치시는 역사가 일어나는 사람도 있고, 예수님을 영접하고 난 후에야 인 치시는 역사가 일어나는 사람도 있습니다. 예수님을 영접하는 순간이든, 영접하고 난 후든 이러한 역사는 분명히 있습니다.

예수님을 처음 믿을 때는 무엇인지 잘 모른 채 교회에 다니고, 찬송을 부릅니다. 그러나 어느 순간, 성령의 인 치심의 놀라운 역사가 나타나기 시작합니다. 이것은 도장을 찍는 것처럼 놀라운 영적 경험입니다. 거룩하고 신비스러운 일입니다. 이것을 우리는 '성령 세례'라고 부릅니다.

거룩한 인 치심으로 성령 세례를 받을 때, 기적과 변화가 일어나고 영적 부흥이 일어납니다. 하나님의 말씀에 인 침을 받는 역사가 있을 때, 말씀대로 살아갈 힘을 얻습니다. 그전에는 말씀대로 살아가기가 힘듭니다. 육체를 따라 살기 때문입니다.

역사상 하나님의 위대한 종들은 바로 이러한 "인 치심"을 받는 거룩한 경험을 했습니다. 단순히 의지로 예수님을 믿는 것에만 그치지 않고, 성령에 사로잡혀 하나님에 의해서 움직이기 시작합니다.

성령의 인 치시는 역사가 없는 사람에게는 결코 부흥이 일어나지 않습니다. 그것을 우리는 사도행전 18장 마지막 부분에 등장하는 아볼로를 통해 알 수 있습니다. 그는 예수님에 대한 도를 잘 압니다. 성경도 잘 압니다. 성경에 관해 가르칠 뿐만 아니라 예수님의 말씀도 가르치는 자입니다. 그러나 그에게는 열매가 없었습니다.

성령에 사로잡힌 사람에게는 열매가 있습니다. 교회를 10년,

20년 다녔어도 아무런 열매도 없이 해골 같은 믿음을 가지고 사는 사람이 있는가 하면, 예수님을 믿은 지 얼마 되지 않지만, 그 생애를 통해서 엄청난 성령의 열매들을 맺는 사람도 있습니다.

성령의 인 치심으로 얻는 확신

그렇다면 "약속의 성령으로 인 치심"의 열매는 과연 무엇입니까? 바울은 로마서에서 "그리스도의 영이 없으면 그리스도의 사람이"(롬 8:9) 아니며, "성령이 친히 우리의 영과 더불어 우리가 하나님의 자녀인 것을 증언"(롬 8:16)하신다고 말합니다. 갈라디아서에서 더 재미있는 말씀을 찾을 수 있습니다.

> 너희가 아들이므로 하나님이 그 아들의 영을 우리 마음 가운데 보내사 아빠 아버지라 부르게 하셨느니라 그러므로 네가 이후로는 종이 아니요 아들이니 아들이면 하나님으로 말미암아 유업을 받을 자니라(갈 4:6-7).

이 말씀에 관계되는 모든 성경 말씀을 종합해 보면, 성령의 인 치시는 경험은 어떤 신비스러운 은사를 체험하는 것이 아니라 내가 하나님의 아들이 되었고, 양자가 되었다는 독특한 경험입니다. 그리고 하나님이 나의 하나님 아버지라고 하는 경험입니다. 이 경험은 단순히 내가 인간의 이성으로 "하나님을 믿습니다"라고 하는 말을 넘어서서, 성령의 불로 마음을 확인하여 도장을 찍는 그런 확실한 경험을 의미합니다.

다시 말하면, 성령이 인 치시는 성령 세례는 '내가 하나님의 아들[딸]이 되었다'고 하는 확신을 주는 것입니다. 하나님이 내 아버지라는 지울 수 없는 확신입니다. 결코 변하지 않을 엄청난 확신입니다.

방언을 하고 안 하고는 문제가 아닙니다. 방언은 해도 좋고, 안 해도 그만입니다. 더 중요한 것은 천지가 무너져도, 천사가 와서 부인할지라도 내가 하나님의 아들이라고 하는 확신이 있느냐가 문제입니다. 이런 확신이 있으면, 어떤 시험이 닥쳐도 흔들리지 않습니다. 이것이 인 치시는 역사입니다. 이것이 성령 세례입니다. 성령님이 내 안에서 이렇게 말씀하십니다.

"천지를 지으신 하나님이 네 하나님이다. 너는 하나님의 아들이다."

이 확신이 얼마나 중요한지 압니까? 자녀가 부모한테 왜 투정을 부립니까? 아들이기 때문에 그렇습니다. 아들이라는 확신이 없으면, 어떻게 부모에게 돈을 달라고 울며 조르고, 투정을 부리겠습니까? 만약 "오늘부터 너는 내 아들이 아니다"라는 말을 들으면, 그는 할 말이 없어집니다. 이것이 바로 아들 됨의 특권입니다.

환경에 따라서 믿음이 흔들린다면, 그것은 인 치심을 받은 것이 아닙니다. 확신이 있으면, 무슨 일을 당해도 두려움이 없습니다. 인 치심을 받으면, 감격하여 회개와 감사의 눈물을 흘립니다. 하늘이 새롭게 열리고, 날아갈 듯한 자유를 느끼게 됩니다. 눈을 감으면 이상하게도 마음속에 성경 말씀이 떠오르고, 눈을 뜨면, 불쌍한 사람들이 눈에 들어옵니다. 억제할 수 없는 사랑이 속에서부터 솟아납니다. 죄를 짓지 않으려고 혼자 노력해 보십시오. 얼마나 힘듭니까. 화를 참아 보십시오. 참 힘듭니다. 인간의 힘으로는 참기가 어렵습니다. 성령의 도우심이 아니고서는 불가능합니다.

성령의 인 치심으로 하나님의 아들이 되는 경험을 합니다. 아들이 되었다는 것은 무엇을 의미합니까? 아들로서 받을 "기업"과 상속이 있다는 것입니다.

> 이는 우리 기업의 보증이 되사 그 얻으신 것을 속량하시고 그의 영광을 찬송하게 하려 하심이라(엡 1:14).

"약속의 성령으로 인 치심을" 받은 결과, 하나님의 아들이 되었다는 말은 하나님이 주시는 기업을 상속받게 되었다는 것이며, 성령이 그 보증이 되십니다. 하나님이 택하신 이스라엘 백성으로서가 아니라 이방인으로서 "속량 곧 죄 사함"을 받은 보증을 의미합니다.

교회 부흥의 비결은 교인들이 성령의 인 치심을 경험하는 데서부터 시작됩니다. 이것 없이는 불가능합니다. 성령의 인 치시는 역사는 말씀에 깊이 들어갈 때야 일어납니다. 그리스도를 열심히 사랑하고, 예수님을 추구할 때 이런 역사가 일어납니다.

그러므로 각 교회가 간절히 구하며 기도할 제목은 모든 성도가 말씀을 통해서 성령으로 충만하고, 성령으로 인 치심을 받는 놀라운 성령 세례로 하나님의 아들 됨의 확신을 갖는 것입니다. 이 확신이 강해지면, 다른 것은 다 시시해집니다. 문제가 되지 않습니다.

성령 세례와 성령의 열매 그리고 은사

마지막으로, 성령의 인 치시는 역사, 곧 성령 세례를 통한 "기업"의 보증과 혼동하지 말아야 할 것이 있습니다. 바로 '은사'에 관한 문제입니다. 성령 세례를 받는 것과 은사는 별개 문제입니다. 이 두 가지를 혼동하는 사람이 많으므로 갈등이 일어납니다.

은사는 주시는 이의 마음에 달린 선물입니다. 하나님이 주고 싶을 때 주시는 것입니다. 선물을 달라고 조르는 것은 강요입니다. 우리에게 필요하기 때문에 하나님이 은사를 주시는 것입니다.

그런데 이상하게도 한국 교인들 다수가 성령의 열매에는 관심이 없고, 은사에만 관심을 기울입니다. 그리고 은사를 받으면, 은사를 받지 못한 사람들을 무시합니다. 그래서 교회에 갈등과 불균형이 생기기 시작합니다.

중요한 것은 성령의 열매입니다. 사랑과 희락과 화평과 오래 참음과 자비와 양선과 충성과 온유와 절제 등 풍성한 열매를 맺는 사람을 보면, 절대로 갈등을 느끼지 않습니다. 그러나 은사를 주장하면, 그 사람을 보고도 갈등을 느낍니다. 그것이 옳으니 그르니, 좋으니 나쁘니 자꾸 말이 생기는 것입니다.

은사는 하나님이 주시는 것이므로 우리는 성령의 열매에 더 큰 관심을 기울여야 합니다. 성령 세례와 은사를 너무 밀접하게 생각하면, 시험받게 됩니다. 성령 세례가 임할 때, 은사도 따라오기 마련이지만, 필수라고는 할 수 없습니다. 그러므로 성령의 은사를 받지 못했다고 해서 열등감을 느낄 필요는 없습니다. 방언을 못 하니 성령 충만하지 않다고 말해서는 안 됩니다. 저는 한경직 목사님이 방언하시는 것을 본 일이 없습니다. 그렇다고 그분이 성령 충만하지 않으십니까? 그렇게 말할 수는 없습니다. 은사는 있으면 좋은 것입니다. 그러나 절대적으로 중요한 것은 아닙니다.

더 중요한 것은 무엇입니까? 내가 하나님의 아들이 되었다는 확신입니다. 그리고 하나님이 내 아버지이시라는 확신입니다. 그리고 말씀으로 인격이 변하고, 삶이 변하여 성령의 열매를 맺는 것입니다. 이런 것들이 중요합니다. 성경은 사랑이 없는 모든 행위는 가짜라고 말합니다. 우리는 여기서 용서가 없는 모든 것은 어떤 것으로도 설득될 수 없다고 하는 말을 이해할 수 있습니다.

성령의 인 치심에 관하여 한 가지 주의해야 할 것은 바로 '성화'

의 문제입니다. 성령의 인 치심을 받았다고 해서 하루아침에 거룩해지는 것은 아니기 때문입니다. 기도원에 몇 번 다녀오면 사람이 거룩해집니까? 그렇지 않습니다. 착각하기 쉬운 문제입니다. 죄인은 죄인일 뿐입니다. 못된 성격을 그대로 가지고 있습니다. 시간이 가면서 하나하나 정리되고 고쳐져 가는 것입니다. 칭의의 다음 단계인 성화는 하루아침에 이루어지지 않습니다. 오랜 세월에 걸쳐 그리스도의 성품을 하나씩 닮아 가는 과정이기 때문입니다.

그러므로 성령의 인 치심과 성화를 바로 연결하여 생각하면, 또다시 좌절을 겪을 수밖에 없습니다. 우리는 그렇게 거룩하거나 완전한 사람이 아닙니다. 부족한 가운데 그리스도를 바라보며 서로 조금씩 보완하고 보충하며 그리스도의 의를 이루어 가는 사람들입니다.

은사는 있을 수도 있고 없을 수도 있지만, 우리가 반드시 경험해야 할 역사가 있습니다. 바로 성령의 인 치시는 역사입니다. 이것은 내가 하나님의 아들이라는 확신을 주는 성령의 도장 찍음입니다. 하나님이 우리 아버지이시라는 확신을 얻기 위해 기도하십시오. 성령님이 우리 영혼에 인을 쳐 주실 때까지 계속해서 기도하기 바랍니다. 성령의 인 치심을 받을 때, 신앙생활에 놀라운 역사가 일어날 것입니다.

5

그리스도인의 기도

에베소서 1:15-23

믿음과 사랑의 행동

사도 바울은 편지를 통해 에베소 교회에 영적인 신령한 축복을 나누어 주면서, 그들 덕분에 생긴 감사의 제목들을 헤아리고, 또 자기가 사랑하는 에베소 성도들을 위해서 기도합니다. 그의 편지는 감사와 기도, 두 가지로 요약할 수 있습니다.

먼저, 본문의 전반부에 쓰인 감사의 내용을 살펴보겠습니다.

> 내가 기도할 때에 기억하며 너희로 말미암아 감사하기를 그치지 아니하고(엡 1:16).

바울은 에베소 성도들을 생각하면 하나님께 감사하지 않을 수 없다고 말합니다. 감격과 감사가 솟구쳐 그치질 않습니다. "주 예수 안에서 너희 믿음과 모든 성도를 향한 사랑을"(엡 1:15) 들었기 때문입니다. 그가 감사하게 된 이유는 두 가지입니다. 자기가 목회했던 에베소 교회 성도들의 신앙 내용, 좀 더 구체적으로 말하면, 그들의 '믿음'과 '사랑' 때문입니다. 감사 거리가 있으면 누구나 감사할 수 있습니다. 그러나 그리스도인은 그보다 한발 앞서 감사 거리가 있든 없든 매사에 감사하는 태도를 취해야 합니다.

바울은 감사가 체질화된 사람입니다. 타고났다기보다는 복음을 알고 나서 범사에 감사하는 사람으로 변한 것입니다. 어떤 일을 만나든지 긍정적인 태도로 하나님의 뜻을 찾는 사람이 되었습니다. 바울이 쓴 편지는 모두 감사로 시작합니다. 예를 들어 로마서는 이렇게 시작합니다.

먼저 내가 예수 그리스도로 말미암아 너희 모든 사람에 관하여 내 하나님께 감사함은 너희 믿음이 온 세상에 전파됨이로다(롬 1:8).

이때까지 사도 바울은 로마에 가 본 적이 없었습니다. 그런데도 로마 교회를 생각하며 "너희 믿음이 온 세상에 전파"된 것에 대해 하나님께 감사하는 것으로 이야기를 시작합니다.
또 고린도전서는 이렇게 시작합니다.

그리스도 예수 안에서 너희에게 주신 하나님의 은혜로 말미암아 내가 너희를 위하여 항상 하나님께 감사하노니(고전 1:4).

사실, 초대 교회 시대에 교회들 가운데 가장 문제가 많았던 교회가 바로 고린도 교회 아닙니까? 그런데 그는 고린도 교회의 소문을 듣고서도 감사의 말로 편지를 쓰기 시작했습니다.
다른 서신서들도 마찬가지입니다. "내가 너희를 생각할 때마다 나의 하나님께 감사하며"(빌 1:3). "우리가 너희를 위하여 기도할 때마다 하나님 곧 우리 주 예수 그리스도의 아버지께 감사하노라"(골 1:3). "우리가 너희 모두로 말미암아 항상 하나님께 감사하며 기도할 때에 너희를 기억함은"(살전 1:2). "형제들아 우리가 너희를 위하여 항상 하나님께 감사할지니"(살후 1:3). 이처럼 바울은 편지의 서두마다 "예수 그리스도의 종 바울"(롬 1:1), "하나님의 뜻을 따라 그리스도 예수의 사도로 부르심을 받은 바울"(고전 1:1), "그리스도 예수의 사도 된 바울"(고후 1:1) 등과 함께 감사의 말을 잊지 않고 썼습니다.

그의 감사는 하나님의 부르심과 은혜에 대한 감사요 믿음의 형제들에 대한 감사였습니다. 그는 기쁨을 나눌 때뿐만 아니라 책망할 때나 충고할 때조차도 감사로 이야기를 시작하곤 했습니다. "항상 기뻐하라 쉬지 말고 기도하라 범사에 감사하라"(살전 5:16-18)는 말씀대로 감사를 몸으로 실천하는 사람이었습니다.

사실, 믿음을 강조하는 사람들은 사랑이 부족하기 마련이고, 사랑을 강조하는 사람들은 믿음이 부족하기 마련입니다. 여기서 믿음이란 하나님을 향한 믿음과 예수 그리스도를 아는 진리로 무장한 신앙을 말하고, 사랑은 그 믿음에 기초한 구체적인 사랑의 행동을 의미합니다. 야고보 사도가 말한 '믿음과 행함'의 관계와도 같습니다. 야고보는 믿음만 강조하는 사람들을 향하여 이렇게 묻습니다.

내 형제들아 만일 사람이 믿음이 있노라 하고 행함이 없으면 무슨 유익이 있으리요 그 믿음이 능히 자기를 구원하겠느냐(약 2:14).

야고보 사도가 말한 것처럼 믿음은 행동을 의미하며, 행동은 곧 믿음을 의미합니다. 믿는 대로 살고, 믿는 대로 행동할 때, 하나님의 구원 역사가 완전하게 드러난다는 이야기입니다.

그런데 바울이 에베소 교회 성도들에게 보인 감사는 '믿음과 사랑의 조화'에 관한 것이었습니다. 에베소 교회 성도들은 믿음뿐 아니라 구체적인 사랑의 행동까지 보여 주었습니다. 그래서 바울이 감격하며 감사 인사를 전한 것입니다.

참 신앙은 '믿음과 (사랑의) 행동', 두 가지 요소가 다 있어야 합니다. 믿음뿐 아니라 신앙의 바른 모습도 강조해야 하고, 타협할 수 없는 성경적 진리에 대한 분명한 확신뿐 아니라 확신에 따른 구체적인 사랑의 실천과 행동이 필요합니다. 믿음에 기초하여 사랑의 열매를 맺는 신앙이야말로 성숙한 신앙입니다.

이것이 교회가 지향해야 할 목표입니다. 그리스도인이나 교회는 이러한 양면성을 고려하는 신앙의 덕을 갖추어야 합니다. "너희는 온 천하에 다니며 만민에게 복음을 전파하라"(막 16:15), "너희는 가서 모든 민족을 제자로"(마 28:19) 삼으라고 하신 주님의 지상 명령도 중요하지만, "네 이웃을 네 자신같이 사랑하라"(마 22:39)라고 하신 그리스도의 대강령도 중요합니다.

그러므로 교회는 이 두 가지를 잘 조화시켜야 합니다. 믿음과 기도와 말씀에 깊은 관심을 기울이고 헌신해야 하지만, 동시에 믿는 만큼 행동하면서 생활 속에서 그것을 보여 주는 구체적인 사랑의 실천이 있어야 합니다. 그 조화를 이루어 낸 것이야말로 에베소 교회가 가졌던 축복입니다

하나님을 아는 것이 우선

감사로 시작된 바울의 기도는 이렇게 이어집니다.

> 내가 기도할 때에 기억하며 너희로 말미암아 감사하기를 그치지 아니하고 우리 주 예수 그리스도의 하나님, 영광의 아버지께서 지혜와 계시의 영을 너희에게 주사 하나님을 알게 하시고 너희 마음의 눈을 밝히사 그의 부르심의 소망이 무엇이며 성도 안에서 그 기업의 영광의 풍성함이 무엇이며 그의 힘의 위력으로 역사하심을 따라 믿는 우리에게 베푸신 능력의 지극히 크심이 어떠한 것을 너희로 알게 하시기를 구하노라(엡 1:16-19).

그의 첫 번째 기도 제목은 "지혜와 계시의 영을 너희에게 주사 하나님을 알게" 해 달라는 것입니다. 사실, 현실 문제 해결에만 급급하여 기도할 때가 얼마나 많습니까? 당장 눈에 보이는 문제들만

놓고 기도하다 보면 정작 중요한 기도 제목들은 잊어버리기 쉽습니다.

우리는 어떤 기도가 모범적인 기도인지를 잘 알고 있습니다. 기본적으로 찬양, 고백, 감사, 간구 등 네 가지를 갖추어야 기도의 모범이라고 말합니다. 그런데 실제로 기도해 보면, 어떤 것이 가장 큰 부분을 차지합니까? 찬양입니까? 감사입니까? 죄 고백입니까? 아니면 "주시옵소서!" 하는 간구입니까? 아마도 "주시옵소서!" 하고 외치는 간구의 기도가 대부분을 차지할 것입니다.

왜 그렇습니까? 현실 문제에 급급해 있기 때문입니다. 현실 문제에만 매달리는 사람은 간구밖에 드릴 기도가 없습니다. 현실에 얽매여 있으면, 문제의 노예가 되고, 마음의 여유가 없어집니다. 그런 사람은 하나님이 어떤 분이신지, 하나님의 사랑이 어떤 것인지를 생각할 겨를이 없습니다.

그러나 사도 바울의 기도를 보십시오. 그의 간구는 우리가 드리는 간구와 그 내용이 다르다는 것을 알 수 있습니다. 그는 사랑하는 에베소 교회 성도들을 위해 기도할 때, 그들이 하나님을 아는 일에 더욱 깊어지고, 하나님을 아는 지식이 더욱 풍성해지며 하나님께 더욱 충성할 수 있게 도와달라고 간절히 기도합니다. 이것이 바울의 기도의 첫 번째 내용입니다.

바울의 말은 틀린 데가 하나도 없습니다. 우리에게 가장 시급한 일은 바로 하나님을 아는 일입니다. 이보다 더 급한 일이 없습니다. 하나님을 알지 못한 채 기도해 보십시오. 얼마나 큰 비극이 일어나는지 모릅니다. 하나님을 깊이 알지 못한 채 봉사해 보십시오. 얼마나 큰 실수를 저지르게 되는지 모릅니다. 하나님을 알지 못한 채 열심을 내 보십시오. 얼마나 엉뚱한 결과를 가져오는지 모릅니다. 사람 사이뿐 아니라 하나님과 사람 사이에서도 가장 중요한 것은 상대방, 곧 하나님을 아는 일입니다.

하나님의 역사는 하나님을 깊이 아는 데서부터 시작됩니다. 그러므로 신앙생활에 있어서 가장 중요한 기도는 "하나님, 당신을 알기 원합니다. 당신의 심정을 내가 알기 원합니다. 오늘 당신이 나에게 무엇을 하기 원하시는지 그 사실을 알기 원합니다"라는 것입니다. 그분을 알아야만 우리는 올바로 행동할 수 있습니다.

그런데 하나님을 안다는 것은 무엇입니까? 하나님의 어떤 부분을 알아야 합니까? 답은 하나님의 속성입니다. 그래서 기도 훈련에서 가장 중요한 것은 하나님의 속성을 아는 것입니다.

하나님을 아는 일에 관하여 가장 중요한 것을 세 가지로 요약해서 말할 수 있습니다. 첫째, '하나님의 사랑'의 심정을 알아야 합니다. 자기 아들 예수 그리스도를 십자가에서 죽게 하셨던 하나님의 사랑의 심정을 모르고서는 하나님을 안다고 말할 수 없습니다. 갈보리 언덕 위에서 벌어졌던 십자가 보혈 사건을 이해하지 못하고서는 하나님을 안다고 말할 수 없습니다. 하나님을 알고자 한다면, 그분의 가슴을 찢는 사랑을 알아야 하고, 끝없이 용서하며 기다리시는 아버지의 심정을 알아야 합니다.

하나님을 아는 일에 관하여 가장 중요한 두 번째 사실은 '하나님의 공의'를 알아야 한다는 것입니다. 하나님의 공의는 결코 용서받을 수 없는 인간의 죄와 타협하지 않습니다. 우리 죄를 용납하실 수 없어서 자기 아들을 대신 죽이기까지 하신 하나님, 그 하나님의 공의도 우리는 배워야 할 것입니다.

세 번째로 중요한 것은 '하나님의 완전성과 거룩성'입니다. 인간은 거룩하지 못하기 때문에 하나님의 거룩을 상상할 수가 없습니다. 대개 자기 방식대로 하나님의 거룩을 이해하기가 쉽지만, 우리는 예수 그리스도의 보혈을 통해서만 하나님의 거룩을 이해할 수 있습니다.

상대방을 모르면 제대로 사랑할 수 없습니다. 이것은 부부 관계에서도 마찬가지입니다. 진정으로 사랑할 때, 그 사람을 위해서 봉사할 수 있습니다.

그러므로 성도들의 기도에서 가장 중요한 강조점은 "하나님을 알게 해 주시옵소서. 하나님을 알기 원합니다"가 되어야 합니다. 성경 공부의 모든 내용이 하나님을 아는 일이요, 우리 기도의 모든 내용이 하나님을 아는 일입니다. 하나님을 아는 것에서 참다운 교제가 비롯되기 때문입니다. 먼저 교회가 하나님을 잘 알아야 하고, 목사가 교인들을 잘 알아야 합니다. 교인들이 어떤 심정인지를 모르면 정말로 목회하기 어렵습니다.

바로 여기서 우리는 다음과 같은 진리를 깨닫습니다.

"교인들은 목사를 잘 알아야 한다. 일은 중요하지 않다. 서로를 깊이 알면, 일은 쉬워진다. 하나님과 나 사이의 관계가 깊어지면, 일은 쉬워진다. 목사가 교인들을 잘 알고, 교인들이 목사를 잘 안다면, 그 교회는 부흥할 수밖에 없고, 사랑의 공동체가 될 수밖에 없다."

그렇다면 하나님을 잘 알기 위해서는 어떻게 해야 합니까? 바울은 구체적인 방법을 제시합니다. 바로 "지혜와 계시의 영"을 구하는 것입니다. 다른 말로 하면, '지혜의 성령'을 구하고, '계시의 성령'을 구해야 한다는 것입니다. 성령을 사모하며 성령 충만을 구할 때, 특별히 두 가지를 위해 기도하십시오.

"주님, 내게 지혜의 영을 주시옵소서. 주님이여, 내게 계시의 영을 주시옵소서."

지혜와 계시의 영은 어떤 은사보다도 더 중요합니다. 지혜는 성령의 도우심을 받아 내가 스스로 모든 것을 깨닫는 마음이고, 계시는 하나님이 나에게 가르쳐 깨닫게 해 주시는 부분입니다. 이 두 가지는 하나님을 이해하는 데 동시에 필요합니다.

지혜의 마음으로 성경을 읽고, 성경에서 하나님의 뜻을 깨달아 하나님의 심정을 헤아릴 수 있어야 합니다. 기도를 통해서 하나님의 뜻을 전달받고 계시받는 놀라운 역사가 조화를 이룰 때, 우리는 하나님을 사랑하게 됩니다. 하나님의 마음속으로 들어가게 됩니다.

하나님과의 관계가 깊어지면, 모든 일이 분명해지고 쉬워지며 간단해집니다. 현대 교회의 비극은 하나님과 가까워지는 일에 실패함에 그 원인이 있습니다. 그 결과, 인간관계나 사회학적 이론이 교회를 지배하게 됩니다. 여기에 우리의 비극이 있습니다. 그리스도인들에게 예전이나 지금이나 변함없는 진리가 하나 있다면, 하나님과 가까워지는 것, 이상 더 위대한 전략은 없다는 것입니다. 하나님과 깊이 교제하는 것보다 더 우선적인 것은 없습니다. 하나님을 밝히 볼 수 있는 영안이 우리에게 있기를 바랍니다.

부르심의 소망

바울의 두 번째 기도 제목은 하나님이 "너희 마음의 눈을 밝히사 그의 부르심의 소망이 무엇이며 성도 안에서 그 기업의 영광의 풍성함이 무엇이며 그의 힘의 위력으로 역사하심을 따라 믿는 우리에게 베푸신 능력의 지극히 크심이 어떠한 것을 너희로 알게"(엡 1:18-19) 하시는 것입니다.

우리 "마음의 눈을 밝히사"라는 기도는 다시 말해서 우리 눈이 멀었다는 뜻입니다. 물질로 인해서, 세상으로 인해서, 욕심으로 인해서, 사탄으로 인해서 볼 것을 보지 못하는 우리의 영적인 미혹 상태에서부터 "주여! 내 눈을 밝혀 주셔서 세 가지를 보게 해 주시옵소서"하고 기도해야 합니다.

"그의 부르심의 소망이 무엇"인가는 소명의 문제입니다. 또 "그 기업의 영광의 풍성함이 무엇"인가는 영적 기업에 관한 문제입니다. "우리에게 베푸신 능력의 지극히 크심이 어떠한 것을" 알게 해 달라는 것은 하나님의 능력에 관한 문제입니다.

먼저, 소명의 문제를 살펴보겠습니다. 바울은 부르심의 은총을 깨달았던 사람입니다. 그는 예수님을 만나 소명을 받고 나서 생애가 변했습니다. 하나님은 그에 관해 "이 사람은 내 이름을 이방인과 임금들과 이스라엘 자손들에게 전하기 위하여 택한 나의 그릇"(행 9:15)이라고 말씀하셨습니다.

어떤 사람은 예수님을 믿고 나서 기쁨이 충만하게 지내다가 나중에야 소명을 발견하기도 하고, 어떤 사람은 예수님을 믿자마자 소명을 발견하기도 합니다. 소명을 일찍 발견하든 늦게 발견하든 간에, 하나님은 모든 그리스도인에게 이 세상을 살아가는 의미와 분명한 소명을 보여 주십니다. 이것이 '부르심'(calling), 곧 소명입니다.

하나님은 의사는 의사로서, 교수는 교수로서, 사업가는 사업가로서 직업을 통해 우리를 부르신다는 확신을 갖는 것이 중요합니다. 이 확신이 없으면 흔들립니다. 자신의 직업을 통해서 하나님을 섬기십시오.

또한 하나님은 가정을 통해서도 우리를 부르십니다. 어떤 사람은 예수님을 믿는 사람이라고는 한 사람도 찾을 수 없는, 영적으로 아주 깜깜한 가정에 시집·장가가서 눈물의 세월을 보내기도 합니다. 그가 붙드는 것은 "주 예수를 믿으라 그리하면 너와 네 집이 구원을 받으리라"(행 16:31)라는 말씀뿐입니다. 그러나 하나님은 그를 통해서 믿지 않는 가정을 구원할 계획을 가지고 계십니다. 이것이 그 사람을 향한 부르심입니다.

동시에 하나님은 교회를 통해서 부르십니다. 왜 하나님은 이 땅에 교회를 세우셨을까요? 왜 이 사람들을 성도로 주셨을까요? 여기에 하나님의 뜻이 있습니다. 하나님의 비밀이 있습니다. 교회에 거저 온 사람은 없습니다. 아무 뜻 없이 교회에 온 사람은 한 사람도 없다고 확신합니다. 이 시대에 우리에게 교회를 주신 뜻이 분명히 있습니다.

우리는 이 사실을 믿어야 합니다. 우리는 교회가 당면한 문제를 좀 더 적극적으로 생각하고, 하나님이 주신 은혜와 뜻을 생각하고, 전진해 나가야 합니다. 그것이 하나님의 부르심에 응하는 길입니다.

기업의 영광의 풍성함

또한 바울이 깨닫기 원하는 것은 "기업"의 문제입니다. 그는 에베소 교회 성도들이 "기업의 영광의 풍성함"이 무엇인가를 깨닫기 원했습니다. 특별히 그는 '풍성하다'는 말을 많이 쓰고 있습니다.

그리스도인들은 영적 기업, 영적 유산에 관해 눈을 떠야 합니다.

여호수아서 14장을 보십시오. 하나님은 모든 지파에 "기업"을 나눠 주셨지만, 레위 지파에는 주지 않으셨습니다. 대신 "이스라엘의 하나님 여호와께서 그들의 기업이 되심"(수 13:33)이라고 말씀하십니다. 우리는 하나님의 아들 됨에 대한 영적인 기업의 축복을 알아야 하고, 용서의 축복도 알아야 합니다. 그래야만 지상에서 물질과 세상의 모든 유혹과 세상적인 모든 것에서부터 자유롭게 살 수 있습니다. 하늘의 것에 약한 사람은 세상에 말려 들어갈 수밖에 없습니다.

조카 롯에게 "네 앞에 온 땅이 있지 아니하냐 나를 떠나가라 네가 좌하면 나는 우하고 네가 우하면 나는 좌하리라"(창 13:9)라고 말했던 아브람을 기억하십시오. 그는 하나님과 아주 밀접한 관계를 가지고 있었기에 세상적인 것들을 손쉽게 놓을 수 있는 용기가 있었습니다.

사도 바울은 에베소 교회 성도들에게 '하나님의 능력의 크심'을 알리려고 노력했습니다. 그 능력이란 구체적으로 '부활의 능력'입니다(참조, 엡 1:20). 예수님을 믿는 우리에게는 부활의 능력이 있습니다. 이것을 즐거워하며 감사하십시오. 우리에게는 부활이 있기에 고난이나 억울함이나 매 맞음이나 손해 보는 것까지도 기뻐할 수 있습니다. 왜 그렇습니까? 바울의 선포를 보십시오.

사망아 너의 승리가 어디 있느냐 사망아 네가 쏘는 것이 어디 있느
냐(고전 15:55).

부활은 죽음을 초월하기 때문입니다. 부활 신앙은 현재의 고난
을 초월합니다. 부활 신앙은 내가 억울하고, 이해받지 못하고, 손
해 보는 것들을 극복하게 합니다.

예수님을 믿는 사람은 쉽게 말하면 세상에서 손해 보도록 부름
받은 사람입니다. 억울함을 당하도록 부름 받았습니다. 그러나 "현
재의 고난은 장차 우리에게 나타날 영광과 비교할 수"(롬 8:18) 없
습니다.

부활 뒤에는 무엇이 있을까요? 예수님을 모델로 생각하면, 부
활 뒤에는 승천이 있습니다. "그는 하늘에 오르사 하나님 우편에
계시니 천사들과 권세들과 능력들이 그에게 복종하느니라"(벧전
3:22). 그분이 바로 교회의 머리이십니다. 그리스도를 통해 보여 주
시는 하늘의 영광은 곧 성도의 영광입니다. 하나님의 일을 할 때나
전도할 때나 교회를 섬길 때, 혹은 직장에서 일할 때나 가정에서
일할 때, 하늘의 영광을 보지 못하면 피곤해서 일할 수 없습니다.
속상해서 못하고, 힘들어서 못 합니다.

이것이 얼마나 중요합니까? 기업의 영광의 풍성함과 하나님의
구원의 능력뿐 아니라 부활의 능력과 그리스도의 영광과 함께 모
든 성도를 영광 가운데로 이끌어 줄 것을 마음속에 그려 보십시오.

그 풍성함 속에서 우리가 주님을 섬기는 것입니다. 이것이 바울의 기도 내용입니다.

에베소 교회 성도를 통해서 우리는 믿음과 행동이 조화를 이루는 신앙의 행동 양식을 봅니다. 우리는 믿을 뿐만 아니라 믿는 대로 살아야 합니다. 진리를 사랑하는 만큼, 그리스도를 사랑하는 구체적인 행동이 있어야 합니다.

하나님이 우리에게 지혜와 계시의 영을 주시고, 우리의 마음눈을 밝게 하셔서 하나님의 부르심의 소망과 기업의 영광의 풍성함과 능력의 역사하심을 알게 되기를 기도합니다. 우리가 기도하고 감사하는 내용이 바로 이것입니다. 이것에 기초하여 하루하루 승리하기를 바랍니다.

6

은혜와 믿음으로 인한
구원

에베소서 2:1-10

허물과 죄로 죽어 있던 인간

그리스도인의 가장 큰 감격은 영적으로 다시 태어나는 제2의 탄생에 있을 것입니다. 그리스도인은 새롭게 다시 태어나는 기쁨 속에서, 덤으로 살아가는 그 은총의 시간 속에서 살아가게 됩니다. 이러한 감격과 기쁨 속에 사는 사람을 가리켜 '그리스도인'이라고 합니다. 우리가 거듭남으로 말미암아 우리의 본성과 본질이 변했고, 의롭게 됨으로 말미암아 우리 모습과 위치가 변하게 되었으며, 우리가 양자 됨으로 말미암아 우리 지위가 바뀌었으며, 성화됨으로 말미암아 우리 성품이 변화되었습니다. 이것을 총칭하여 '구원'이라고 합니다.

그러므로 진정한 성도가 제2의 탄생을 소망하면서 구원을 노래할 때, 하나님에 대해서는 믿음의 눈이 생기고, 이웃에 대해서는 사랑과 용서의 마음이 생기며 자기 자신에 대해서는 회개와 겸손의 열매를 맺게 됩니다. 이러한 엄청난 구원의 대역사가 에베소서 1장에서 펼쳐졌습니다.

에베소서 2장은 하나님이 예비하신 '구원'이라는 대드라마를 좀 더 확대 해석한 부분입니다. 구원에 대한 핵심 구절은 다음 구절에서 찾을 수 있습니다.

긍휼이 풍성하신 하나님이 우리를 사랑하신 그 큰 사랑을 인하여 허물로 죽은 우리를 그리스도와 함께 살리셨고 (너희는 은혜로 구원을 받은 것이라) 또 함께 일으키사 그리스도 예수 안에서 함께 하늘에 앉히시니 (엡 2:4-6).

이 말씀에는 중요한 동사가 세 개 나옵니다. 첫 번째로 주목할 동사는 5절의 "살리셨고"입니다. 둘째는 6절 중간의 "일으키사"이고, 마지막 셋째는 6절 끝의 "앉히시니"입니다. 세 단어는 구원 전체를 보여 주는 중요한 단어입니다.

성경은 구원이란, 하나님이 우리를 허물과 죄로부터 건져 '살려 주실' 뿐만 아니라 '일으켜' 주시고, 영광의 보좌에 '앉히신다'는 것임을 보여 줍니다. 여기서 그리스도와 함께 살리셨다는 것은 십자가에서부터 우리를 살려 주셨다는 뜻이며 여기에는 구원의 과거적 의미가 있습니다. '그리스도 예수 안에서 함께 일으키셨다'는 것은 부활을 의미합니다. 현재 우리가 누리고 사는 구원의 현장을 가리킵니다.

그러고 나서 주님이 우리를 영광의 보좌에 앉히시는데, 이것은 나중에 우리가 하나님의 영광 속에 들려 승천하게 될 것을 뜻합니다. 곧 구원의 미래적 완성을 보여 주는 장면입니다.

이처럼 2장 4-6절에서 구원의 핵심을 볼 수 있는데, 성경은 그전에 더 중요한 전제 조건을 말하고 있습니다. 그것은 "이 구원을 받아야 하는 인간이 도대체 누구인가? 인간은 어떤 존재인가?"하는 문제에 대한 답입니다.

사실, 사람이 자기를 아는 것만큼 중요한 일은 없습니다. 모든 비극은 자기를 바라보지 못하고 착각하는 데서부터 비롯됩니다. 주제 파악이 안 되면 언제나 엉뚱한 주장과 결론으로 빠지는 것이 우리 인간입니다. 그래서 인간이란 도대체 어떤 존재인가 하는 문제에 대한 성경의 설명을 듣지 않고서는, 인간을 설명할 수 없습니다.

"인간은 어떤 존재인가?"라는 물음에 대해 성경은 다음과 같이 선언합니다.

> 그는 허물과 죄로 죽었던 너희를 살리셨도다(엡 2:1).

인간의 본질적인 모습을 한마디로 "허물과 죄로 죽었던 너희"로 선언하고 있습니다. 하나님이 없는 인간은 죽은 것이나 마찬가지인데, 그 이유는 '허물과 죄' 때문입니다. 죽음이란 무엇입니까? 생명과의 단절을 뜻합니다. 생명과의 단절이란 무엇입니까? 하나님과의 단절을 의미합니다. 하나님과의 단절은 무엇입니까? 모든 의미 있는 생명체와의 단절을 의미합니다. 이것이 죽음입니다.

그러므로 허물과 죄라고 하는 것은, 죽음의 세계를 총괄하는 '죄'라는 한 단어로 표현됩니다. 허물과 죄는 결국 다 죄라는 말인데,

구태여 구분한다면 허물은 소극적인 죄로서 우리가 해야 할 일을 하지 못하는 것이고, 죄는 적극적인 의미로서 해서는 안 되는 일을 하는 것입니다. 이 상태는 우리가 육체적으로는 살아 있으나 영적으로는 죽은 상태를 의미합니다.

허물과 죄로 죽었다는 것은 육체적인 죽음을 의미하기보다는 영적인 죽음을 의미합니다. 살았으나 죽은 자입니다. 겉으로는 살아 움직이는 것 같으나 실상 그 영혼은 허물과 죄로 죽었다는 것을 말하는 것입니다. 이것은 칼빈(Calvin)이 지적한 대로 하나님에 대해서 죽어 있는 상태입니다.

성경은 허물과 죄로 죽어 버린 사람을 세 가지로 집약하여 표현합니다.

> 그때에 너희는 그 가운데서 행하여 이 세상 풍조를 따르고 공중의 권세 잡은 자를 따랐으니 곧 지금 불순종의 아들들 가운데서 역사하는 영이라(엡 2:2).

첫째, 허물과 죄로 죽어 버린 인간은 "세상 풍조를" 따르는 사람입니다. 이러한 사람은 세상의 방법, 즉 세상의 풍속, 세상의 가치관, 세상의 모든 문화를 사랑하게 됩니다. 기독교의 적은 크게 세 가지, 세상과 사탄과 정욕인데, 그중에 세상의 정욕에 관한 내용입니다.

바울은 "이 세대를 본받지"(롬 12:2) 말라고 경고합니다. 그러나 세상 사람들, 곧 허물과 죄로 죽어서 영적으로 죽은 상태인 사람들은 이 세상을 사랑합니다. 이 세상에 자신의 모든 것을 겁니다. 자기의 소망과 삶의 의미를 세상에 둡니다. 인생의 성공과 실패가 다 이 세상에 달려 있습니다.

우리는 세상에서 웃고 우는 모습을 이 사람들을 통해서 보게 됩니다. 사도 요한은 "세상이 너희를 미워하면 너희보다 먼저 나를 미워한 줄을 알라"(요 15:18)고 말합니다. 즉 어떤 의미에서는 그리스도인이란 이 세상에서 배척당하고, 어떤 면에서는 버림받는, 고독하고 외로운 처지에 있는 사람이라고 할 수 있습니다. 성경은 이것이 진정한 그리스도인의 모습이라고 설명합니다.

이 세상은 사탄의 무대가 되어서 움직이고 있는데, 세상이 어떻게 돌아가는지를 자세히 보십시오. 세계 곳곳에서 일어나고 있는 전쟁과 정치·경제적 상황과 인간의 마음을 보십시오. 인간이 스스로 얼마나 무서운 지옥을 만들고 있는지를 우리는 매일 목격하고 있습니다. 많은 사람이 이 세상과 함께 웃고, 이 세상과 함께 울고, 이 세상과 함께 꼭두각시놀음을 하고 있습니다.

진노의 자녀들

둘째, 허물과 죄로 죽어 있는 사람들의 모습을 "공중의 권세 잡은 자를 따랐"다고 말합니다.

사도 요한은 "너희는 너희 아비 마귀에게서 났으니 너희 아비의 욕심대로 너희도 행하고자 하느니라"(요 8:44)고 지적했습니다. 우리는 본래 사탄의 자식이었다는 선언입니다. 그는 계속해서 사탄은 "처음부터 살인한 자요 진리가 그 속에 없으므로 진리에 서지 못하고 거짓을 말할 때마다 제 것으로 말하나니 이는 그가 거짓말쟁이요 거짓의 아비가 되었음이라"(요 8:44)라고 말합니다. 사탄은 세상의 권력을 가지고 불순종의 아들들 가운데서 역사하는 악한 영인 것입니다. 그런데 우리는 사람들이 스스로 사탄에 종노릇하는 모습을 종종 보곤 합니다.

바울은 "허물과 죄로 죽었던" 우리는 사실 "공중의 권세 잡은 자를 따랐으니 곧 지금 불순종의 아들들 가운데서 역사하는 영"(엡 2:2)을 따라 살았던 셈이라고 말합니다. 한마디로 사탄의 종노릇하며 살았다는 뜻입니다.

죄인은 이 세상에 있는 것을 사랑할 뿐만 아니라 세상의 방법도 사랑하기 마련입니다. 사탄의 영에 매인 사람들은, 살인적이고 파괴적이고 오만하며 핏대를 세우면서 분노하고 반항적이고 폭력적인 인간으로 둔갑합니다. 그들이 세상을 시끄럽게 만듭니다.

셋째, 허물과 죄로 죽은 사람은 육체의 욕심을 따라 지내면서 육체와 마음이 원하는 것을 행합니다.

전에는 우리도 다 그 가운데서 우리 육체의 욕심을 따라 지내며 육체와 마음의 원하는 것을 하여 다른 이들과 같이 본질상 진노의 자녀이었더니(엡 2:3).

여기서 "마음"은 사상을 가리킵니다. 인간은 죄의 소욕, 육체의 소욕의 노예가 되었습니다. 창세기 4장에 보면, 죄의 노예가 된 가인을 볼 수 있습니다. 죄가 그를 다스렸습니다. 인간이 하나님을 잃어버릴 때, 하나님께 반항하고, 하나님으로부터 멀리 떠날 때, 죄가 사람을 지배하게 됩니다. 죄가 지배하니 사탄이 그 사람을 지배하게 되고, 사탄이 그를 지배하니 인간의 마음과 생각이 욕심과 정욕에 사로잡히게 됩니다. 인간은 생각하는 것마다 악하고, 계획하는 것마다 섬뜩해집니다.

바울은 "허물과 죄로 죽었던 너희"를 세 가지로 설명하면서, 인간에 관해 "본질상 진노의 자녀"이었다고 결론 내립니다. 육체는 살아 있어도 그 정신과 영혼이 완전히 파괴되어 죽은 상태입니다.

긍휼과 사랑의 하나님

하나님은 허물과 죄 가운데 살았던 진노의 자녀들을 사랑하십니다.

긍휼이 풍성하신 하나님이 우리를 사랑하신 그 큰 사랑을 인하여 (엡 2:4).

우리에게 베풀어지는 사랑과 구원의 주어는 하나님이십니다. 그런데 영어 성경(NIV)을 보면, 이 구절은 "그러나"(But)로 시작하는데, 이것은 매우 중요한 단어입니다. 비록 인간이 허물과 죄로 인해 죽은 진노의 자식이었고, 세상과 사탄과 욕심 속에 빠져서 죽을 수밖에 없는 존재였지만, "그러나" 이러한 극단적인 상황이 계속된 것은 아닙니다. 여기서 단호하게 끊어 버립니다. 그러고 나서 하나님이 우리를 그냥 진노와 죽음 속에 집어넣지 않으시고, 다시 살려 주셨다고 하는 구원의 놀라운 메시지가 나옵니다.

이 구원의 메시지는 앞에서 설명했던 것과 마찬가지로 세 가지로 요약됩니다. 그리스도와 함께 살려 주셨고, 그리스도와 함께 일으켜 세워 주셨고, 그리스도와 함께 앉히셨다는 것입니다.

그러면 우리가 여기서 생각해 봐야 할 문제는, 첫째 하나님이 왜 우리를 살려 주셨느냐는 것입니다. 이에 대한 해답이 성경에 두 가지 나옵니다. 그것은 하나님의 두 가지 기본 속성 때문입니다.

첫 번째 속성은 하나님의 긍휼입니다. 이 긍휼의 풍성함 때문에 하나님은 우리에게 구원을 베풀어 주십니다. 사랑하는 하나님의 마음속에 아무리 솟아도 솟아도 바닥나지 않는 풍성한 긍휼이 있음을 찬양합니다. 하나님에게 우리를 불쌍히 여기시는 마음이 없다면, 용서와 사랑을 베푸시는 긍휼의 마음이 없다면 우리가 어찌 구원을 받을 수 있겠습니까?

저는 가끔 이런 생각을 합니다. '우리는 하루 24시간을 살지만,

하나님은 시간과 공간을 초월하시는 분이니까 시간이 없으실 거야. 만약 하나님에게 시간이 있다면, 하나님은 하루 종일 화가 나계실 거야. 내가 나를 봐도 화가 나고, 사람들을 봐도 화가 나는데, 하나님의 눈으로 사람을 본다면, 화가 안 날 때가 한순간이라도 있을까? 하나님은 매일매일 순간순간 폭발하는 화를 참으셔야만 할 거야'라고 말입니다.

인간의 행동을 보십시오. 그렇게 배신하기를 좋아하고, 그렇게 변덕이 심하고, 그렇게 간사하고, 그렇게 교활하고, 그렇게 못될 수가 없습니다. 이걸 보고 하나님이 기뻐하시고 웃으실 수 있겠습니까? 긍휼의 하나님이 아니셨더라면, 어쩔 뻔했습니까?

우리 구원의 근거는 하나님의 긍휼에 있음을 기억하십시오. 하나님이 무조건적으로 우리를 사랑하기로 결정하셨기 때문에, 그분의 긍휼이 넘치시기에 우리가 살 수 있는 것입니다. 우리는 하나님의 긍휼을 잊어서는 안 됩니다.

기독교 진리의 핵심이 무엇입니까? 하나님의 긍휼입니다. 하나님의 사랑과 긍휼을 잃어버리면 기독교는 아무것도 남지 않습니다. 거기서부터 우리의 구원이 시작되었기 때문입니다. 하나님의 긍휼은 결코 바닥나지 않습니다. 기억하십시오. 우리 죄보다 하나님의 긍휼이 훨씬 더 크십니다. 그 덕분에 우리가 죄 용서를 받았습니다.

예수님을 믿는 사람들, 하나님의 긍휼의 옷을 입고 그 사랑을 받은 사람들의 표가 무엇입니까? 바로 긍휼입니다. 불쌍히 여기는 마음입니다. 예수님을 믿지 않는 사람을 보면 눈물이 나고 긍휼히 여기는 마음입니다. 예수님을 모르는 영혼을 보면서 눈물 흘리는 사람이 그리스도인입니다.

형제나 교인을 비판의 눈으로 보지 말고, 사랑과 긍휼의 눈으로 바라보십시오. 교회에 사랑이 없다는 것은 긍휼을 잃어버렸다는 말입니다. 긍휼을 잃어버렸다는 것은 구원의 감격을 잃어버렸다는 것입니다. 구원의 감격을 잃어버린 채 교회를 왔다 갔다 하고, 성경 공부를 하고 기도를 하기 때문입니다. 그래서 모든 것이 다 갖추어져 있어도 실상은 아무것도 없게 됩니다. 그래서 신앙이 맨송맨송합니다. 깊은 감동이 없습니다.

하나님이 우리를 살려 주신 두 번째 이유는, 하나님의 또 다른 속성 때문인데 그것은 사랑입니다. 바울은 하나님이 우리를 "그 크신 사랑"(엡 2:4)으로 사랑하신다고 말합니다. 여기서 "크신"이라는 단어에 주목하십시오. 이 사랑은 물론 아가페의 사랑입니다.

사랑에는 세 가지 종류가 있다고 합니다. 첫 번째는 '만약에 사랑'입니다. "만약 네가 나를 사랑하면 나도 너를 사랑하겠다"는 사랑입니다. "네가 나한테 잘하면, 나도 너한테 잘해 주겠다" 또는 "네가 나한테 말을 걸면, 나도 너에게 말을 걸겠다"는 것입니다.

두 번째는 '때문에 사랑'입니다. "네가 나를 사랑하지 않지만, 네가 예쁘기 때문에, 그 사실 하나 때문에 그냥 사랑하겠다"는 조건적 사랑입니다.

세 번째는 '그럼에도 불구하고 사랑'입니다. 이것이 아가페의 사랑입니다. 그래서 바울은 하나님의 사랑 앞에 "큰"(great)을 덧붙였습니다. 하나님이 우리에게 베풀어 주신 사랑은 '그럼에도 불구하고 조건 없이 주시는 큰 사랑'입니다. 그 사랑 덕분에 우리가 구원을 받았습니다.

그런데 우리는 "은혜로 구원을"(엡 2:5) 받았습니다. 바울은 하나님이 우리를 구원해 주신 것은 하나님의 전적인 은혜로 말미암았다는 사실, 우리 행위가 아니라 그분의 은혜로 이미 구원받았다는 사실을 강조합니다. 이것이 구원의 과거입니다. 십자가에서 2천년 전에 이미 구원이 완성되었습니다. 그리스도와 함께 살리셨을 뿐만 아니라 그리스도와 함께 우리를 일으켜 주신 것이 두 번째 구원입니다. 바로 이것이 구원의 현재입니다.

이처럼 과거에 우리를 살려 주셨던 그분은 살려 주신 것에서 끝내는 것이 아니라 지금의 우리를 이 순간에도 일으켜 세워 주십니다. 그리스도인은 예수님의 대속적인 죽음에만 머물러 있는 것이 아니라, 사망 권세를 깨뜨리고 부활하신 그리스도의 능력을 약속받았습니다. 그의 새로운 피조물로서 새로운 삶, 즉 "이전 것은 지나갔으니 보라 새것이 되었도다"(고후 5:17)라는 현재의 새 능력을 체험하는 구원을 주신다는 약속입니다.

현재 그는 거듭난 자로서, 의로워진 자로서, 양자 된 자로서, 성화된 자로서, 그리스도의 부활과 성령의 능력에 참여하고 있는 사람입니다. 이 순간, 우리는 그리스도의 부활을 체험해야 합니다. 이것이 구원의 현재입니다. 과거에 구원받았다는 것에서 끝난다면, 현재가 무슨 의미가 있겠습니까? 이에 관해 바울은 이렇게 말합니다.

> 그러므로 너희가 그리스도와 함께 다시 살리심을 받았으면 위의 것을 찾으라 거기는 그리스도께서 하나님 우편에 앉아 계시느니라 위의 것을 생각하고 땅의 것을 생각하지 말라(골 3:1-2).

그리스도의 죽음과 부활을 믿습니까? 그렇다면 우리는 땅에 살지만, 땅의 것을 추구하는 사람이 아님을 알아야 합니다. 우리는 "위의 것을" 찾아야 합니다. 위를 바라보며 살아야 합니다. 그곳에 "그리스도께서 하나님의 우편에 앉아" 계시기 때문입니다.

구원은 이 세상에서 죽은 과거의 예수님에게서 끝나는 것이 아니라 부활해서 오늘날 역사 속에, 현실 속에, 내 생활 속에 동행하시는 예수 그리스도로 계속 이어집니다. 이것이 구원의 현재입니다.

구원의 세 번째 모습은 "그리스도 예수 안에서 함께 하늘에 앉히시니"(엡 2:6)라는 말로 표현되어 있습니다. 이것이 구원의 미래입니다. 그리스도인의 구원의 완성은 그리스도와 함께 하나님의 영광의 보좌에 앉는 것입니다. 만약 예수님을 믿는 사람들이 이것을 소망하고 생각하는 것을 잊어버린다면, 현재 고난은 장차 올 영광과 족히 비교할 수 없다는 말을 할 수 없는 사람들입니다. 그 말을 해도 재미가 없는 사람들입니다.

그러나 우리가 그 하늘의 영광을 맛보며 그리스도와 함께 영광의 보좌에 앉을 것을 생각하면, 현재의 어떤 고난이나 슬픔도 참을 수가 있습니다. 그것이 문제가 되지 않는다는 사실을 알게 됩니다.

우리는 하늘의 시민권을 가진 성도로서 들림을 받을 것입니다. 하나님이 주시는 생명의 면류관을 받을 것입니다. 말 그대로 하나님은 '그리스도 안에서 그 권능을 행하셔서 그리스도를 죽은 사람들 가운데서 살리셨고, 하늘에 있는 그분 오른편에' 앉히신 분입니다. 우리도 그렇게 죽은 자들 가운데서 살리시어 하늘로 들림을 받게 하실 것입니다.

예수님을 믿기 전에는 하늘을 바라보는 것이 저주스러웠으나 예수님을 믿고 나서는 자꾸 하늘을 본다고 얘기하는 사람을 보았습니다. 왜 그러냐고 물었더니, "언젠가 주님이 구름 타고 임할 것을 생각하면, 하늘을 볼 때 얼마나 기쁜지 모릅니다"라고 하더군요. 그렇습니다. 땅의 것만 생각하면, 절망하고 실망할 수밖에 없습니다. 내 육신을 생각하면, 병 든 걸 생각하면 절망할 수밖에 없습니다.

그러나 하늘을 바라보십시오. 위의 것들을 바라보십시오. 주님이 구름 타고 다시 오실 것을 믿으십시오. 신약의 많은 구절이 예수님이 다시 오실 것을 기록하고 있습니다. 주님이 다시 오신다는 약속이 얼마나 많이 기록되어 있는지 모릅니다. 주님은 다시 오실 것입니다. 영광 가운데서 우리를 부르실 것입니다. 우리를 공중으로 들어 올리실 것입니다. 이 영광스러운 미래가 구원의 완성입니다.

구원받은 자의 삶

그러면 구원은 어떻게 우리에게 임합니까? 구원 문제에 관한 오해가 과거에도 있었고, 현재에도 많이 있습니다. 그래서 '구원파'라는 이단까지 생기게 되었습니다. "구원이 인간의 노력에서 나오는 것이냐, 아니면 하나님의 선물이냐" 하는 질문이 나왔습니다. "구원을 위한 인간의 어떤 노력도 전혀 필요하지 않느냐"는 질문도 합니다.

왜냐하면 사람은 심리적으로 공짜를 좋아하면서도 한편으로는 몹시 기분 나빠하기 때문입니다. 공짜라면 양잿물을 마실 정도로 굉장히 좋아하면서도 자존심 상해합니다. 이것이 인간입니다.

그러한 심리가 구원에도 연결됩니다. 하나님이 구원을 은혜로 값없이 주신 것이 좋기는 하지만, 어떻게 생각하면 기분 나쁩니다. '그러면 뭐냐? 내가 한 게 아무것도 없지 않느냐! 그럼 나는 바보냐?' 싶은 것입니다. 이런 심리나 생각이 구원에 관한 여러 문제를 계속해서 일으켜 왔습니다. 문제의 해답은 여기서 찾을 수 있습니다.

너희는 그 은혜에 의하여 믿음으로 말미암아 구원을 받았으니 이것
은 너희에게서 난 것이 아니요 하나님의 선물이라(엡 2:8).

하나님은 우리의 갈등과 질문을 아시고, 구원은 우리에게서 나
온 것이 아니라 "하나님의 선물"임을 분명히 선언해 주십니다.

할렐루야! 우리가 만약 죽지 않고 영원히 살 수 있다면, 구원이
필요 없습니다. 인간은 모두 다 죽는다는 데 문제가 있습니다. 자
기 스스로 구원할 수 있다면, 인간에게 무슨 구원이 필요합니까?
인간 밖에서 인간을 위해서 찾아오시는 것이 구원입니다.

그러므로 구원은 선물이어야 합니다. 하나님이 값없이 주시는
선물입니다. 구원은 값없는 하나님의 선물인데, 그분의 은혜와 인
간의 믿음을 통해서 얻어진다고 성경은 말하고 있습니다. 믿음과
은혜는 사실 한 단어입니다. 이것을 요약하면, '하나님의 은혜'라
는 말에 다 집어넣을 수 있습니다.

내가 믿게 된 것도, 주님을 찾게 된 것도, 성경을 공부하려는 마
음을 가진 것도, 또 마음의 문을 열고 예수님을 믿기로 결심한 것
도, 내 안의 '나'가 한 것 같지만 믿게 하신 이도 하나님이시고 믿
음을 주신 이도 하나님이십니다. 그러므로 '은혜로'(by grace)라는
말은 '믿음으로'(by faith)'라는 말과 같습니다. 하나님의 관점에서
보면 은혜요, 인간의 관점에서 보면 믿음이지만, 실제로 그것은 같
은 말입니다.

"그 은혜에 의하여 믿음으로 말미암아 구원을" 받았다는 말은 한마디로 "절대적인 하나님의 은총으로, 절대적인 하나님의 주권으로 구원이 내게 왔다"는 말입니다. 내가 교회에 나오게 된 것, 기도하게 된 것, 주님을 찾는 갈급한 심령을 갖게 된 것도 하나님이 하신 일입니다.

그러면 인간에게 필요한 것은 무엇입니까? 단 한 가지입니다. 하나님이 다 하셨다고 고백하는 것입니다. 순종과 신뢰에서 나오는 고백입니다.

바울은 구원받은 자가 어떻게 살아야 하는가를 말해 줍니다.

> 우리는 그가 만드신 바라 그리스도 예수 안에서 선한 일을 위하여 지으심을 받은 자니 이 일은 하나님이 전에 예비하사 우리로 그 가운데서 행하게 하려 하심이니라(엡 2:10).

한마디로, 인간은 창조자가 아니라 피조물임을 다시 한 번 가르쳐 줍니다. 우리는 만들어진 존재입니다. 만들어졌다는 것은 만든 이가 있다는 말입니다. 이 관계를 분명히 알아야 합니다.

인간은 "그리스도 예수 안에서 선한 일을 위하여 지으심을 받은 자"들입니다. 우리는 선을 위해 창조되었습니다. 문제는 인간에게 선(善)이 없다는 것입니다. 선한 것이 하나도 없습니다. 의인은 없나니 하나도 없다고 성경은 몇 번씩 강조합니다. 인간 속에는 선한 것이 하나도 없습니다. 어떤 사람이 예수님에게 "내가 무슨 선한 일을 하여야 영생을 얻으리이까" 하고 묻자 예수님은 "어찌하여 선한 일을 내게 묻느냐 선한 이는 오직 한 분이시니라"라고 대답하셨습니다(마 19:16-17).

인간에게는 정말 선이 없습니다. 그래서 구원이 필요합니다. 구원받은 자 안에 선하신 분이 한 분 계십니다. 하나님이십니다. 다시 말해, 선을 위해서 산다는 말은 하나님을 위해서 산다는 것입니다. 이것이 인간이 존재하는 이유입니다. 구원받은 사람들이 세상에서 살아가는 원리입니다.

하나님은 우리를 선을 위해 살도록 보내셨습니다. 하나님을 위해 살라고 보내 주셨습니다. 남을 도우면서 살라고 말씀하십니다. 구원을 베풀면서, 가난한 자들도 보살피며 살라고 말씀하십니다. 전도하며 살라고 말씀하십니다. 잘 먹고 잘 입고 잘살기 위해서, 돼지처럼 먹고 마시면서 살라고 세상에 보내신 것이 아닙니다. 그런데도 돼지처럼 사는 사람이 있습니다. 그런 사람은 자기밖에 모릅니다. 입는 것, 먹는 것, 자는 것 등에 일생 갇혀 삽니다.

우리는 하나님의 영광을 위해서 남에게 은혜를 나누고, 그리스도께 영광을 돌리면서 살다가 어느 날 갑자기 주님 앞에 가게 될 것입니다. 그러므로 예수님을 영접하십시오. 그리스도의 구원 사건을 다시 한 번 생각하고, 주님의 보혈의 능력을 다시 한 번 사모하십시오. 주님은 무덤에 갇히신 분이 아니라 부활하신 분임을 믿으십시오. 이 모든 것이 은혜로, 하나님의 은혜로 주어졌다는 사실을 다시 확인하십시오.

그리고 하나님이 우리를 교회로 불러 주신 것은 이런 선한 일들을 위해서임을 기억하십시오.

7

연합된 그리스도의 몸

에베소서 2:11-22

구원이라는 집 짓기

지금까지 하나님의 놀라운 구원의 문제를 다룰 때, 우리는 그 문제를 전부 개인의 문제로만 여겨 왔습니다. 그러나 실제로 하나님의 구원의 은혜를 깨닫고 맛보게 되면, 그것은 나 개인의 문제가 아닌 것을 알게 됩니다. 다른 믿음의 형제들과의 문제이기도 하며 이제 다른 믿음의 형제들과 만나서 그들과 연합된 관계 속에서 우리가 존재한다는 사실을 깨닫기 시작합니다.

이것을 집에 비유하면, 집을 짓는 데 설계도가 필요한 것과 마찬가지입니다. 집을 짓기 위해서는 먼저 설계도가 있어야 하고, 그 설계도에 따라 집을 짓기 시작합니다.

그런데 전문가나 경험자가 아니면, 설계도만 보고는 앞으로 세워질 건물의 실질적인 모습을 그려 볼 수 없습니다. '이 집이 과연 어떤 모습으로 지어질까?' 하는 의문만 생기게 됩니다. 그러나 전문가들은 설계도만 봐도 그 집이 마치 눈앞에 있기나 한 듯이 머릿속에 그릴 수 있습니다. 설계도에 따라, 설계의 원리대로 집을 지으면 문외한들로서는 상상도 못 했던 아름다운 공간과 모양을 갖춘 집이 나타나고, 또 세워지는 것을 발견하게 됩니다.

이렇게 해서 아름다운 집을 짓고 나면, 그 집에서 우리는 혼자 살지 않습니다. 나 혼자 살려고 집을 짓는 것이 아니라 식구들과 함께 살기 위해 집을 짓는 것입니다. 이것은 개인의 집도 마찬가지며 사무실 건물은 말할 것도 없습니다.

이것이 구원에 대한 좋은 설명이 됩니다. 우리는 성경이라고 하는 하나님의 구원 설계도를 따라 예수 그리스도로 말미암아 구원의 집을 짓게 됩니다. 그럼으로써 우리는 구원받은 성도가 됩니다. 그러나 그것이 나 혼자만의 문제가 아니며 이제는 구원받은 백성들과 함께 공동체 속에서 존재하는 것임을 배우게 됩니다. 이것을 가리켜 우리는 그리스도 안에서 새 사회, 새 질서, 하나님 나라라고 표현합니다. 천국의 그림자요, 새 하늘과 새 땅의 모형으로서 이 지상에서 하나님 나라를 건설하고 살게 됩니다.

그런데 오늘날의 비극은 무엇입니까? 교회 안에서 하나님 나라를 경험하지 못하는 데 있습니다. 구원받은 성도들끼리 모여서 천국을 이루지 못하고, 거기서 사랑과 용서와 화해와 아름다운 천국의 그림자를, 천국의 모형을 경험하지 못하는 것입니다. 많은 사람이 교회를 습관적으로 의무적으로 다니는 비극이 여기에 있습니다.

이유야 어떠하든지 간에 우리는 교회 안에서 하나님 나라를 경험해야 합니다. 예수님을 믿는 사람들끼리 만나서 뜨거운 사랑을 경험해야 합니다. 그리고 용서와 평화를 경험해야 합니다. 이것이 바로 교회입니다.

사도 바울은 구원을 종합적인 동시에 입체적으로 설명하고 있습니다. 단면이나 입면으로만 설명하지 않고, 전체적으로 설명합니다. 그래서 우리는 그리스도와 연합하기 전에서부터 그리스도와 연합하고, 그리스도와 연합한 다음에 믿는 사람들끼리 연합하는 단계로 나아가게 됩니다. 지금까지 그리스도와의 연합에 관해 말했다고 한다면, 이제는 믿는 성도들 사이에, 성령을 같이 받은 사람들 사이에 생기는 연합에 관해 이야기합니다.

이것을 설명하기에 앞서, 바울은 그리스도와 연합하기 전에 우리 상태가 어떠했는지부터 이야기합니다.

> 그러므로 생각하라 너희는 그때에 육체로는 이방인이요 손으로 육체에 행한 할례를 받은 무리라 칭하는 자들로부터 할례를 받지 않은 무리라 칭함을 받는 자들이라(엡 2:11).

"그러므로 생각하라"는 것은 '과거를 회상하라, 과거를 돌이켜보라'는 말입니다. 구원의 현재는 과거에서부터 비롯되었기 때문입니다. 바울이 과거를 기억할 것을 강조하며 우리가 구원받지 못했던 그 상태를 다시 말하는 이유는 올챙이 시절을 잊지 말라는 것입니다.

사람들은 올챙이 시절을 곧잘 잊어버리곤 합니다. 구원받고 나면 처음부터 자기가 의인이었던 것으로 착각합니다. 우리는 죄인이었습니다. 그것도 형편없는 죄인이었습니다. 허물과 죄로 죽었던 사람들이었습니다. 태어날 때부터 진노의 자녀들이었습니다. 우리는 이미 사형 선고를 받았던 사람이라는 사실을 잊어서는 안 됩니다. 그런 우리가 구원을 받은 것입니다.

그렇기 때문에 예수님을 믿고, 성령을 받고, 아무리 교회 오래 다녀도 내 안에 아직도 끊임없이 죄의 유혹과 사탄의 도전과 욕심과 시기와 못된 것들이 꿈틀거리고 있음을 보게 되는 것입니다. 이것이 하나님 안에 은혜와 긍휼로 감싸지고 감추어진 것뿐이지 자신이 원래 그런 사람이 아니라는 사실을 우리는 알아야 합니다. 이것이 바울이 말하고자 하는 것입니다.

더러운 것을 하얀 보자기로 감싼 것뿐입니다. 하얀 보자기로 더러운 것을 감쌌다고 해서 하얗다고 착각하면 곤란합니다. 보자기가 벗겨지면, 그 속이 하얗지 않다는 것을 알게 될 테니 말입니다. 시커멓고 못된 것들이 거기서 자꾸 나옵니다. 우리가 그리스도의 긍휼로 옷 입었기에 그 은혜로 산 것이지, 본질 자체가 의롭지 않다는 사실을 기억하십시오. 거기서부터 구원의 감격과 기쁨과 완성이 시작됩니다.

그리스도와의 연합

인간이 허물과 죄로 죽었던 존재요 본질상 진노의 자녀이었다는 말을 종교적으로 표현하면, '개 같은 이방인이요 하나님 없는 자요, 하나님의 약속의 표를 받지 못한 무할례당에 속한 자'라는 얘기입니다. 그러므로 눈을 뜨고 자신의 본질과 죄성과 형편을 똑똑히 바라보며 생각하라는 것입니다.

첫째, 우리 모습은 그리스도와 떨어진 상태, 즉 그리스도 밖에 있는 상태였음을 생각해야 합니다. 이는 이스라엘의 시민권에서 제외된, 다시 말해 천국 시민권에서부터 제외된 상태를 말하는 것입니다. 언약에 속하지 않던 시민이며 메시아에 대한 소망이나 미래나 비전이 없던 이방인, 외국인의 처지였습니다. 바울은 우리가 하나님을 모르는 무신론자와 같은 처지였다고 말합니다. 자기의 본질을 망각하고, 영적으로 교만해져서 하나님 앞에 망령된 행실을 하는 이들이 너무나 많기에 자기 처지를 다시 한 번 생각해 보라고 하는 바울의 권면을 주의 깊게 들어야 합니다.

둘째, 현재 연합한 상태란 어떤 것인가를 생각해 봐야 합니다. 우리가 어떻게 예수님에게 접붙여져 구원을 받고, 그리스도와 연합하는 상태가 되었는가를 성경은 이렇게 설명합니다.

이제는 전에 멀리 있던 너희가 그리스도 예수 안에서 그리스도의 피로 가까워졌느니라(엡 2:13).

이 연합은 첫째, "그리스도 예수 안에서" 이루어졌습니다. 전에는 "멀리 있던" 우리가 이제는 "그리스도 예수 안에서 그리스도의 피로" 가까워졌습니다. 예수님은 단순한 한 인간이 아니라 인간의 몸을 입으신 하나님 자신입니다. 예수님 안에서 하나님의 놀라운 구원의 계획이 성취됩니다.

그리스도와의 연합은 예수 그리스도의 피를 통해서 이루어졌다고 성경은 말합니다. 염소와 송아지의 피가 아닌 자기 자신의 피로, 단번에 구약의 모든 제사를 폐하시고 인류의 모든 죄악의 피를 예수님이 당신의 거룩하신 피로 씻어 주셨습니다. 우리 죄를 씻어 주셨을 뿐 아니라 내 죄를 씻어 주셨고, 그리고 오고 오는 많은 세대에게, 예수 그리스도의 이름을 부르는 많은 세대에게 모두 이 죄가 씻기는 놀라운 역사를 주셨다는 것입니다. 이것이 연합의 두 가지 내용입니다.

그렇다면 연합된 사람들은 어떤 모습으로 나타날까요? 바울이 설명합니다.

그는 우리의 화평이신지라 둘로 하나를 만드사 원수 된 것 곧 중간에 막힌 담을 자기 육체로 허시고(엡 2:14).

이것이 구원받은 이후, 연합된 이후의 모습입니다. 연합이라고 하는 것은 그리스도와 나와의 연합이요, 한 걸음 더 나아가서 나와 믿는 사람과의 연합을 의미합니다.

그리스도와의 연합의 표적

그리스도와 연합된 자의 첫 번째 표적은 평화입니다. 마음의 평화, 예수님을 믿는 이들은 어떤 처지와 형편에서도 평화를 잃지 않는 사람들입니다. 오늘 죽을 수밖에 없는 처지에 있다 하더라도 구원받은 사람은 평화를 잃지 않습니다. 에베소서 공부를 시작하면서 우리는 바울이 "은혜와 평강이 너희에게 있을지어다"라고 인사하는 것을 봤습니다. 은혜는 구원의 시작입니다.

그러면 구원받은 사람의 결국은 무엇입니까? 구원받았다고 하는 사람의 증거가 무엇입니까? 하나님과의 평화를 이룰 뿐만 아니라 자기 마음속에 근본적인 평화가 있다는 것을 의미합니다. 예수님은 평화의 주인이십니다. 그러므로 예수님이 가시는 곳마다 평화가 생기고, 예수님이 가시는 곳마다 화해의 역사가 생겼습니다. 이것이 구원받은 모습이요 연합된 모습입니다.

그뿐만 아니라 둘로 하나를 만드십니다. 둘 사이에 가로막힌 담을 예수 그리스도의 피로 허무셨다고 성경은 선언하고 있습니다. "중간에 막힌 담"에 대하여 어떤 이는 성막에 있어서 이방인과 유대인이 곧 막힌 담이라고 해석합니다. 이방인과 유대인과의 관계를 집중적으로 설명합니다. 또 어떤 사람은 설명하기를 그것은 성소와 지성소 사이에 있던 커튼이었다고 합니다. 그것이 예수 그리스도의 십자가의 피로 말미암아 찢긴 것이라고 합니다. 또 어떤 이들은 이에 대해 "랍비들의 율법이었다. 율법의 노예 상태로부터 우리가 헤어나는 것"이라고 설명하고 있습니다.

그러나 둘로 하나를 만드시고, 중간에 막힌 담을 허물었던 그리스도의 보혈의 능력이 어디 그뿐이겠습니까? 오늘날 우리 시대는 어떤 시대입니까? 극도로 혼란한 가운데 양극단의 삶을 살고 있습니다. 우리나라만 보더라도 남과 북이 그렇게 목마르게 통일을 원하면서도, 한 핏줄, 한 몸을 이룬 한 민족이라고 하면서도, 서로 만나지 못하는 극단의 양극화 현상의 현실 속에 살고 있습니다. 이런 양극화가 세상에 어디 있겠습니까? 이런 원수가 어디 있으며, 이런 미움이 어디 있겠습니까?

제일 사랑해야 할 부부가 미워하기 시작하면 서로 형편없이 미워합니다. 이혼까지 불사합니다. 부자와 가난한 자 사이, 배운 자와 못 배운 자 사이 등 모든 것이 양극화되어 갑니다. 끼리끼리 족벌이나 군벌 같은 파벌을 형성하기도 합니다.

이 담을 헐 수 있는 것은 예수 그리스도의 보혈뿐입니다. 어떤 철학도, 어떤 이론도, 어떤 애국도 이것을 허물 수 없습니다. 예수 그리스도의 보혈이 하늘과 땅 사이의 막힌 담을 헐었을 뿐만 아니라 너와 나 사이의 막힌 담을 헐고 우리 안의 양극화된 모든 것을 헐었습니다. 예수 그리스도의 보혈뿐입니다. 우리는 이 말씀을 믿습니다. 오늘 우리에게 필요한 것은 예수 그리스도와 그분의 보혈입니다.

그리스도의 보혈은 가정에서도 필요합니다. 집 안에 성경이 있다고 해서 예수님을 믿는 것은 아닙니다. 집에서 예배드린다고 해서 예수님이 거기 계신 것도 아닙니다. 정말 우리 가정에 예수님이 계십니까? 내 마음속에 예수님이 계십니까? 예수님이 내 안에 계실 때 이런 극단적인 무서운 양극화 현상들이 허물어지기 시작한다고 성경은 말합니다. 이것이 바로 평화입니다.

두 번째로 연합된 상태에서 보이는 것은 인간들 사이에서의 화해입니다. 율법은 유대인과 이방인 사이의 장애물로 나타나곤 합니다.

> 법조문으로 된 계명의 율법을 폐하셨으니 이는 이 둘로 자기 안에서 한 새사람을 지어 화평하게 하시고(엡 2:15).

"법조문으로 된 계명의 율법을" 폐하셨다는 것은 예수님이 율법 자체를 부인하거나 폐기하셨다는 얘기가 아닙니다. 오히려 율법 때문에 생긴 장애물을 제거함으로써 율법을 살리시고, 모든 장애물을 제거함으로써 하나님 앞에 나아갈 길을 예비하셨다는 뜻입니다. 결국, 예수님은 유대인과 이방인을 자기 안에서 새사람으로 지으셨습니다. 이로써 유대인과 이방인 사이에 화해가 이루어졌습니다.

화해의 역사는 교회 안에서도 일어나야 합니다. 교회 안에는 어떤 파벌도 있어서는 안 됩니다. 어떤 계급도 존재해서는 안 됩니다. 왜냐하면 그리스도가 계신 곳에서는 화해와 화목의 역사가 제일 중요한 표적이기 때문입니다.

아무리 많은 것을 성취했다 하더라도 형제끼리 사랑할 수 없다면, 형제끼리 서로 반목하거나 질시한다면, 우리는 실패한 자들에 불과합니다. 교회 건물도, 교회 조직도, 관련 프로그램도 아무런 의미가 없습니다. 중요한 것은 서로 용서하고 사랑하고 관용하고 평화를 누리는 것이며, 그것이 그리스도의 몸 된 교회의 첫 번째 증거이기 때문입니다.

큰 집에 산들 날마다 싸운다면 무슨 소용이 있습니까? 성경은 "마른 떡 한 조각만 있고도 화목하는 것이 제육이 집에 가득하고도 다투는 것보다 나으니라"(잠 17:1)라고 말합니다. 큰 집에서 싸우며 사는 것보다는 남의 집에 살아도 서로 사랑하는 것이 교회의 참모습이라는 뜻입니다.

세 번째는 인간과 하나님 사이의 화해입니다.

> 또 십자가로 이 둘을 한 몸으로 하나님과 화목하게 하려 하심이라 원수 된 것을 십자가로 소멸하시고(엡 2:16).

"십자가"는 하나님과 인간의 화해 장소입니다. "원수 된 것"은 무엇입니까? 화해하지 않고, 분리되고 반목하는 상태를 의미합니다. 그러나 예수님이 십자가에서 죽으심으로써 평화를 이루셨습니다.

"가까이 있는 자에게 평화를, 멀리 있는 자에게도 평화를"이라는 말이 있습니다. 무슨 뜻입니까? "멀리 있는 이방인에게도 평화를, 가까이 있는 유대인에게도 평화를"이라는 뜻입니다. 이 말을 우리 현실에 적용해 보면, "나와 친한 사람에게 평화를, 나와 친하지 않은 사람에게도 평화를"이라는 뜻입니다.

제가 WEC에서 훈련받고 있는 동안에 아주 유익한 교훈을 하나 얻었습니다. 외국 선교사들과 한국 선교사들이 함께 지냈는데, 하지만 밥을 먹을 때는 아무래도 끼리끼리 만나게 되어 있습니다. 영어로 말하려면 불편하기 때문입니다. 한국 사람끼리 김치, 깍두기 냄새를 풍기면서 얘기 나누는 것이 얼마나 재미있었는지 모릅니다.

그런데 외국에서 선교 훈련을 받을 때, 이런 모습을 자주 보이면 책망을 듣곤 합니다. "너는 왜 자꾸 그 사람하고만 앉느냐, 좀 떨어져 앉아라. 모르는 사람하고 앉아라", "당신들은 주님께 헌신한 사람들이니 여기서는 모르는 사람들, 나와 다른 사람들과 어울려라. 어떻게 하면 그리스도 안에서 그들과 더 가까워질 수 있는지를 배우라" 등등이었습니다. 가까이 있는 사람들과 너무 친하면, 나중에 점검받을 때 낙제 평가를 받곤 했습니다. 그래서 모르는 사람들을 찾아다니면서 서로 만나고 친하게 지내는 훈련을 받았던 기억이 납니다. 그런데 지나고 나서 보니 이것이 선교사 훈련 가운데 가장 중요한 인간관계 훈련이었다는 것을 깨달았습니다.

친한 사람들끼리는 잘 놀고 잘 어울리기 마련입니다. 팔은 안으로 굽게 되어 있습니다. 상대방을 이해하면 잘못도 감춰 줍니다. 그러나 친하지 않은 사람은 어딘가 서먹서먹합니다. 대하기가 싫습니다. 말을 건네기가 어렵고, 대화도 자주 끊깁니다.

그러나 특별히 교회 안에서는 모르는 사람들과 자주 만나야 합니다. 이것이 평화입니다. 처음 보는 사람, 나와 다른 사람을 만나서 그리스도의 이름으로 하나 되는 것, 교회 안에서 이것을 이루지 못하면, 평화가 이루어지지 않습니다. 가까이 있는 사람이나 멀리 있는 사람이나 그리스도의 이름으로 다 하나가 되는 역사, 그것이 바로 십자가의 역사입니다.

예수님이 부활하고 나서 제자들에게 첫 번째로 주신 메시지가 무엇인지 압니까? "너희에게 평강이 있을지어다"(요 20:26)입니다. 십자가 사건 전에는 주님이 이 메시지를 강하게 말씀하시지 않았습니다. 그러나 부활하신 뒤에는 사랑하는 제자들을 만나면 늘 "너희에게 평강이 있을지어다"라고 말씀하셨습니다.

서로와의 연결

바울은 우리가 "그리스도 안에 있으면 새로운 피조물"이라고 말합니다. 고린도후서 5장을 보십시오.

그런즉 누구든지 그리스도 안에 있으면 새로운 피조물이라 이전 것은 지나갔으니 보라 새것이 되었도다 모든 것이 하나님께로서 났으며 그가 그리스도로 말미암아 우리를 자기와 화목하게 하시고 또 우리에게 화목하게 하는 직분을 주셨으니 곧 하나님께서 그리스도 안에 계시사 세상을 자기와 화목하게 하시며 그들의 죄를 그들에게 돌리지 아니하시고 화목하게 하는 말씀을 우리에게 부탁하셨느니라 그러므로 우리가 그리스도를 대신하여 사신이 되어 하나님이 우리를 통하여 너희를 권면하시는 것같이 그리스도를 대신하여 간청하노니 너희는 하나님과 화목하라 하나님이 죄를 알지도 못하신 이를 우리를 대신하여 죄로 삼으신 것은 우리로 하여금 그 안에서 하나님의 의가 되게 하려 하심이라(고후 5:17-21).

"새로운 피조물" 다음에 우리에게 주신 말씀이 무엇입니까? "화목하게 하는 직분을" 주셨다고 말합니다. 우리가 이 세상에 살 동안 이루어야 할 것이 무엇입니까? 바로 화목의 역사입니다.

우리는 누군가의 편에 서서 어느 누구를 위하여 싸우는 것이 아닙니다. 마태복음 5장의 산상수훈 중에 팔복의 일곱 번째 복은 "화평하게 하는 자"의 복이었습니다. 민중의 편에 서서 정부와 싸우는 사람이 아니라, 정부의 편에 서서 민중과 싸우는 사람이 아니라 그 둘 사이에 서서 화해시켜 주는 사람에게 복이 있습니다. 죄인들 사이에 서서 화해시켜 주는 사람입니다. 가난한 자의 편에 서서 부자와 싸우는 것이 기독교가 아닙니다. 가난한 자와 부자 사이에 서서 서로를 이해시키고 화해시키는 사람이 바로 그리스도인입니다. 불화가 있는 곳에서 예수님을 보여 주어야 합니다.

이것이 바로 성령의 역사요 십자가의 역사입니다. 이렇게 함으로써 십자가 앞에 담대히 나아갈 뿐만 아니라 하나님 아버지 앞에도 담대히 나아갈 수 있습니다. 그러므로 결론은, 구원받은 성도는 혼자 사는 사람이 아니라는 것입니다. 그리스도와 하나 됨으로써 하나님 아버지와 자녀가 되었습니다. 그러므로 외국인이나 손님이 아니요, 성도들과 동일한, 다시 말하면 천국 시민이요 가족이된 것입니다. 구원받은 성도들에게 일어나는 역사입니다.

평생 교회에 손님처럼 다니는 이들이 있습니다. 그들은 오늘은이 교회, 내일은 저 교회를 떠돌면서 나그네처럼 방랑하며 신앙생활을 합니다. 어디서도 주인이 되어 본 적이 없는 사람들입니다. 구원을 받았으면 손님이 아닌 주인이요, 외국인이 아닌 내국인이된 것인데, 그래도 자기 자신을 보면 뭔가 불안한 것입니다. 만족스럽지가 않습니다. 구원을 받긴 받았는데, 천국에 가기가 참으로 미안하다고 말합니다. 자신을 돌아보면 부족하고 연약한 모습에 참으로 부끄러워진다고 말합니다.

그러나 진정한 그리스도인은 그렇지 않다고 성경은 말합니다. "그리스도 예수께서 친히 모퉁잇돌이"(엡 2:20) 되셨기 때문입니다. 그러한 성도들을 위해서 바울이 이렇게 말합니다.

그의 안에서 건물마다 서로 연결하여 주 안에서 성전이 되어 가고
(엡 2:21).

"건물마다 서로 연결하여" 성전이 되어 간다고 말합니다. 이제는 성도들이 각자 홀로 서는 것이 아니라 그리스도를 머리로 각기 다른 지체가 그리스도의 이름으로 서로 연결되어 간다는 것입니다. 이것이 바로 참 그리스도인의 모습입니다. 그러므로 우리의 부르심은 혼자서 일하는 게 아니라 서로 연결되어 함께 일하는 것입니다.

그뿐만 아니라 우리는 서로 연결하여 "성전이 되어" 갑니다. 이미 성전이 된 것이 아닙니다. '되어 가다'(to become)는 다른 말로 하면, '자라다'(growing)입니다. 우리는 이미 완성된 존재가 아니라 완성을 향하여 가고 있는 존재이며, 이미 이루어진 존재가 아니라 이루어져 가는 존재라는 것이 오늘날 구원받은 성도들에게 주는 메시지입니다. 이 말씀이 얼마나 감사한지 모르겠습니다. 이 말씀을 읽을 때마다 저는 이런 생각을 합니다. '지금 이것이 내 마지막 모습이라면, 얼마나 부끄럽고 죄송한가.' 그러나 앞으로 제가 변할 것을 생각하면, 현실을 인정하고 위로를 받으며 힘을 얻습니다.

저는 가끔 건축 현장에 가 보곤 합니다. 교회 건축 때문에라도 평소에 설계도에 관심이 많았습니다. 공사 현장에 가 보면, 먼지 나고, 냄새나고, 복잡하여 그렇게 보기 흉할 수가 없습니다. 그러

나 깨끗이 마감하고, 거기에 가구들을 들여놓으면 얼마나 아름다운 공간이 되는지 모릅니다. 그것이 바로 그리스도 안에서 변화되는 우리 모습입니다.

문제는 짓다가 그만두는 것입니다. 세상에 가장 흉한 것이 짓다가 만 건물이고, 제일 볼품없는 것은 타다 남은 나무입니다. 제일 추한 모습은 무엇입니까? 예수님을 믿다가 만 모습입니다. 믿다가 믿음을 포기한 사람들의 모습이 얼마나 추한지 모릅니다. 오히려 안 믿었으면 그것보다는 나을 텐데, 믿다가 만 모습은 아주 추합니다.

지금 내 모습이 흉할지라도 주님 안에서 멈추지 말고 계속 성장해 가십시오. 계속 자라 가십시오. 넘어진 곳에서 다시 일어나십시오. 넘어짐은 문제가 되지 않습니다. 다시 일어나는 것이 중요합니다.

죄는 누구나 다 짓습니다. 안 지으려고 애를 써도 다시 또 짓습니다. 그러나 좌절하지 말고, 회개하고 또 회개하여 주님이 원하시는 데까지 한 걸음씩 나아가십시오. 그리스도인의 삶은 그렇게 완성되어 갑니다.

성경은 부족한 인간들이 주 안에서 서로 연합함으로써 함께 성장해 나가야 한다고 말합니다.

> 너희도 성령 안에서 하나님이 거하실 처소가 되기 위하여 그리스도 예수 안에서 함께 지어져 가느니라(엡 2:22).

우리 몸은 "하나님이 거하실 처소"가 됩니다. 얼마나 황송합니까? 하나님이 우리 입술을 통해서 영광을 받으시고, 우리 손을 통해서 영광을 받으시고, 우리 육체를 통해서 영광을 받아 주신다는 것입니다. 이것이 우리에게 주어질 구원의 완성이며 우리를 통해서 이루어질 아름다운 새 하늘과 새 땅의 모습입니다.

자기 자신이 부족하게 느껴집니까? 좌절하지 마십시오. 주님을 바라보며 계속 나아가십시오. 걷고 뛰며 전진하십시오. 그리고 승리하십시오. 그렇게 해서 주님이 원하시는 날까지, 인생의 청사진이 완전히 이루어지는 그날까지 계속해서 "하나님이 거하실 처소"로 지어져 가기를 바랍니다.

우리는 혼자서 일하는 게 아니라 서로 연결되어 함께 일하도록 부름 받았습니다. 우리는 서로 연결하여 "성전이 되어" 갑니다. 이미 성전이 된 것이 아닙니다. 이미 완성된 존재가 아니라 완성을 향하여 가고 있는 존재이며, 이미 이루어진 존재가 아니라 이루어져 가는 존재입니다. 이 말씀이 얼마나 감사한지 모릅니다. 지금 이것이 내 마지막 모습이라면, 얼마나 부끄럽고 죄송하겠습니까. 그러나 앞으로 제가 변할 것을 생각하면, 위로를 받고 힘을 얻습니다.

2부

교회다운 교회

에베소서 3:1- 21, 4:1- 32

서로 다른 것이 주 안에서 하나 되고 조화를 이룰 때,
창조의 극치를 이루게 됩니다.
비판해서 모든 것을 획일화하며 동일화하는 것은
창조 정신에 위배됩니다.
서로 다른 것을 이해하고, 공존하여
거기서 아름다운 조화를 발견할 줄 알아야 합니다.
예수님을 주인으로 모든 지체가 하나 되어서
주님을 섬기며 이웃을 섬기는 모습이 가장 이상적인 교회입니다.

8

이방인에게 전해지는
복음의 비밀

에베소서 3:1-13

비밀 맡은 자의 소명

세상에는 비밀을 가진 사람들이 상당히 많습니다. 남들이 알지 못하는 사건, 남들이 알아서는 안 되는 사건을 마음에 간직한 채 사는 사람들이 많습니다. 그런데 대개 비밀은 비밀스럽게 전파되기 마련입니다. "이건 비밀인데, 너한테만 말해 주는 거니까. 다른 사람들에게는 절대로 말하지 마"라고 하면서 비밀을 말해 줍니다.

저희 가족이 영국 생활을 마치고 서울로 돌아오는 길에 스위스에 일주일 동안 머문 적이 있습니다. 스위스에는 융프라우(Jungfrau)라는 아주 높은 산이 있습니다. 그곳에 올라갈 기회가 있어서 톱니바퀴 기차로도 불리는 트램을 탔는데, 지루하고 긴 터널을 통과해 올라갈수록 숨쉬기가 힘들어져 구토가 나올 지경이었습니다.

그렇게 고역을 치르며 올라간 빙하 산의 꼭대기에서 눈부신 풍경을 대하고는 말을 잃고 말았습니다. 새하얀 만년설이 햇빛에 노출되어 빛나고 있었기 때문입니다. 그 아름다움은 말로 표현할 수 없을 정도였습니다. 빙하를 뚫어 만든 얼음 궁전은 아기자기한 조각상들로 꾸며져 있었는데, 어디에서 사진을 찍어도 멋진 곳이었습니다. 그런 것을 생전 처음 본 저희로서는 그 비경에 놀라지 않을 수 없었습니다. 상상도 하지 못했던 세계가 산꼭대기에 펼쳐져 있었던 것입니다.

산에서 내려오면서 이런 생각을 했습니다. '이 정도 올라와도 이렇게 좋은데, 삶을 마친 후 맞게 될 천국은 얼마나 더 좋을까? 세상에서도 이렇게 깜짝 놀라는데, 하나님이 나를 위해서 예비해 두신 아름다운 천국은 어떨까?' 우리의 영원한 고향은 이 땅이 아닌 하늘에 있음을 압니다. 그런데도 우리는 마치 고향을 잃어버린 사람처럼, 고향에 돌아갈 수 없는 사람처럼 지상에서 맴돌고 있지는 않은가 하는 생각이 들었습니다. 하나님이 예비하신 우리 고향으로 가기는 할까 하는 생각도 들었습니다.

언젠가 남북 적십자 회담을 통해서 이산가족들이 만나는 것을 보았습니다. 저희 아버님도 이북에서 피난 오셨기에 이런 장면만 나오면 안절부절못하시곤 했습니다. 어떻게 해서든지 그 틈에 끼어서 한 번만이라도 고향 땅을 밟을 수 있기를 소원하셨던 것입니다. 칠십이 되셔도 고향을 향한 사무친 그리움은 사그라지지 않았습니다.

고향을 잃어버린 사람에게는 이러한 몸부림이 있습니다. 인간의 영원한 고향은 하늘나라입니다. 고향을 잃어버린 사람처럼 하늘나라에 대한 그런 사모함이 오늘날 우리 그리스도인들에게 있다고 저는 확신합니다.

사도 바울은 우리에게 천국의 비밀을 가르쳐 주겠다고 말합니다. 하나님의 비밀을 보여 준다는 말입니다. 이 비밀은 감추어진 신비입니다. 사도 바울은 이 비밀 때문에 하나님의 부름을 받고 일꾼이 된 사람이었습니다.

> 이러므로 그리스도 예수의 일로 너희 이방인을 위하여 갇힌 자 된 나 바울이 말하거니와(엡 3:1).

하늘의 비밀, 하늘의 신비스러운 사건 때문에 하나님의 부름을 받아 이방인들을 위해서 스스로 "갇힌 자"가 되었다고 말합니다. "갇힌 자"란 말은 이렇게 쓰면 멋있어 보이지만, 사실은 죄인을 가리킵니다. 죄수는 모든 활동에 제한을 받습니다. 옷도 마음대로 입을 수 없습니다. 자기가 자고 싶은 곳에서 잘 수도 없습니다. 사람을 자유롭게 만날 수도 없습니다. 명령대로 살아야 합니다. 일어나라면 일어나고, 누우라면 누워야 하며, 찬송이나 기도도 마음대로 할 수 없는 형편입니다. 한마디로 자유가 박탈된 사람이요 모든 것에 제한을 받는 사람을 가리켜 죄수라고 합니다.

그러나 사도 바울은 보통 죄수와 달랐습니다. 그 이유는 하나님의 비밀 때문에 갇혀 있는 것이기 때문입니다. 그는 억지로, 또는 할 수 없이 죄수가 된 것이 아니라 스스로 자기 자신을 갇힌 자라고 선포했습니다.

어떤 간첩이 목적을 이루기 위해서 꼭 감옥에 들어가야 하는 경우를 상상해 봅시다. 그래서 범죄를 저질러서 감옥에 들어갔습니다. 그 간첩은 그 속에서 억울함으로 눈물 흘리지 않습니다. 도리어 속으로 쾌재를 부르며 환호성을 지르지 않겠습니까? 먹는 것이나 입는 것들을 제한받지만, 어떤 비밀을 알아내거나 목적을 이루기 위해서 기꺼이 그 감옥 생활을 받아들일 것입니다.

이것이 우리 그리스도인의 모습입니다. 우리는 이 세상에서 누릴 모든 자유가 있지만, 하나님의 어떤 목적이나 비밀을 위해서 스스로 자유를 제한합니다. 행복이라고 말하는 모든 조건을 스스로 거부합니다. 이렇듯 비밀 하나를 위해서 스스로 제한된 삶을, 자유가 박탈된 삶을 기쁘게 받아들이는 사람이 그리스도인입니다. 이것이 복음의 비밀을 깨달은 사람입니다.

사도 바울이 이 복음, 곧 하나님의 비밀을 말하기 전에 스스로 갇힌 자가 되었다고 설명하는 것도 바로 이 때문입니다. 그는 이 비밀 때문에 스스로 자신의 모든 것을 포기하고, 자유를 포기하고, 세상적인 모든 환상과 꿈과 성공을 포기하고 갇힌 자가 되었던 것입니다.

바울은 자기의 기쁨을 '당신들을 위해 갇힌 자가 된 나 바울이 말한다'고 표현합니다. 이것이 복음을 가진 사람의 모습입니다. 감옥 안에 있는 사람이 감옥 밖에 있는 사람에게 할 말이 있는 것이 바로 복음입니다.

너희를 위하여 내게 주신 하나님의 그 은혜의 경륜을 너희가 들었을 터이라(엡 3:2).

"내게 주신 하나님의 그 은혜의 경륜"에서 경륜의 영어 번역을 보면, '시혜, 베풂'이란 뜻의 dispensation(KJV), '관리'라는 뜻의 administration(NIV), '경영, 관리'라는 뜻의 stewardship(NASB) 등입니다. 즉 바울의 말은 '하나님이 주신 은혜의 사건을 내가 맡았다, 직분을 맡았고, 그것을 내 사명으로 생각한다'는 뜻입니다.

오늘도 바울의 후예들은 이런 삶을 삽니다. 교회에 이런 성도들이 많다고 믿습니다. 예수님을 위해서 자기 시간을 스스로 포기하는 사람, 예수님을 위해서 재물을 포기하는 사람, 예수님을 위해서 자기 재능을 바치는 사람, 심지어 온 생애를 바치는 사람도 있습니다. 주님을 위해서라면 모든 것을 포기할 수 있는 사람들, 포기한 것에 결코 미련을 두지 않는 사람들이 있습니다. 그들이 바로 바울의 후예들입니다.

자기 시간의 일부, 자기 재물의 십일조를 바치는 정도가 아니라 자기가 가진 모든 것을 하나님께 바치는 것이야말로 갇힌 자의 모습이며 생활입니다. 선교사로 생애를 바친 사람들만이 옳은 것은 아닙니다. 자기 직업을 통해서, 자기 가정을 통해서도 복음의 놀라운 역사가 일어나는 것을 볼 수 있습니다.

성령으로 깨달아지는 비밀

하늘의 "비밀"은 어떻게 나타납니까? 본문은 그것을 네 가지 형태로 설명해 주고 있습니다. 먼저, "비밀"은 하나님의 은혜의 사건으로 나타납니다. 하나님의 비밀은 결코 인위적인 것이 될 수 없고, 누군가의 공로로는 더더욱 될 수 없습니다. 앞서 살펴봤듯이 우리가 구원을 받은 것은 하나님의 긍휼과 사랑 덕분입니다. 하나님의 무조건적인 은혜와 사랑 덕분에 우리가 긍휼을 입었듯이 비밀의 사건은 하나님의 은혜요 특혜입니다.

우리는 특혜를 받은 사람들입니다. 하나님의 특별한 은총을 입었다는 뜻입니다. 구원이란 대가로 받는 보상이 아니라 값없이 일방적으로 베풀어진 은혜의 사건이기 때문입니다.

두 번째로 그 비밀은 "계시"로 알려 주십니다. 계시로 알게 하신다는 것은 무슨 뜻입니까? 하나님의 은혜 사건, 하늘의 비밀 사건은 내가 깨달을 수 없는 사건이라는 뜻입니다. 하늘의 비밀은 인간의 지혜와 총명, 철학과 묵상, 또는 선을 통해서 깨달을 수 있는 것이 아닙니다.

하늘의 비밀은 계시로 주어집니다. 계시란 숨겨진 것을 나타낸다는 뜻입니다. 그래서 계시록에는 우리의 과거와 현재와 미래의 모든 비밀이 숨겨져 있습니다.

이 비밀은 하나님이 바울에게 직접 보여 주신 것인데, 깨닫게 가르치시려고 주신 것입니다. 그러므로 기도하며 성령님의 도우심으로 성경을 읽는 사람들에게는 바울에게 주셨던 놀라운 깨달음을 똑같이 주십니다. 다른 것은 다 멀리하여도 성경만은 멀리할 수 없는 이유가 여기에 있습니다. 성경을 통해서 하나님을 알기 때문입니다.

그러나 어떤 계시가 우리에게 임했다고 하더라고 성경과 위배되는 것은 틀린 계시입니다. 주관적인 영적 체험에서 신앙의 근거를 찾지 못하는 이유는 여기에 있습니다. 기도하는 가운데 환상을 보았더라도, 그것이 성경의 가르침과 어긋난다면 잘못된 것입니다. 하나님의 계시는 성경 말씀과 반드시 일치합니다. 그렇기 때문에 우리는 언제나 하나님의 말씀 안에서 살아야 합니다. 말씀을 입술에 두고, 그 말씀을 주야로 묵상하며, 그 말씀이 명하는 대로 지켜 행해야 합니다.

세 번째로 이 비밀은 "다른 세대에서는 사람의 아들들에게"(엡 3:5) 알려지지 않았습니다.

> 이제 그의 거룩한 사도들과 선지자들에게 성령으로 나타내신 것같이 다른 세대에서는 사람의 아들들에게 알리지 아니하셨으니(엡 3:5).

구약에서는 하늘의 비밀이 분명히 나타나지 않습니다. 그림자나 베일에 감추어진 모습으로 어렴풋이 보일 뿐입니다. 그러나 "때가 차매 하나님이 그 아들을 보내사"(갈 4:4) 예수 그리스도께서 이 땅에 태어나심으로써 하늘의 비밀이 우리에게 적나라하게 드러나게 되었습니다.

이것이 언제 분명해졌을까요? 오순절 성령이 임했을 때, 베드로와 제자들의 머릿속에 하늘의 비밀의 완전한 그림이 그려짐으로써 비로소 분명히 이해되기 시작했습니다. 그리하여 복음의 능력이 소아시아와 전 유럽을 완전히 뒤엎는 힘으로 나타났습니다.

그리고 네 번째로 하늘의 비밀이 어떻게 나타나느냐 하는 중요한 사실은 거룩한 사도들과 선지자들에게 먼저 보였는데, "성령으로" 나타났습니다. 이 하늘의 계시는 인간의 지혜로 깨달아지는 것이 아니라 위로부터 오는 신령한 지혜로만 알게 되는 것입니다.

사도 바울이 "하나님을 아는 것에 자라게" 해 달라고 기도할 때, "모든 신령한 지혜와 총명에 하나님의 뜻을 아는 것으로 채우게" 해 달라고 기도한 까닭이 여기에 있음을 알 수 있습니다(골 1:9-10).

하나님의 사건은 인간의 지혜로 깨달아지지 않습니다. 지식이나 경험으로도 깨달아지지 않습니다. 오로지 성령의 역사로만 깨달아진다고 성경은 말합니다. 하나님은 우리에게 "성령으로" 비밀을 계시해 주시고, "성령으로" 우리의 둔한 머리를 깨우쳐 주십니다.

교회에 다니는 사람은 많으나 성령을 체험한 사람은 많지 않습니다. 성경을 읽는 사람은 많으나 성경의 뜻을 성령으로 이해하는 사람은 그다지 많지 않습니다. 우리 관심은 성령으로 이해하는 것입니다. "성령으로"가 아니면, 아무도 예수님을 그리스도로 시인할 수 없습니다. 성령이 아니고서는 전도할 수 없습니다, 성령이 아니고서는 사랑할 수 없습니다. "우리에게 주신 성령으로 말미암아"(롬 5:5) 우리는 서로 사랑할 수 있습니다. 위로부터 능력이 임해야만 그 능력으로 모든 사건을 깨닫게 되며, 역사의 구조를 제대로 이해하게 됩니다.

그래서 어떤 사람들은 에베소서의 신학은 교회론이 아니라 성령론이라고 주장하기도 합니다. 성령으로 인 치시는 사건, 성령으로 깨닫는 사건, 성령으로 충만해지는 사건을 다루고 있기 때문입니다.

이방인과 함께

우리는 성령의 인 치시는 사건을 통해서 하늘의 "비밀"을 알게 됩니다. 앞에서 말했듯이 우리는 완성된 존재가 아니라 지어져 가는 존재입니다. 성경은 우리에게 '오직 성령의 충만함을 받고, 성령의 인 치심을 받아 성령으로 지어져 가라, 성령으로 이 비밀을 깨달아라'라고 말합니다. 이것이 에베소서의 핵심입니다.

이 "비밀"의 정체는 무엇입니까? 한마디로 복음입니다. 복음의 능력을 체험했습니까? 복음을 위해서 생명을 던질 용기를 내 본 적이 있습니까? 바울에게는 그런 용기가 있었습니다. 예수 그리스도 안에 감추어진 복음, 이것이 하나님의 비밀입니다. 그러나 감추어진 비밀이 아니라 공개된 비밀입니다. 그렇습니다. 예수님은 공개된 비밀입니다.

> 이는 이방인들이 복음으로 말미암아 그리스도 예수 안에서 함께 상속자가 되고 함께 지체가 되고 함께 약속에 참여하는 자가 됨이라 (엡 3:6).

복음의 비밀은 이방인들이 복음 안에 들어왔다는 선언입니다. 하나님의 택한 백성뿐 아니라 개같이 취급했던 이방인들, 그야말로 하나님을 모른 채 언약 밖에 있으므로 소망이 없었던 이방인에게까지 복음이 전해졌다는 선언입니다.

지금 우리에게는 이 문제가 그다지 심각하게 다가오지 않습니다. 그러나 성경 시대로 돌아가 봅시다. 당시에는 성전에 이방인의 뜰이 따로 있었습니다. 이방인은 제사에 참여할 수 없었던 시대에 이 메시지가 얼마나 큰 충격을 안겼겠습니까?

그런 의미에서 볼 때, 사도행전에서 가장 중요한 사건은 베드로가 고넬료를 만난 사건입니다(행 10장). 민족 종교에 불과했던 유대교가 세계 종교로 탈바꿈하게 된 사건이기 때문입니다. 베드로는 "하나님께서 깨끗하게 하신 것을 네가 속되다 하지 말라"(행 10:15)는 말씀을 들었습니다. 이로써 그는 이방인을 용납하기 시작합니다. 하나님의 뜻은 세계 선교에 있습니다. 그래서 우리가 선교사들을 보내는 것입니다. 오늘날 한국 교회가 세계 선교에 참여하는 이유가 바로 여기 있습니다.

복음을 받으면, 시야가 세계적으로 바뀔 수밖에 없습니다. 복음을 받으면, 절대로 국수주의자가 될 수 없습니다. 물론 자기 민족을 사랑하지만, 복음을 받은 사람은 온 우주를 보시는 하나님의 시야를 갖게 되기 때문입니다. 그래서 마음이 커집니다. 내 민족, 네 민족을 가리지 않게 됩니다. 지구는 하나님이 지으신 피조물 가운데 하나인 땅에 불과하기 때문입니다. 중요한 것은 그곳에 복음이 전해졌느냐 안 전해졌느냐입니다.

예수님을 알지 못하는 사람들을 향해 눈물을 흘리는 까닭도 바로 이 때문입니다. 우리가 받은 이 복음을 온 천하에 반드시 전해야만 합니다. "너희는 온 천하에 다니며 만민에게 복음을 전파하라"(막 16:15). "너희는 가서 모든 민족을 제자로 삼아 아버지와 아들과 성령의 이름으로 세례를 베풀고 내가 너희에게 분부한 모든 것을 가르쳐 지키게 하라"(마 28:19-20)고 하신 말씀을 기억하십시오.

여행 중에는 주일 성수를 못 하니 걱정이라고 말하는 사람이 있습니다. 그런 사람은 선교 여행을 한다고 생각하면 간단합니다. 자기가 다니는 교회에 가야만 주일 성수입니까? 그곳에만 하나님이 계십니까? 그렇지 않습니다. 우리는 온 천하에 다니며 복음을 전해야 하는 사람들입니다. 하나님이 교회로 모이게 하셨으니 모인 것뿐입니다.

그러므로 마음에 갈등할 필요 없이, 여행 중에는 근처 교회를 찾아가 그들을 격려해 주십시오. 선교사님들을 만나 위로하고, 도와주십시오. 점심 한 끼라도 대접해 드리십시오. 그것이 돕는 것이고, 선교에 참여하는 것입니다.

"비밀"의 내용은 세 가지로 요약해 볼 수 있습니다. 우리는 "그리스도 예수 안에서" 이방인들과 "함께 상속자가" 되었습니다. 이것은 유산을 함께 나누어 쓴다는 뜻입니다. 세상의 유산은 나누어 쓰면 손해이지만, 하나님의 유산은 나누어 쓰면 쓸수록 더욱 커집니다. 이것이 하나님 나라의 법칙입니다. 사랑을 나누면 나눌수록, 사랑이 더 커지는 것처럼, 상속의 축복도 그러합니다. 하나님의 자녀가 되면, "하늘에 속한 모든 신령한 복을"(엡 1:3) 받게 될 뿐만 아니라 천국을 소유하게 됩니다.

비밀의 두 번째 내용은 "함께 지체가" 되는 것입니다. 한 몸, 한 식구가 되었다는 뜻입니다. 교회는 그리스도의 몸이요, 우리는 그의 지체입니다. 포도나무와 가지처럼 머리와 몸, 몸과 지체의 관계입니다. 우리는 그리스도 안에서 연합된 한 형제입니다. 하나이니 둘이 될 수 없습니다. 서로 색깔이 달라도 하나요 성격이 달라도 하나입니다. 우리는 주님을 사랑하는 마음에서 한 몸입니다. 여기서 한 사람도 필요 없는 자가 없으며, 아무도 소외되거나 낙오되어서는 안 됩니다. 한 사람, 한 사람이 모두 중요합니다.

몸도 마찬가지입니다. 몸의 중요한 기능은 다 어디 있습니까? 모두 몸 안에 있습니다. 너무 중요하기 때문에 몸 안에 들어와 있습니다. 그것을 몸 밖으로 꺼내면 큰일 납니다. 그러므로 겉으로 드러나는 사람보다 속에 숨어 있는 사람들이 더 중요할 수 있습니다. 밖으로 드러나건 안에 들어가건, 크건 작건, 유능하건 무능하건 간에 우리는 다 한 지체입니다.

세 번째 내용은 예수 그리스도 안에서 "함께 약속에 참여하는 자"가 되는 것입니다. 여기서 "약속"이란 메시아의 약속입니다. 즉 메시아의 약속이 온 이방인에게 전파되었다는 말씀입니다.

갈라디아서는 "너희가 그리스도의 것이면 곧 아브라함의 자손이요 약속대로 유업을 이을 자니라"(갈 3:29)라고 말합니다. 이 약속들을 수행하는 것이 바울의 사역입니다. 이것은 곧 교회 사역의 목표이기도 합니다. 교회는 무엇을 위해 존재합니까? 이 비밀을 위해 존재하고, 이 사역을 위해 존재합니다.

하나님의 종 된 자의 의식

기독교는 일꾼의 종교입니다. 바울은 사역에 관해 독특한 의식을 보입니다. 바로 종 된 자, 곧 일꾼으로서의 의식입니다. 그는 자신이 하늘의 비밀, 곧 "함께 상속자가 되고 함께 지체가 되고 함께 약속에 참여하는 자가"(엡 3:6) 되는 축복을 나누는 사역을 위해 일꾼으로 부름 받았다고 말합니다.

> 이 복음을 위하여 그의 능력이 역사하시는 대로 내게 주신 하나님
> 의 은혜의 선물을 따라 내가 일꾼이 되었노라(엡 3:7).

일꾼, 곧 종이 되었다는 말입니다. 예수님도 "섬김을 받으려 함
이 아니라 도리어 섬기려"(마 20:28) 한다고 말씀하셨습니다. 우리
는 다른 사람들을 지배하거나 그들 위에 군림하려고 온 것이 아니
라 섬기러 온 그리스도인입니다. 그리스도인은 어떤 형태로 존재
해야 합니까? 성경은 종으로 존재해야 한다고 말합니다. 예스럽게
표현하면, 머슴이 되어야 한다는 뜻입니다. 품삯이 있으나 없으나
열심히 하고, 어떤 대우를 받든지 상관없이 열심히 하는 하나님 나
라의 머슴이 되어야 합니다. 사랑하며 섬기는 일을 천직으로 여기
는 것이야말로 하나님 나라의 머슴의 모습입니다.

사도 바울은 하나님이 "모든 성도 중에 지극히 작은 자보다 더
작은 나에게"(엡 3:8) 일꾼이 되는 은혜를 주셨다고 말합니다. 그리
고 "내가 나 된 것은 하나님의 은혜로 된 것"(고전 15:10)이라고 고
백합니다. 이런 사람이 바로 "심령이 가난한 자"(마 5:3)입니다. 가
난한 심령, 곧 가난한 마음은 겸손한 마음과 다릅니다. "지극히 작
은 자보다 더 작은 나"라는 고백이 겸손하게 들릴 수 있지만, 사실
은 가난한 마음에서 우러나온 고백인 것입니다.

출애굽기에서 모세가 살인자가 되어 사십 년 동안 광야에서 살다가 하나님의 산에서 부름을 받아 떨기나무 가운데서 하나님의 사자를 만납니다. "모세야 모세야 … 네가 선 곳은 거룩한 땅이니 네 발에서 신을 벗으라 … 이제 가라 … 내가 너를 바로에게 보내어 너에게 내 백성 이스라엘 자손을 애굽에서 인도하여 내게 하리라"(출 3:4-10)라는 하나님의 음성에 모세가 어떻게 대답합니까? "예, 하나님!" 하고 선뜻 나섭니까? 그렇게 자신만만한 모습은 사십 년 전의 일이고, 지금은 꺾일 대로 꺾이고, 낮아질 대로 낮아져서 자신은 아무것도 아니라는 생각에 젖어 있습니다. 그는 "오 주여 나는 본래 말을 잘하지 못하는 자니이다 주께서 주의 종에게 명령하신 후에도 역시 그러하니 나는 입이 뻣뻣하고 혀가 둔한 자니이다 … 오 주여 보낼 만한 자를 보내소서"(출 4:10-13)라고 말합니다. 그런데도 하나님은 네 번이나 계속해서 말씀하십니다.

하나님 앞에서 아무것도 할 수 없다고 느끼는 마음, 깨어진 마음, 죽은 마음이 가난한 마음입니다. 이 마음이 또 누구에게 있었습니까? 이사야에게 있었습니다.

웃시야 왕이 죽던 해에 이사야가 무릎 꿇고 기도할 때, 환상 중에 보좌에 앉으신 하나님의 옷자락이 성전에 가득하고 스랍들이 주변에 둘러선 것을 봅니다. 이사야는 하나님의 임재 앞에서 "화로다 나여 망하게 되었도다 나는 입술이 부정한 사람이요 나는 입술이 부정한 백성 중에 거주하면서 만군의 여호와이신 왕을 뵈었음이로다"(사 6:5)라고 고백합니다. 그러자 "그 스랍 중의 하나가 부젓가락으로 제단에서 집은 바 핀 숯을 손에 가지고"(사 6:6) 날아 와 그의 입술에 대었습니다.

거룩하신 하나님 앞에 완전히 깨어져 죽을 것 같은 경험이 가난 한 마음입니다. 베드로에게도 이런 마음이 있었습니다. 베드로가 밤새 고기를 못 잡고 그물을 깁고 있을 때, 주님이 나타나시어 그 에게 "깊은 데로 가서 그물을 내려 고기를 잡으라"(눅 5:4)고 말씀 하셨습니다. 그러자 베드로가 그물이 찢어지도록 고기를 잡을 수 있었습니다. 이때 베드로가 "할렐루야!" 했습니까? 아닙니다. 두 려움에 떨며 "주여 나를 떠나소서 나는 죄인이로소이다"(눅 5:8)라 고 말했습니다. 이것이 가난한 마음입니다.

바울의 겸손은 단순히 자신을 낮추는 것이 아닙니다. 하나님을 만나 보니 이렇게 고백할 수밖에 없었던 것입니다. "저는 아무것 도 아닙니다. 오, 아무것도 아닙니다!" 완전히 죽은 것 같은 마음, 이것이 바로 바울이 일꾼으로서 가진 마음입니다. 비교할 수 없이 풍성하고 측량할 수 없는 그리스도의 마음을 이방인에게 전하기 위해서 그는 기꺼이 일꾼이 되었습니다.

내가 작아질 때, 하나님이 크게 역사하십니다. 내 이름이 묻힐 때, 하나님이 유명해지십니다. 내가 미련할 때, 하나님의 지혜가 나타납니다. 이것이 영원 전부터, 창세전부터, 창조의 하나님 속에 감추어진 비밀이라고 성경은 말합니다.

영원부터 만물을 창조하신 하나님 속에 감추어졌던 비밀의 경륜이 어떠한 것을 드러내게 하려 하심이라 이는 이제 교회로 말미암아 하늘에 있는 통치자들과 권세들에게 하나님의 각종 지혜를 알게 하려 하심이니(엡 3:9-10).

이제 중요한 결론에 다다릅니다. 바울은 놀라운 하늘의 비밀을 맡은 일꾼으로서 종 된 의식을 가지고 살며 이 사명을 감당합니다. 그렇다면 오늘날 이 사명을 누가 감당해야 할까요? 바울은 그 사명을 "이제 교회로 말미암아" 이루어 가실 것이라고 말합니다. 한마디로 "교회"가 그 사역을 감당할 것이라고 선포한 것입니다.

여기서 교회는 건물이 아닌 그리스도의 몸 된 교회를 가리킵니다. 하나님이 지혜를 주셔서 "모든 통치자와 권세의 머리"(골 2:10)이신 그리스도를, 곧 하나님의 비밀을 세상에 보여 주는 사명을 누가 감당해야 합니까? 그렇습니다. 교회입니다. 교회라고 하는 하나님의 거룩한 조직을 통해서 하나님은 자기 역사를 이루어 가십니다.

우리가 그 역사에 참여할 때 필요한 두 가지 태도가 있습니다.

우리가 그 안에서 그를 믿음으로 말미암아 담대함과 확신을 가지고 하나님께 나아감을 얻느니라(엡 3:12).

성도들은 세상에 대해 바로 이런 모습을 가져야 합니다. 세상을 향해, 사탄을 향해 우리는 이제 담대하고 당당하게 나가야 합니다. 이 세상을 향하여 이제 담대하게 나갈 수 있기를 바랍니다. 당당하게 나갈 수 있기를 바랍니다. 고개를 떨구지 마십시오, 어깨를 늘 어뜨리지 마십시오. "담대함"이란 용기와 자유와 대담함이요, "확신"은 당당함을 의미합니다.

그리스도의 지체가 된 우리는 하늘의 복음을 가진 자로서 하나님께 속한 하늘의 기업을 나눌 것입니다. 하늘의 비밀을 맡은 자로서 비교할 수 없는 그리스도의 부요함을 그리스도의 몸 된 교회를 통해서 세상에 담대하고도 당당하게 전하며 나아가야 합니다. 이 것은 결코 교만한 마음이 아닙니다. 에베소서가 보여 주는 전체 그림인 것입니다.

> 그러므로 너희에게 구하노니 너희를 위한 나의 여러 환난에 대하여 낙심하지 말라 이는 너희의 영광이니라(엡 3:13).

우리는 "현재의 고난은 장차 우리에게 나타날 영광과 족히 비교할 수"(롬 8:18) 없다고 생각하기에 낙심하지 않고 담대할 수 있습니다.

할렐루야! 고난을 무서워하지 마십시오. 우리가 받는 고난은 곧 영광입니다. 재물이든 시간이든 하나님께 바쳐서 손해 볼 것은 하나도 없습니다. 우리에게 영광으로 보상해 주실 것이기 때문입니다.

9

하나님의 충만으로
충만하게 하라

에베소서 3:14-21

비로소 하나님 아버지

본문은 바울이 하늘의 비밀과 경륜에 관해 말하고 나서, 하나님께 깊은 감격의 기도와 간구를 하는 내용입니다. 앞서 우리는 하늘의 비밀 사건, 그 비밀의 경륜에 관해 살펴봤습니다. 너무나 벅차고 감격스러운 하늘의 진리를 깨닫고 나면, 사람은 할 말을 잃고, 겸손하게 되며 몸과 마음을 바쳐 하나님 앞에 조용히 기도하는 자세가 됩니다.

사람은 부분적으로 알 때, 그리고 그 지식이 전체적인 지식이 아니라 얇은 지식에 불과할 때, 쉽게 교만해지고 자만에 빠지기 쉽습니다. 이것은 신앙의 세계에 있어서도 마찬가지입니다. 믿음이 성숙할수록 거룩하고 높으신 하나님 앞에서 겸손해지고 순수해집니다. 하나님의 은혜와 긍휼을 깨달을 때, 주장하고 싶은 말을 잃어버리게 됩니다.

그런 까닭에 높은 하늘의 비밀을 깨달은 바울은 그것에 관해 말하다가 갑자기 기도에 관해 말하기 시작합니다. 진리를 말하기보다는 기도와 간구를 드리게 된 것입니다. 그는 이렇게 기도합니다.

이러므로 내가 하늘과 땅에 있는 각 족속에게 이름을 주신 아버지 앞에 무릎을 꿇고 비노니(엡 3:14-15).

그에게 하나님은 "하늘과 땅에 있는 각 족속에게 이름을 주신 아버지"입니다. 구약의 하나님은 공의로 심판하시는 분으로 나타납니다. 역사에 개입하여 모든 잘못을 여지없이 드러내시고, 심판하시며, 분노하시는 하나님입니다. 죄를 용납하시지 않는 하나님입니다. 그래서 구약의 하나님은 피의 제사를 받으시는 분으로 묘사되며, 이스라엘의 모든 백성이 하나님의 분노를 달래기 위해서 제사 드리는 것을 볼 수 있습니다. 하나님은 자기 백성이 잘못했을 때 서슴없이 징계와 심판을 내리시고 죽이시며, 하나님의 공의와 거룩 앞에 합당치 않으면 전쟁에 패하게 하시며 포로로도 만드시는 분입니다. 그러므로 죄로 죽을 수밖에 없는 인간에게는 하나님이 두렵고 무서운 존재일 수밖에 없습니다.

구약에 보면, 하나님의 얼굴을 보는 자는 죽는다고 기록되어 있습니다. 사람은 하나님의 얼굴을 볼 수 없습니다. 하나님과 대화할 수도 없습니다. 그래서 구약의 백성들은 하나님의 이름을 부를 수 없었습니다. 그 완전하신 이름이 너무나도 거룩하기 때문에 감히 부를 수도 없었던 것입니다. 그래서 그들에게 하나님은 거룩하시고, 완전하시고, 의로우시지만 멀리 계시는 분이었습니다. 그분 앞에서는 공포와 두려움과 극도의 긴장감을 느낄 수밖에 없었습니다. 그러니 하나님이 좋으면서도 가까이할 수 없었습니다. 하나님을 섬기면서도 그 품에 안길 수는 없었습니다. 이것이 구약의 하나님의 모습입니다.

그런데 예수님이 이 세상에 오심으로써 하나님의 모습에 혁명이 왔습니다. 하나님은 심판과 진노와 거룩의 하나님이실 뿐만 아니라 사랑과 긍휼의 하나님이심을 보여 주셨습니다. 이것이 바로 하나님의 진짜 모습입니다. 공의롭고 거룩하셔서 죄를 용납하시지 않지만, 자신의 독생자를 죽여서라도 그 죄를 용서하고야 마시는 하나님, 그리고 자기 백성을 자녀로 삼으시고 사랑과 긍휼을 보여 주시는 하나님을 예수님이 보여 주셨습니다.

예수님은 한 걸음 더 나아가서 "하나님이 너의 아빠다!"라고 말씀하십니다. '아버지'란 말로 설명이 안 되니까, "아빠"(막 14:36)로 가르쳐 주셨습니다. 헬라어 "아빠"(Abba)는 우리말 '아빠'와 뜻이 같습니다. 하나님이 '아빠'가 되신다는 개념을 보여 주신 것입니다.

특별히 우리는 구약의 호세아서에서 그런 통찰력을 엿볼 수 있습니다. 하나님의 사랑은 인간의 죄보다 크고, 하나님의 인내는 인간의 불순종보다 깊습니다. 하나님의 긍휼은 인간의 어떤 교만보다도 높고, 하나님의 품은 어떤 죄인도 품을 수 있을 만큼 넓습니다. 하나님 아버지의 사랑의 심장은 어떤 죄악의 칼로도 도려낼 수 없습니다.

겉사람과 속사람

바울은 하나님을 아버지로 부르며 세 가지 기도를 드립니다.

> 그의 영광의 풍성함을 따라 그의 성령으로 말미암아 너희 속사람을
> 능력으로 강건하게 하시오며(엡 3:16).

첫 번째 기도는 에베소 성도를 향한 기도입니다. 우리를 향한 기도이기도 하며, 앞으로 우리가 무슨 기도를 해야 할지 가르쳐 주는 기도이기도 합니다. 그는 성도들의 "속사람을 능력으로 강건하게" 해 달라고 기도합니다.

사람의 관심사는 보통 두 가지로 나뉩니다. 눈에 보이는 외형적인 것에 대한 현실적인 관심과 그 반대의 경우입니다. 현대인들은 영의 양식보다는 육의 양식에 관심이 더 많고, 영의 건강보다는 육의 건강에, 하늘보다는 땅에, 속사람보다는 겉사람에 관심이 더 많습니다. 그리고 현실적인 문제에 관심을 기울입니다. 오늘날 그리스도인들도 겉사람이나 세상 같은 외형적인 것에 더 관심이 많습니다. 그렇게 조금씩 현실과 타협하며 살아갑니다.

그러나 예수님이 우리 안에 들어오시고, 우리가 예수님에게 접붙이고 나면, 우리 안에 새사람, 즉 속사람이 싹트기 시작합니다. 이것은 마치 "연한 순"처럼 자랍니다. "보기에 흠모할 만한 아름다운 것이" 없고, "마치 도수장으로 끌려가는 어린양과 털 깎는 자

앞에서 잠잠한 양" 같은 속성을 가진 속사람(inner man)입니다(사 53:2-7).

속사람은 눈에 별로 띄지 않지만, 생명입니다. 복음의 씨앗, 사랑의 씨앗을 심으면 자라나는 것과 같습니다. 바울은 속사람이 중요하다고 느꼈습니다. 속사람이 자라되 강하게 자라야 하며, 속사람으로 말미암아 겉사람이 깨어지기까지 자라야 합니다.

본문에서 바울은 우리를 위해서, 우리의 겉사람이 아닌 속사람이 자라도록 기도해 주고 있습니다. 속사람이 잘 자라려면, 겉사람이 깨어져야 합니다. 겉이 단단하면 속에 있는 것이 나올 수 없기 때문입니다. 새가 알을 깨뜨리지 않으면, 세상에 나올 수 없습니다. 옛날의 가치관과 잘못된 사고방식을 깨뜨려야만 새사람이 될 수 있습니다.

속사람이 자라나기 위해 겉사람이 깨어져야 하고, 속사람이 더 강건하게 자라기 위해서는 성령의 단비가 내려야 합니다. 바울은 성령으로 말미암아 우리 속사람이 능력으로 강건해지기를 기도합니다. 성령이 임하면, 딱딱했던 껍데기가 부드러워집니다. 이런 상태를 보통 '깨어졌다' 또는 '무너졌다'고 말합니다. 옛 사람의 이기심이 깨어져야 그다음에 속사람이 나올 수 있습니다.

그러면 성령은 어떻게 임합니까? 성령의 임재 원리는 하나님의 "영광의 풍성함"에 있습니다. 16절을 보면 "그의 영광의 풍성함을 따라"라고 되어 있습니다. 태양이 열을 내듯이, 전력이 빛의 에너지를 공급해 주듯이 하나님의 영광의 빛이 온누리에 발산되면, 하나님의 역사가 일어납니다.

이것이 성령의 역사입니다. 성령의 역사는 하나님의 "영광의 풍성함"에서부터 나옵니다. 하나님의 "영광의 풍성함"이란 무슨 뜻입니까? 하나님의 영광의 빛이 영원히 제한 없이 나타나는 것입니다. 그 빛이 우리에게 그대로 온전히 전해지는 것이 성령의 역사입니다.

하나님의 영광의 영원성과 무한성은 그대로 있습니다. 그러나 우리와 차단되어 있습니다. 다시 말해서 하나님의 영광은 풍성하지만, 그 앞에 가림막이 있어서 우리가 혜택을 받지 못한다는 말입니다. 이것을 뚫어 주는 것이 바로 성령의 역사입니다. 가림막이 뚫려야 하나님의 영광의 빛이 내 속사람에게 그대로 비춰게 됩니다. 이 빛으로 속사람이 강해지고, 속사람이 강해질 때, 이것이 자라면서 겉사람을 모조리 깨뜨려 버리게 되는 것입니다. 이것이 바울이 드린 기도의 요약입니다.

부디 하나님의 영광의 빛을 받아 속사람이 강해지고, 무럭무럭 자라서 겉사람이 깨어지기를 바랍니다.

사랑의 뿌리와 터전

그렇다면 속사람의 주인은 누구입니까? 바울의 두 번째 기도는 속사람의 주인을 향한 기도입니다.

> 믿음으로 말미암아 그리스도께서 너희 마음에 계시게 하시옵고 너
> 희가 사랑 가운데서 뿌리가 박히고 터가 굳어져서(엡 3:17).

우리 마음속에 계시는 그리스도 위에 사랑의 뿌리를 박고, 터를
굳게 하라는 것입니다. 예수 그리스도께서 바로 속사람의 주인이
십니다. 그러므로 우리 속사람이 강해지고, 계속 성장하려면, 예수
님이 우리 안에 계셔서 우리를 지배하셔야 합니다. 한번 잠깐 계신
것이 아니라 계속적으로 계셔야 합니다. 이것은 어떻게 이루어집
니까? 믿음의 결단에 따라 이루어집니다. 그래서 바울은 "믿음으
로 말미암아 그리스도께서 너희 마음에 계시게" 해 달라고 기도합
니다.

사람은 순간순간 믿음의 결단을 하지 않으면 안 됩니다. 아무리
은혜를 많이 받고, 성경 공부를 많이 하고, 기도를 많이 한다고 해
도, 인간은 그냥 놔두면 못된 성격과 잘못된 사고방식과 죄악의 습
성이 다시 밖으로 나옵니다. 이것을 조절하지 않으면, 사람은 이전
상태로 되돌아갑니다.

성령의 도우심, 이것이 하나님의 은혜입니다. 자신을 쳐서 복종
시켜야 합니다. 그래서 바울은 "내가 내 몸을 쳐 복종하게"(고전
9:27) 한다고 말합니다. 그리고 우리에게 "두렵고 떨림으로 너희

구원을 이루라"(빌 2:12)고 조언합니다.

우리는 구원받은 사람입니다. 그러나 그것으로 끝나는 것이 아닙니다. 바울은 "네가 새사람으로 지어졌지만, 그것으로 끝난 것이 아니다. 계속해서 지어져 가야 한다. 그러니 중단하지 말고, 포기하지 말라. 하나님의 긍휼과 자비의 옷을 계속 입고, 순간순간 한눈팔지 말고, 경계를 늦추지도 말고, 믿음으로 결단하며 한 걸음 한 걸음 나아가라"고 말합니다. 하나님이 "네 발로 밟는 땅은 영원히 너와 네 자손의 기업이 되리라"(수 14:9)라고 말씀하시지 않았습니까?

신앙의 닻을 조금만 느슨하게 하면 어떤 결과가 나옵니까? 주일 예배를 한 번 빠지면 두 번 빠지게 되고, 한 번 게으름 피우면 계속 게을러지기 마련입니다. 이런저런 변명으로 안일하게 가다 보면, 사람의 육체는 끝없이 편안함을 요구하게 되어 있습니다. 신앙도 마찬가지입니다. 점점 해이해지게 되어 있습니다.

그러므로 자꾸 챙겨야 합니다. 힘들어도 추슬러야 합니다. 누구를 위해서가 아닙니다. 자기 자신을 위해서입니다. 자기를 위해 끊임없이 주님 앞에 가까이 나아가야 합니다. 그러나 이것은 율법이 아닙니다. 인위적으로 어떤 선한 행동을 해서 하나님께 나아가자는 것이 아닙니다. 순간순간 믿음의 결단을 하라는 것입니다. 믿음은 결심과 결단을 필요로 합니다.

자기 몸을 쳐서 복종하게 하십시오! 자신의 정욕을 치십시오!

자기의 모든 인간적인 생각을 쳐 버리십시오! 그래야만 하나님의 뜻이 성취되기 때문입니다. 그때 그리스도께서 우리를 지배하십니다. 주님은 억지로 지배하시지 않습니다. 우리가 믿음의 결단을 하기를 원하십니다.

예수님이 우리를 지배하시면 어떤 결과가 나옵니까? 우리가 사랑의 화신이 됩니다. 예수님은 사랑이시므로 우리가 그리스도와 함께 거하면, 곧 사랑 안에 살게 됩니다. 이것을 가리켜 성경은 "사랑 가운데서 뿌리가 박히고 터가" 굳어진다고 설명합니다.

사랑으로 뿌리가 내리고, 뿌리가 내린 그 위에 모든 터가 단단히 굳는 원리는 무엇입니까? 그리스도께서 내 안에 계속 거하시는 것입니다. 그때 그런 역사가 일어납니다. 그리스도께서 지배하시면 내 안에 사랑의 뿌리가 박히고, 내 삶의 터전이 사랑의 터전으로 바뀌게 됩니다. 그리하여 능력의 사람으로 변하여 그리스도의 충성된 증인이 되고, 하나님의 일꾼이 됩니다. 그러면 많은 사람이 우리를 통해 의의 열매를 공급받게 될 것입니다.

사랑의 충만으로 충만하게

바울의 세 번째 기도는 그의 기도의 결론이므로 매우 중요합니다.

능히 모든 성도와 함께 지식에 넘치는 그리스도의 사랑을 알고 그

너비와 길이와 높이와 깊이가 어떠함을 깨달아 하나님의 모든 충만하신 것으로 너희에게 충만하게 하시기를 구하노라(엡 3:18-19).

여기 사랑에 관한 네 가지 표현이 나옵니다. 사랑의 "너비와 길이와 높이와 깊이"입니다. 사랑의 "너비"란 포용성을 의미합니다. 사랑의 "길이"는 영원성을 뜻합니다. 사랑의 "높이"는 지고성을 의미하고, 사랑의 "깊이"는 심원성을 보여 줍니다.

첫째, 사랑의 "너비"를 보십시오. 예수님 사랑의 포용성은 어떠합니까? 예수님은 창녀와 세리와 간음한 사람과 각종 병이 든 많은 사람과 귀신들린 사람뿐 아니라 십자가의 한쪽 편에 있던 강도까지 포용하셨습니다.

버림받은 자와 소외된 자와 가난한 자를 받아 주는 것이 포용성입니다. 하나님의 가슴에 안기지 못할 죄인은 한 사람도 없습니다. 바울은 우리를 이 사랑으로 초청합니다. 그러므로 모든 사람은 예수님의 사랑의 포로들입니다. 어느 누구도 예수님 사랑의 포용성을 다 체험하지 못합니다.

둘째, 사랑의 "길이"를 보십시오. 이것은 영원성에 관한 것입니다. 영원성은 골고다 언덕의 십자가에까지 갔습니다. 얼마나 깁니까? 하나님의 사랑의 길이가 얼마입니까? 죽으시기까지입니다! 죽음을 넘어서까지입니다! 아무도 주님의 사랑을 다 재 볼 수 없습니다. 측량치 못할 사랑이기 때문입니다.

셋째, 사랑의 "높이"를 보십시오. 하나님의 사랑, 예수님의 사랑은 얼마나 높은지 하늘 보좌에 이르기까지 높습니다. 하늘 보좌를 버리고 세상에 오신 예수님은 인간의 차원이 아닌 하나님의 차원에서 우리를 사랑하셨습니다. 세상 누구도 하늘 보좌에 이르는 사랑의 지고성을 다 체험하지 못합니다. 우리는 극히 일부만 알고 있을 뿐입니다.

마지막으로, 그 사랑의 "깊이"를 보십시오. 예수님의 사랑은 곧 하나님의 사랑입니다. 그 사랑의 깊이는 인간이 상상할 수 있는 개념이 아닙니다. 예측할 수도 없습니다. 형제가 잘못하면, 몇 번이나 용서해 주어야 하는지 베드로가 주님에게 물었을 때, 주님은 "일곱 번뿐 아니라 일곱 번을 일흔 번까지라도"(마 18:22) 용서해야 한다고 말씀하셨습니다. 용서에 한계가 없음을 보여 줍니다. 이 말씀처럼, 예수님이 우리를 용서하시고 사랑하시는 깊이는 누구도 다 깨달을 수 없을 것입니다. 그래서 하나님은 우리에게 "오라 우리가 서로 변론하자 너희의 죄가 주홍 같을지라도 눈과 같이 희어질 것이요 진홍같이 붉을지라도 양털같이 희게 되리라"(사 1:18)라고 말씀하십니다.

예수님 안에서 발견한 이 사랑의 "너비와 길이와 높이와 깊이"는 곧 하나님의 충만으로 표현됩니다. 이것이 하나님의 충만입니다. 그래서 바울은 예수님 안에서 발견한 하나님의 충만으로 충만하게 해 달라고 기도합니다. 이것이야말로 성도들이 드릴 지고의 기도요 최선의 기도이며 가장 높은 이상의 기도입니다.

하나님의 사랑의 충만, 하나님의 긍휼의 충만, 하나님의 영광의 충만, 하나님의 은총의 충만을 상상할 수 있습니까? 하나님의 충만한 영광이 죄인인 나의 영혼에 쏟아지고 있습니다. 하나님의 충만한 사랑이 수없이 배신하고 턱없이 부족하며 한없이 연약하기만 한 나에게 쏟아지고 있습니다. 하나님의 충만한 은총이 불의한 우리에게 임하고 있습니다. 하나님의 모든 충만이 지금 이 땅의 성도들에게 임하길 소망합니다.

바울이 하나님의 충만 속에서 발견한 것은 예배입니다.

우리 가운데서 역사하시는 능력대로 우리가 구하거나 생각하는 모든 것에 더 넘치도록 능히 하실 이에게 교회 안에서와 그리스도 예수 안에서 영광이 대대로 영원무궁하기를 원하노라 아멘(엡 3:20-21).

이것을 저는 이렇게 적용해 봅니다.

"여러분에게 역사하시는 능력대로 여러분의 구하는 것이나 생각하는 모든 것에 능히 넘치도록 더하실 하나님께 여러분과 그리스도 예수의 영광이 대대로 영원무궁토록 있기를 원합니다."

10

부르심에 합당하게 살라

에베소서 4:1-6

믿음의 삶의 행동 강령

에베소서 1장부터 3장까지는 신앙생활의 원리가 되는 구원의 교리에 관한 말씀이었다면, 4장부터 6장까지는 신앙생활의 원리에 기초한 구체적인 실천 강령에 관한 말씀입니다.

신앙생활에 있어서 "무엇을 믿어야 하는가"만큼이나 중요한 것은 그 믿음을 가지고 어떻게 살아가야 하는가의 구체적인 삶의 문제입니다. 지금까지 우리는 믿음만 크게 강조해 왔습니다. 그러나 믿음만큼 강조해야 할 것이 바로 삶입니다. 삶이 없는 믿음은, 모래 위에 지은 집처럼 허물어지기 쉽습니다.

바울은 삶의 실천 강령을 여섯 가지로 말하고 있습니다.

첫 번째 강령은 4장 1-16절까지의 주제입니다. 하나가 되어서 주님을 섬기는 것과 하나가 되어 행동하는 것입니다.

두 번째 강령은 17-32절까지의 주제로 거룩하게 행동하는 것입니다. 우리가 하나님의 사람으로 세상을 살기 시작하면, 이제는 세상 사람이 아니라 하나님의 백성입니다. 그러므로 우리 삶 속에 거룩이 구체적으로 나타나야 합니다. 거룩하게 생각하고 거룩하게 행동해야 합니다.

세 번째는 5장 1-6까지 말씀으로 사랑 가운데서 행동하는 것입니다. 사랑이 배제된 행동은 "소리 나는 구리와 울리는 꽹과리"(고 전 13:1)라고 했습니다. 그러므로 우리 삶이 아무리 영웅적이고, 믿음이 충만하다고 할지라도 그것이 사랑과 연결되지 않는다면, 아무것도 아닙니다.

네 번째 실천 강령은 5장 7-14절 말씀으로 빛 가운데서 사는 것입니다. 우리는 이제 어둠의 옷을 벗고, 빛으로 나아갑니다. 그러므로 생활에 어두운 구석이나 숨기는 부분이 있어서는 안 됩니다. 빛 가운데서 사는 것이 그리스도인입니다.

다섯 번째 실천 강령은 5장 15절-6장 9절 말씀으로 그리스도인의 삶에 있어서 클라이맥스요 하이라이트입니다. 성령과 지혜 안에서 행동하라는 것입니다.

마지막으로 여섯 번째 강령은 6장 10-20절까지 말씀으로, 하나님의 전신갑주를 입고 마귀와 대적하면서 승리하는 삶을 살라는 것입니다.

성숙한 그리스도인이 구원의 삶을 구체적으로 살기 위한 첫 번째 강령부터 살펴보겠습니다.

유대인과 이방인의 갈등과 화합

첫 번째 강령은 "하나 되어 주님을 섬기라, 하나 되어 그리스도의 몸을 이루라, 하나 되어 행동하라"입니다. 사도 바울이 그리스도인의 행동 강령을 말하면서 하나 될 것을 가장 먼저 강조한 데는 이유가 있습니다. 당시 유대인과 이방인이 함께 예수님을 믿게 되었기 때문입니다.

처음에는 하나님이 선택하신 이스라엘 백성들이 구원의 복음을 들었습니다. 이것이 사도행전 1장부터 9장까지의 얘기입니다. 그들은 베드로를 중심으로 구원을 받습니다. 놀라운 복음을 듣고, 메시아를 만났습니다. 그러나 하나님은 복음이 유대 민족 안에 갇히는 것을 원치 않으셨습니다. 베드로를 통해 고넬료를 만나게 하시고, 그 만남을 통해서 복음이 전 세계적으로, 즉 이스라엘 밖의 이방인에게까지도 전파되게 하셨습니다.

하나님은 그 일을 위해 바울을 택하셨습니다. 바울은 이방인을 위해 택함받은 그릇입니다. 하늘의 비밀, 곧 복음은 이스라엘 백성에게만이 아니라 전 세계 이방인들, 즉 모든 족속에게 선포되어야 합니다. 그래서 유대인들이 예수님을 믿었고, 이방인들도 예수님을 믿게 되었습니다.

더 놀라운 사실은 유대인이 회개하고 돌아오는 속도보다 이방인이 돌아오는 속도가 더 빨랐다는 것입니다. 마침내 유대인과 이방인들이 함께 모여서 예배를 드리게 되었습니다. 그런데 문제가 생겼습니다. 유대인과 이방인들이 전혀 다른 사람들이었다는 것입니다. 생활 양식, 사고방식, 전통, 종교적 배경이 그렇게 이질적일 수가 없었습니다.

사도행전에 나오는 교회의 갈등이 무엇이었습니까? 유대인은 이방인에게 "할례를 받아라. 예수님을 믿는 것도 좋지만, 할례를 받아야 한다. 모세의 율법을 지켜야 한다"고 계속해서 자기주장을 고집했고, 이방인들은 "너희들이 믿으면 믿었지, 뭘 그렇게까지 뽐낼 일이냐"고 맞섰습니다. 유대인과 이방인의 싸움이 계속 이어지자 초대 교회 안에 갈등이 일었습니다.

유대인이나 이방인이나 예수님을 믿는 데는 문제가 없습니다. 그러나 전혀 서로 다른 배경의 사람들이 모여서 함께하자 문제가 생겨나기 시작했습니다.

멀리서 보고 겉으로만 보면, 다 좋아 보입니다. 그런데 가까이서 보면 실망하는 일이 얼마나 많습니까? 부딪치면, 서로 상처받기 쉽습니다. 연애할 때는 다 괜찮아 보였는데, 결혼해서 살다 보면 싸움을 피할 길이 없습니다. 교회에서도 마찬가지입니다. 멀리서 볼 때는 아무런 문제가 없습니다. 다 좋아 보이고, 다 멋있는 사람들처럼 보입니다. 그런데 옆에 붙어서 일하다 보면, 각자 성품이 나오기 시작합니다. 성격이 나오고, 사고방식이 나오고, 가치관이 나옵니다. 그때부터 서로 부딪치기 시작합니다. 이것이 유대인과 이방인의 고민이었습니다.

서로 다르면 어떤 일이 생깁니까? 옳고 그른 것이 문제가 아니라 다르다고 비판합니다. 비판하면 또 어떤 일이 생깁니까? 자기 아집이 생깁니다. 아집이 생기면 서로 공격하게 되고, 공격하면 싸우게 되고, 싸우다 보면 분열하게 됩니다. 이것이 초대 교회에서 실제로 일어났던 일입니다. 또한 2천 년 동안 교회사를 통해서 경험해 왔던 사실입니다.

옳고 그름의 문제가 아니라 배경과 보는 관점의 차이입니다. 노란색을 좋아할 수도 있고, 빨간색을 좋아할 수도 있습니다. 그러나 자기가 좋아하는 것만 주장하다 보면, 그리스도는 간데없고 자기 주장만 남습니다.

이런 갈등은 가정에서나 직장에서나 사회에서 심지어 교회 안에서도 빈번히 일어납니다. 그러나 사도 바울이 본문을 통해 우리에게 주는 메시지는 무엇입니까? 그런 것이 중요한 게 아니라는 점입니다. 그리스도께서 우리에게 주신 실천 명령 중에서 가장 큰 한 가지는 하나 되는 것입니다. 바울은 "여러 가지 갈등에도 불구하고, 그리스도 안에서 하나 되는 것이 교회다. 이것이 세상과 다른 부분이다. 우리는 어떤 이유에서든지 그리스도 안에서 하나가 되어야 한다. 하나 되지 못한 채 그리스도를 섬기면, 부덕을 끼치게 된다"고 말합니다.

많은 교회가 통일을 위해 기도합니다만 사실 우리에게는 기도할 자격이 없습니다. 왜냐하면 교회가 먼저 하나 되지 않았는데, 어떻게 남북이 통일되기를 원하겠습니까? 교회 안에서 서로 사랑하지 못하는데, 어떻게 세상을 향해 사랑을 얘기할 수 있겠습니까?

그러므로 "주여 평화의 종소리가 울리게 해 주시옵소서. 남북 통일이 되게 해 주시옵소서" 하는 기도보다 선행되어야 할 기도는 "교회끼리 서로 사랑하게 하시고, 서로 비판하지 않고, 성령 안에서, 말씀 안에서 하나 되게 해 주십시오"입니다. 서로 다를지라도 주님 안에서 사랑하고, 말씀 안에서 하나 되는 것이 우리가 드려야 할 가장 시급한 기도 제목입니다.

유대인과 이방인은 다르지만, 그리스도 안에서 하나 되지 않고서는 그리스도의 몸인 교회를 이룰 수 없습니다. 교회는 건물이나 제도가 아닙니다. 그리스도의 몸 된 교회는 성령 안에서 사랑의 띠로 묶인 선교 공동체임을 알아야 합니다.

우리가 기억해야 할 사실은, 교회는 비슷한 사람들끼리 모이는 곳이 아니라 그리스도를 중심으로 천차만별의 사람들이 모이는 곳이라는 것입니다. 그러므로 우리가 끝까지 강조해야 할 것은 그리스도요 말씀입니다. 지적 배경이나 정신적 배경, 도덕적 배경이나 환경적 배경은 전혀 다를 수 있다는 사실을 인정해야 합니다. 그리고 나와 다른 것을 용납할 수 있는 태도를 보여야 합니다.

특히 예수님을 갓 믿은 사람은 더 심각합니다. 가치관의 차이가 심합니다. 그들은 자연적이며 세속적인 가치관을 가지고 있기 때문에 성경적인 가치관을 가진 사람들과 부딪히기 마련입니다. 그래서 예수님을 오래 믿은 사람과 갓 믿은 사람의 의견 충돌이 일어납니다.

예수님을 믿게 된 배경도 다 다릅니다. 어떤 사람은 사회 참여를 강조하고, 어떤 사람은 성령의 은사를 강조하며, 어떤 사람은 도덕적 생활을 강조하는가 하면 어떤 사람은 구원을 강조하는 등 자기가 배워 온 분위기에 따라 다 다릅니다.

예를 들면, 부흥회를 통해 은혜 받은 사람들은 그저 부흥회를 하자고 그럽니다. 그것만이 은혜 받는 유일한 비결이라고 생각하기 때문입니다. 산 기도를 하러 다니다가 은혜 받은 사람들은 늘 산 기도를 강조합니다. 자기가 산에서 기도하다가 은혜를 받았기 때문입니다. 성경 공부를 통해서 은혜 받은 사람도 마찬가지입니다. 저는 성경 공부를 강조하는 편입니다. 제가 성경 공부를 통해 깨지고, 성경 공부를 통해 무너졌기 때문입니다.

어떤 분위기와 배경에서 은혜를 받았느냐에 따라 중요하게 생각하는 것이 달라질 수 있습니다. 그러나 하나님 앞에서는 이 모든 것이 다 유익하다는 것을 알아야 합니다. 그 모두가 협력해서 선을 이룬다는 사실을 알아야 합니다. 왜냐하면 인간은 한계가 있는 부족한 존재들이기에 자기주장에 몰두하면, 분열과 어려움을 겪게 되기 마련이기 때문입니다.

바울은 이런 후유증을 경험했던 사람입니다. 그런 그가 교회의 실천 강령 첫머리에 내놓은 것이 바로 하나 되는 것입니다. 사랑도 그다음이요 거룩도 그다음입니다. 그는 "바울이 어디 있고, 게바가 어디 있느냐? 파가 무슨 소용이 있느냐? 우리가 이 세상에서 보여 주어야 할 가장 중요한 것은 그리스도 안에서 하나 되는 모습이다!"라고 주장합니다(참조, 고전 1:11-31).

그렇습니다. 우리는 이것을 보여 주어야 합니다. 다르다는 것은 개성입니다. 다양성의 풍성함을 보여 줄 수 있습니다.

부르심에 합당한 자세

사도 바울은 이런 맥락에서 편지를 쓰고 있습니다. 1절을 주의 깊게 보십시오.

> 그러므로 주 안에서 갇힌 내가 너희를 권하노니 너희가 부르심을 받은 일에 합당하게 행하여(엡 4:1).

"부르심"이란 말을 씁니다. 우리는 사람에게 부름을 받은 것이 아닙니다. 목사가 성도를 초대한 것이 아닙니다. 성령이 성도들을 초대하십니다. 하나님이 우리를 불러 주셨습니다.

교회는 이 점을 분명히 해야 합니다. 선교는 인간적인 동기에서 하는 것이 아닙니다. 선교의 주역은 하나님입니다. 하나님이 우리를 부르셨고, 하나님이 우리에게 일을 맡기실 것입니다. 하나님의 영광을 위해서 나아가야 합니다.

결론은 간단합니다. 부르심에 합당하게 살면 됩니다. 바울은

1절 말씀을 통해, 부름에 합당하게 살 수 있는 세 가지 원리를 제시해 줍니다. 그것들을 하나씩 살펴보겠습니다.

첫째, 겸손해야 합니다. 가장 중요한 것은 겸손입니다. 당시 사고방식에서 겸손은 종이나 노예가 가져야 할 덕이었습니다. 자유시민은 그것을 악덕으로 생각했습니다. 주인이나 지배자들은 겸손할 필요가 없습니다. 종을 부려야 하는데, 주인이 겸손하면 큰일납니다. 이것이 당시 사람들의 사고방식이었습니다.

그러나 그리스도인에게 있어서 가장 중요한 덕은 겸손입니다. 예수님은 어떠십니까? "나는 마음이 온유하고 겸손하니"(마 11:29)라고 말씀하십니다. 겸손은 자기를 비우는 것입니다. 자기가 아무것도 아니라는 사실을 깨닫는 것입니다.

겸손한 자가 주장할 것은 오직 순종뿐입니다. '나는 순종밖에 주장할 것이 아무것도 없다'고 생각하는 것이 겸손입니다. 겸손한 사람 앞에는 모든 것이 하나 됩니다. 악으로 선을 이기는 것이 아니라 선으로 악을 이기는 것이며, 겸손으로 하나님의 법을 이루게 됩니다. 이런 일이 일어나는 곳이 바로 교회입니다. 겸손하면 평화가 옵니다. 겸손하면 사람들에게 상처를 주지 않습니다. 겸손하게 주장하면, 절대로 상대방에게 화가 되거나 상처가 되지 않습니다. 그러나 교만한 태도로 주장하면, 화를 불러일으키고 상처를 주게 됩니다.

겸손하게 남을 나보다 낫게 여기고, 서로 섬기는 영이 우리 마음을 지배할 때, 교회가 하나 되기 시작합니다. 서로 겸손해질 때, 예수님의 법이 세워집니다. 내 주장이 하나님의 뜻에 합당하면 이루어질 것이요, 내 주장이 하나님의 뜻과 합하지 않으면 무너질 것입니다. 하나님은 교만한 자를 물리치시고, 겸손한 자에게 은혜를 부어 주십니다.

저는 이따금 사람들에게 어떤 교회가 좋은지, 모델이 될 만한 교회는 어디인지를 묻습니다. 배우고 싶어서입니다. 그런데 어떤 분에게 물었더니 "저는 교회가 그저 은혜로우면 좋겠습니다"라는 대답이 돌아왔습니다. 교회는 그저 은혜로운 것이 제일 좋습니다. 사람들은 가기만 하면 그냥 푸근하고 평안하고 안식처가 되는 그런 교회에 다니고 싶어 합니다. 그렇습니다. 모든 사람이 나는 아무것도 아니라는 자세로 겸손하게 예수님만 바라볼 때, 교회는 하나 되고 은혜로워질 것입니다.

둘째, 온유해야 합니다.

모든 겸손과 온유로 하고 …(엡 4:2a).

온유는 무기력이 아니라 힘이 많은 상태입니다. 힘이 있지만, 그 힘을 함부로 사용하지 않는 것입니다. 극도로 자신을 절제하며 조절할 줄 아는 사람을 가리켜 온유하다고 말합니다. 온유의 반대말을 사전에서 찾아보면, '자기주장을 내세워서 반드시 관철시키려는 태도, 함부로 말하는 거친 태도, 무정하고 가혹한 태도'로 풀이되어 있습니다.

온유한 사람은 분이 있을지라도 그 감정이 성령에 의해서 조절됩니다. 온유는 긴장과 분노에 찬 사람을 풀어 주는 역할을 합니다. 화가 나서 싸우다가도 그 사람의 얼굴을 보면, 그냥 잠잠해지는 것이 온유입니다. 또한 온유한 사람은 평화로움을 느끼게 합니다. 그렇기 때문에 어떤 주장도 겸손과 온유로 하면, 아무 문제가 생기지 않습니다.

죄가 많은 사람은 온유할 수 없습니다. 화를 자주 내는 사람도 온유할 수 없습니다. 성격이 조절되지 않는 사람도 온유할 수 없습니다. 하나님을 신뢰하는 사람은 인간의 의를 이루려고 하지 않기 때문에, 인간적인 방법을 쓰거나 서두르지 않습니다. 그냥 온유하게 기다립니다. 하나님이 일하고 계신다는 것을 알기 때문입니다. 사람이 하는 것이 아니라 성령님이 하신다는 것을 확실히 믿기에 온유와 겸손으로 모든 문제를 이끌어 갑니다.

셋째, 오래 참아야 합니다.

… 오래 참음으로 사랑 가운데서 서로 용납하고(엡 4:2b).

인내란 무엇입니까? 결코 포기하지 않는 정신입니다. 타협하지 않고 기다릴 뿐입니다. 자기가 옳다고 확신하는 사람은 그것을 한

순간에 이루려고 하지 않고, 온유와 겸손으로 오래 참으며 기다립니다. 오래 참고 기다림으로써 하나님의 복을 성취하는 것입니다.

고린도전서 13장에서 사랑에 관해 제일 처음 언급된 말이 무엇입니까? "사랑은 오래 참고"(고전 13:4)입니다. 그게 뭐 그렇게 중요한가 하고 말할 수도 있을 것입니다. 부부 사이에 제일 중요한 것은 오래 참고 기다려 주는 것입니다. 오래 참는 것이 바로 사랑입니다.

속전속결로 하면 깨집니다. 서로 오래 참고 기다려 주어야 합니다. 실수해도 참아 주고, 또 참아 주고, 그 사람이 하나님의 법을 깨달을 때까지 참고 기다려 주어야 합니다. 이것이 교회가 할 일입니다.

교회가 할 일은 세 가지밖에 없습니다. 겸손과 온유와 오래 참음입니다. "빛이다! 소금이다!" 하며 떠들 것도 없고, "선교합시다. 모든 족속으로 제자 삼읍시다" 하며 외칠 것도 없습니다. 그냥 온유하고 겸손하게 기다리고 있기만 하면, 모든 일이 이루어집니다.

참고 기다리지 못한다는 것은, 사랑하지 않는다는 것의 방증입니다. 아내를 오래 참아 주기를 바랍니다. 남편을 오래 참아 주기 바랍니다. 그것이 사랑입니다.

자식이 잘못했을 때, 부모가 어떻게 합니까? 오래 기다리고 참을 수밖에 없습니다. 물론 화가 나서 한 대 때리기도 하겠지만, 그래도 결국 부모는 참을 수밖에 없습니다. 부모와 자식이 싸우면,

지는 사람은 부모입니다. 부모가 질 수밖에 없습니다.

이 원리를 남편이나 아내에게 적용하고, 성도들끼리도 적용해 보십시오. 목사와 교인들 사이에도 적용하십시오. 그때 하나님 안에서 하나 되는 아름다운 교회가 될 것입니다.

하나 되는 원리

겸손과 온유와 인내, 이 세 가지 덕을 가지고 있으면 두 가지 결론이 나옵니다. 첫째는 사랑 가운데 서로 용납하는 일이 생긴다는 것입니다. 사랑 가운데 서로 용납할 때, 어떤 장애물도, 어떤 이질적인 요소도 문제가 되지 않습니다. 이것이 진정한 그리스도의 몸을 이룹니다.

저는 하나님이 제 아내와 결혼시켜 주신 일을 가끔 생각해 봅니다. 제 아내와 저는 성격이 참 다릅니다. 제 아내는 뭔가를 챙기는 스타일이고, 저는 일을 벌이는 스타일입니다. 서로 전혀 다릅니다. 그런데도 둘이 공존하는 것은 사랑하기 때문입니다. 사랑하기 때문에 이해되고, 용납되고, 그것이 또 아름답게 조화를 이루게 되는 것입니다. 얼마나 감사한지 모릅니다.

그러므로 서로 다름이 더 큰 능력이 될 수 있습니다. 그리스도의 사랑으로 용납하고, 그리스도의 사랑으로 받아들일 용의만 있다면, 서로 다르다는 것은 더 크고 엄청난 하나님의 역사를 이룰 무기가 된다는 사실을 본문을 통해 배우게 됩니다. 그러므로 이질적인 요소가 있음에 감사하십시오. 서로 다름을 통해 하나님께 영광을 돌리십시오.

평안의 매는 줄로 성령이 하나 되게 하신 것을 힘써 지키라(엡 4:3).

겸손과 온유와 인내의 둘째 결론은 "평안의 매는 줄로 성령이 하나 되게" 하시는 역사입니다. 바울은 그 역사를 힘써 지키라고 말합니다. 부부 사이에 꼭 있어야 하는 것은 평화, 곧 화평입니다. 평화보다 더 귀한 진리는 없습니다.

연예인 교회를 개척할 무렵에 건축에 관한 책을 많이 읽었습니다. 그중 기억 나는 이야기 하나를 소개하겠습니다. 몇백 년 전의 일입니다. 어느 마을에서 방앗간과 교회를 지을 일이 생겼습니다. 그래서 설계에 들어갔는데, 방앗간은 냇가에 짓고 교회는 언덕 위에 짓기로 했습니다. 조그만 마을이기에 마을 위원회가 주관하여 건물을 지었는데, 짓고 나서야 설계도가 바뀐 것을 알게 되었습니다. 산동네에다 방앗간을 짓고, 아랫동네에다가 교회를 지은 것입니다.

마을 사람들끼리 말이 많았습니다. 그러나 그 마을은 사랑으로 하나 된 마을이었기에 이런 결론에 다다랐다고 합니다. 방앗간 같은 교회, 교회 같은 방앗간을 만들기로 한 것입니다. 그 동네에는 지금도 산 위에 방앗간 같은 교회가 있고, 마을 아래에 교회 같은 방앗간이 있다고 합니다.

사실, 방앗간 같은 교회면 어떻고, 교회 같은 방앗간이면 어떻습니까? 중요한 것은 그러한 일들을 처리해 가는 성숙한 모습입니다. 그 일들을 통해서 그리스도의 모습을 보여 주는 것이 중요합니다. 헌금도 건물도 그 어떤 성공도 평화와 견줄 수 없습니다. 그러므로 평화롭지도 않고, 하나 되지도 않는 마음으로 구제하고 봉사하고 선교하는 것은 아무런 의미가 없습니다. 핏대를 세우고 구제하거나 핏대를 세우고 선교하는 것은 아무 의미도 없습니다.

중요한 것은 마음입니다. 진정으로 겸손한 마음, 온유한 마음, 오래 참는 마음, 그리스도만이 드러나시기를 바라는 마음만이 결과적으로 하나님께 영광을 돌리게 됩니다. 이것이 본문에서 바울이 우리에게 주는 메시지의 핵심입니다.

> 몸이 하나요 성령도 한 분이시니 이와 같이 너희가 부르심의 한 소망 안에서 부르심을 받았느니라 주도 한 분이시요 믿음도 하나요 세례도 하나요 하나님도 한 분이시니 곧 만유의 아버지시라 만유 위에 계시고 만유를 통일하시고 만유 가운데 계시도다(엡 4:4-6).

바울은 이 말씀을 통해 하나 되는 신학적 원리를 일곱 가지로 제시합니다. 말씀에 따르면, 교회는 그리스도의 몸을 상징하고, 우리는 한 몸이며 우주적인 교회입니다.

우리는 왜 하나가 되어야 합니까? 교회 안에 거하시는 성령이 두 분이 아니라 한 분이시기 때문입니다. 우리는 왜 하나가 되어야 합니까? 소망이 하나이기 때문입니다. 우리는 왜 하나가 되어야 합니까? 주님이 한 분이시기 때문입니다. 우리는 왜 하나가 되어야 합니까? 우리 믿음이 하나이기 때문입니다. 우리는 왜 하나가 되어야 합니까? 한 세례를 받았기 때문입니다. 우리는 왜 하나가 되어야 합니까? 한 하나님을 섬기기 때문입니다.

마음에 묻어 둔 작은 상처가 있다면, 조그마한 갈등이 있다면, 시험이 있다면 말씀으로 깨끗하게 청소되기를 바랍니다. 겸손으로, 온유로, 인내로, 사랑으로 서로 깨끗하게 용서하십시오. 각자 주장이 다를 수 있다고 생각하십시오. 꼭 내 것만 옳다고 말하지 말고, 예수님을 바라보십시오. 그리고 평화로 하나 되게 묶어 주십시오. 더 이상 마귀가 우리를 괴롭히지 못할 것입니다.

11

하나 되어 행하라

에베소서 4:7-16

하나 되어 섬기는 삶

그리스도의 이름으로 세상을 살아가는 데 있어서 무엇보다 큰 힘은 하나 되는 것입니다. 하나 되지 못하면 어떤 성공도 실패로 끝나고 맙니다. 그러나 하나 되면 어떤 실패도 성공으로 결론지을 수 있습니다. 이것이 그리스도의 몸인 교회의 신비입니다.

"고기 먹고 싸우는 것보다 채소만 먹어도 서로 사랑하는 것이 낫다"는 말이 있습니다. 형제가 서로 사랑하지 못하고, 부부가 하나 되지 못하면 사회적으로 아무리 크게 성공했다 하더라도 그는 인생의 쓰디쓴 맛을 맛보아야 합니다. 가장 아름다운 부부는 주 안에서 하나 된 부부입니다. 어떤 지위에 있고, 어떤 집에서 사느냐가 그를 결정하는 것이 아닙니다. 부부가 하나 되어 사랑하는가, 서로 아끼고 존경하는가가 그 가정을 대변해 줍니다.

교회도 마찬가지입니다. 가장 아름다운 교회는 건물이 얼마나 크고, 얼마나 많은 일을 했느냐에 달려 있지 않습니다. 성도와 성도, 성도와 목사 사이에 아름다운 교제와 사랑과 일치가 있느냐에 달렸습니다.

앞서 우리가 하나 되는 방법은 겸손과 온유와 인내에 있다는 사실을 배웠습니다. 그리고 우리는 한 성령, 한 소망, 한 주님을 가졌고, 한 믿음으로 한 세례를 받았으며 한 하나님을 믿으므로 하나 되어야 한다는 사실도 배웠습니다.

그렇다면, 그리스도의 몸인 교회가 하나 되어 주님을 섬긴다는 것은 무엇인지를 좀 더 구체적으로 살펴보겠습니다. 먼저 우리 모두에게 각자 다른 은사를 주셨다는 사실을 아는 것이 전제되어야 합니다. 이것은 중요합니다. 하나님은 사람을 만드실 때, 똑같은 모양으로 만들지 않으셨습니다. 얼굴, 성격, 생각, 취미 등 모두 다 다르게 만드셨습니다.

남자와 여자가 만나 결혼해서 한 가정을 이룹니다. 취미가 같아서나 성격이 같아서가 아니라 서로 사랑해서 결혼하는 것입니다. 가족이라는 틀 안에서만 살펴봐도 남자와 여자가 서로 그렇게 다를 수가 없습니다. 성격도 생각도 많이 다릅니다. 다르기 때문에 서로 많이 부딪히기도 하지만, 10년, 20년 살다 보면 점점 서로 비슷해지는 것을 보게 됩니다.

하나님은 똑같은 사람을 둘 이상 지으신 적이 없습니다. 쌍둥이에게도 적용되는 하나님의 방법과 원칙입니다. 또한 하나님은 사람을 각기 다르게 만드실 뿐만 아니라 은사도 각기 다르게 주십니다. 모든 사람은 하나님의 피조물로서 나름대로 독특한 의미로 이 세상에 존재합니다. 인간은 비교의 존재가 아니라는 뜻입니다.

마귀는 어디서부터 역사합니까? 우리를 서로 비교하게 하는 데서부터 역사합니다. 비교하면, 어떤 결과가 나옵니까? 잘났다 못났다, 옳다 그르다는 결론을 내립니다. 잘난 사람은 우월 의식, 못 난 사람은 열등의식을 갖게 됩니다. 우월 의식을 가진 사람은 교만하게 되고, 열등의식을 가진 사람은 절망하게 됩니다. 열등의식과 좌절감을 낳는 비교는 마귀가 우리를 치명적으로 공격하는 방법의 하나입니다. 이것은 창조 원리에 위배되는 사탄의 공격이라는 사실을 알아야 합니다. 우리는 각자 나름대로 의미 있는 존재들입니다.

저는 키가 크고, 제 아내는 키가 작습니다. 결혼 초기에는 아내의 작은 키가 잘 보이지 않았습니다. 아니, 키가 작다는 생각을 해 본적이 없습니다. 그런데 한참 보니까 키가 좀 작은 듯했습니다. 그런데 제 아내도 제 키가 크다는 생각을 해 본 적이 없었답니다. 자기와 비슷하다고 느꼈다고 말합니다. 이렇게 생각이 엇갈림에 불구하고, 결혼해서 지금까지 잘살고 있습니다. 바로 이것입니다. 키가 크면 큰 대로, 작으면 작은 대로 서로 어우러져 사는 것입니다.

연예인 교회 시절, 저에게는 '와이셔츠 단추 구멍'이라는 별명이 하나 있었습니다. 저는 눈이 작습니다. 반면에 눈이 왕방울처럼 큰 사람도 있습니다. 눈이 작건 크건 그것을 뭐라고 할 필요가 없습니다. 나름대로 의미가 있습니다. 하나님이 그렇게 만들어 주셨기 때문입니다. 그래서 저는 그 별명을 자랑합니다. 작은 눈이지만, 볼 것은 다 본다고 말합니다. 하나님이 우리를 그렇게 만드셨다는 사실을 인정해야 합니다.

눈이 작든 크든, 얼굴이 까맣든 하얗든, 아이큐가 높든 낮든 문제가 아닙니다. 사람은 누구나 하나님의 형상대로 지어졌습니다. 사람을 마치 물건처럼 비교해서는 안 된다는 것이 에베소서에서 배워야 할 중요한 하나님의 메시지입니다.

우리 각 사람에게 그리스도의 선물의 분량대로 은혜를 주셨나니 (엡 4:7).

하나님은 각 사람에게 필요한 은사를 주셨습니다. 이 말씀을 통해서 우리는 세 가지를 생각할 수 있습니다. 첫째, 용모나 체질이나 은사가 나와 다르다고 해서 다른 사람을 비판하거나 경멸해서는 안 된다는 것입니다. 둘째, 남의 것을 부러워해서도 안 됩니다. 셋째, 하나님이 주신 것에 감사하고, 그것을 통해서 하나님께 영광을 돌리고, 그것을 최대로 활용해야 합니다.

서로 다른 것이 주 안에서 하나 되고 조화를 이룰 때, 창조의 극치를 이루게 됩니다. 비판해서 모든 것을 획일화하며 동일화하는 것은 창조 정신에 위배되는 행위입니다. 서로 다른 것을 이해하고 수용하며 공존하여 거기서 아름다운 조화를 발견할 줄 알아야 합니다.

그러기 위해서는 겸손과 온유와 인내가 필요합니다. 예수님을 주인으로 하고, 모든 지체가 그 받은 은사대로 서로를 용납하고 사랑의 띠로 하나 되어서 주님을 섬기며 이웃을 섬기는 것이 가장 이상적인 교회의 모습입니다.

하나 된 교회를 이루는 원리

교회는 세 가지 측면에서 이해해야 합니다. 첫째, 하나님과의 관계에서 보면, 교회는 하나님을 위해 존재합니다. 하나님을 위해서 존재하는 교회는 예배 공동체로 나타납니다. 지금까지의 교회사를 살펴보면, 모든 교회는 대개 이 부분을 많이 강조해 왔습니다.

교회에서 제일 화려하고 큰 데가 어디입니까? 예배당입니다. 교육관은 그저 있는 듯 없는 듯 놔두어도, 예배당만큼은 아주 크고 화려하게 짓는 이유가 바로 이 신학 때문입니다. 교회는 하나님께 예배드리는 곳이라고 생각하기 때문입니다. 예배당에서 가장 화려한 곳은 강도상입니다. 강도상에 카펫을 깔고, 꽃으로 아름답게 장식하기도 합니다. 하나님과의 관계에서, 교회 공동체는 곧 예배하는 공동체로 보기 때문입니다. 목사가 가운을 입고, 성가대가 있고, 악기가 있는 것이 그 때문입니다. 그리고 예배 때 성만찬을 집행합니다. 이것이 지금까지 교회가 강조해 왔던 부분입니다.

둘째, 이웃과의 관계에서 볼 때는 교회가 세상을 위해 존재합니다. 단순히 하나님께 예배드리는 장소일 뿐만 아니라 세상을 위해 존재하는 것입니다.

"불이 타면서 존재하듯이, 교회는 선교하면서 존재한다"는 말이 있습니다. 종교 개혁 당시만 해도 그렇지 못했습니다. 최근에 와서 성경을 더 열심히 연구하고 공부한 결과, 교회는 하나님께 예배만 드리기 위한 곳이 아니라 세상을 향해서 빛과 소금이 되어야 한다는 소리가 높아지기 시작했습니다. 그러자 교회는 선교와 구제라는 주제로 방향을 설정하고, 사회 참여를 하게 되었습니다. 이것을 가리켜 '선교 공동체' 또는 '이동 교회'라 부르기도 합니다.

그러나 이런 강조는 예배당이나 건물이 중요한 것이 아니라는 생각을 낳게 했습니다. 처음에는 교회가 중요하고, 예배가 중요하다고 강조했는데, 최근에 와서는 교회는 이웃을 위해 존재하므로 선교와 구제를 강조해야 한다고 말합니다. 그러나 한쪽만 극단적으로 강조하면, 곤란합니다.

셋째, 교회는 그 자체로 존재합니다. 즉 교회는 하나님의 성전인 성도를 위해 존재하며, 교인들이 모여서 서로 교제하고, 교육과 훈련을 받는 장소라는 뜻입니다.

우리는 이 세 가지가 모두 중요하다는 것을 성경을 통해 배울 수 있습니다. 어느 한 부분을 지나치게 강조하면, 불균형해지고 오히려 역기능을 초래할 수 있습니다. 교회를 건축할 때, 이러한 측면들을 다 고려해야 합니다. 예배드리는 장소로 불편 없이 하나님께 영광을 돌릴 수 있도록 아름다운 교회가 되어야 합니다. 사치가 아니라 하나님께 예배드리는 헌신으로서 말입니다.

동시에 교회는 선교와 구제의 장으로서 그것을 활발하게 할 수 있도록 만들어져야 합니다. 세상 한복판에 존재함으로써 소금과 빛의 역할을 감당하고, 민족의 고통과 아픔과 어려움에 동참하는 것이 교회의 또 다른 모습이기 때문입니다. 또한 교회는 우리가 스스로 교육하고 훈련하는 곳이어야 합니다.

이 모든 것이 다 필요합니다. 이렇게 볼 때, 교회는 하나님을 위해서는 예배 공동체요 이웃을 향해서는 선교와 구제의 공동체요, 자기 자신을 향해서는 사귐과 교육과 훈련의 공동체로서 존재합니다.

온전한 교회를 이루기 위한 훈련

교회의 온전한 모습을 이루기 위해서는 무엇이 필요합니까? 온전하게 하나를 이루어서 하나님을 잘 섬기려면 필요한 것이 있습니다.

> 그가 어떤 사람은 사도로, 어떤 사람은 선지자로, 어떤 사람은 복음 전하는 자로, 어떤 사람은 목사와 교사로 삼으셨으니(엡 4:11).

교회가 하나님의 온전한 역사를 잘 감당하게 하려고 하나님은 사도들을 세우셨고, 선지자들을 세우셨으며 목사와 교사를 세우셨습니다. 이것은 아주 중요한 사실입니다.

여기서 "사도"란 열두 사도를 가리키며 당시에 사도로 부름 받은 사람들을 의미합니다. "선지자"는 교회에서 덕을 세우고, 말씀을 가르치고 예언했던 사람들입니다. "복음 전하는 자"는 오늘날의 선교사를 의미합니다. "목사와 교사"는 말씀을 가르치고 목회하는 사람들을 가리킵니다.

왜 이런 사람들이 필요합니까? 그 목적이 다음 구절에 기록되어 있습니다.

> 이는 성도를 온전하게 하여 봉사의 일을 하게 하며 그리스도의 몸을 세우려 하심이라(엡 4:12).

하나님은 교회에 사도와 선지자와 전도자와 목사와 교사라는 성직을 주셨습니다. 성직자들은 성도들을 온전케 하며, 그로써 봉사하게 만들며, 봉사하게 함으로써 그리스도의 몸인 교회를 온전히 세웁니다. 이렇게 하여 교회는 하나님을 향해서, 이웃을 향해서, 세상을 향해서 그리고 자신을 위해서 예배하는 공동체요, 선교와 구제하는 공동체요, 훈련하며 사귐을 갖는 아름다운 공동체로 지상에 존재합니다.

그러면 우리가 해야 하는 실제적인 훈련은 무엇입니까? 첫째, 성도를 온전케 하는 일입니다. 성도를 온전케 한다는 것은 간단히 말하면, 견고한 성도로 만들어 준다는 뜻입니다. 즉 철저한 전도 훈련과 제자 훈련과 삶의 훈련을 통해, 그 사람이 물질문명, 과학 문명, 우상과 철학과 휴머니즘 등이 잡다하게 뒤섞인 세상에서 흔들리지 않고 말씀에 굳게 서서 하나님 나라와 의를 이룰 수 있도록 한다는 의미입니다.

주일에만 교회에 왔다 갔다 하는 것은 자기 위로입니다. 자기 양심을 위로하는 것입니다. '오늘 교회에 갔다 왔으니까 교통사고가 나지 않게 하나님이 잘 지켜 주시겠지?' 하는 식의 자기 위로인 것입니다. 그런 사람은 '교회가 왜 귀찮게 나한테 자꾸 요구하지? 마음 편한 설교 좀 해 주면 안 되나?' 하는 등의 생각을 하게 됩니다. 교회가 나에게 이래라저래라 하지 말고 그저 위로해 주고, 그저 잘 될 것이라고 말해 주고, 성공한다고 말해 주고, 모든 것이 괜찮다고 말해 주고, 용서해 준다고 말해 주면 좋겠다고 생각합니다. 설교를 적당히 해 달라는 쪽으로 가게 됩니다.

그렇지만 교회는 그런 곳이 아닙니다. 힘들어도 훈련을 통해 분명한 그리스도인을 만들어, 악과 싸우고 세상과 싸우고 사탄과 싸우고 자기 정욕과 싸워서 하나님 나라를 이룰 수 있도록 온전하게 훈련시키는 곳입니다.

이렇게 훈련하면 그다음에 무슨 일을 합니까? 봉사하게 됩니다. 우리는 섬기러 세상에 왔습니다. 예수님은 섬김을 받으려고 오신 것이 아니라 섬기러 오셨습니다. 우리는 어떤 처지와 위치에 있든지 자기 직업을 통해서, 건강을 통해서, 삶을 통해서 봉사해야 합니다.

성경은 우리가 봉사하면 그리스도의 몸이 세워진다고 말합니다. 이때 목사나 전도사나 장로나 집사만 섬기라고 말하지 않습니다. 모든 성도가 각자 받은 은사와 형편과 처지대로 사역에 동참하여 다른 사람들을 말씀으로 섬기고, 교회의 사명을 완수해야 합니다. 이것이 에베소서의 메시지입니다.

그러므로 성도 한 사람은 단순히 교회의 수많은 예배자 중의 한 사람이 아닙니다. 교회라는 몸을 구성하는 살아 있는 한 지체요 구체적으로 하늘의 구역 식구인 것입니다

예배를 위해서 성가대, 안내, 헌금, 성찬, 찬양, 세례 등 여러 가지 일에 봉사할 수 있습니다. 그저 예배드리는 한 사람으로서만 만족하지 마십시오. 예배드리는 모든 행위에 자기 지력과 건강과 믿음과 손과 발을 다 바쳐서 하나님께 예배드리십시오. 피아노 치는 사람은 피아노를 통해서, 노래하는 사람은 목소리를 통해서, 안내하는 사람은 안내하는 것을 통해서 하나님을 섬기십시오. 이것이 좋은 교회입니다.

선교를 위해서는 선교사를 파송하고, 국내 선교에 참여하고, 구제하고, 봉사 활동을 해야 합니다. 교회가 낙태 반대 운동을 전적으로 후원하거나 문서 활동을 펼치고, 양로원과 보육원 사역을 하며 장애인을 위한 프로그램을 만드십시오. 모든 사역이 한 명 한

명을 통해서 하나님이 구체적으로 일하기 원하시는 일터입니다. 하나님은 우리의 현재 형편과 처지와 여건에서 이 세상을 향하여 강력하게 일하기 원하십니다.

우리 자신과 사귐과 교육을 위해서는 제자 훈련, 전도 훈련, 청소년 양육, 성인 교육, 노인 대학 등에 참여하여 활발하게 활동해야 합니다. 그럴 때, 살아 있는 교회가 됩니다. 소금과 빛의 역할을 감당하는 교회로 존재하게 될 것입니다.

한 가지 조심해야 할 것은, 모든 사람이 사역에 골고루 참여해야 한다는 사실입니다. 한 사람이 끌고 가는 것이 아니라 모든 사람이 자기 형편과 처지에 맞게 조금씩 힘을 합하여 하나님 나라를 이루어 가야 한다는 뜻입니다. 이것이 에베소서 4장에 나타난 교회론입니다.

이것을 위해서 하나님은 사도와 선지자와 전도자와 목사와 교사를 세우셨고, 성도들을 훈련해서 봉사하게 함으로써 그리스도의 몸을 세우게 하셨습니다.

사랑 안에서 자라기

바울이 하나 됨에 관해 내린 궁극적인 결론은 무엇입니까?

우리가 다 하나님의 아들을 믿는 것과 아는 일에 하나가 되어 온전한 사람을 이루어 그리스도의 장성한 분량이 충만한 데까지 이르리니(엡 4:13).

"하나님의 아들을 믿는 것과 아는 일에" 하나가 되는 것입니다.

어떤 사람이 행복한 사람입니까? 자기가 믿는 대로 행하는 사람입니다. 자기가 믿는 것과 다르게 사는 사람이 있습니다. 자기 소신껏 사는 사람, 그 믿는 것과 사는 것이 하나가 되는 사람, 무엇보다도 하나님의 아들을 믿는 것과 아는 지식이 하나가 될 때, 온전한 사람이 된다고 성경은 말합니다.

온전한 사람이 된다는 것은 성숙한 사람이 된다는 뜻입니다. 한국 교회의 불행 중 하나는 예수님을 오래 믿었어도 그 신앙이 유치하고 어린아이 같은 사람이 많다는 것입니다. 교회는 오래 다녔지만, 여전히 수동적인 사람이 있습니다. 자기 힘으로 일어서지 못하고, 혼자서는 신앙생활을 오래 지탱할 수 없어서 방황하는 사람이 너무 많습니다.

그러나 말씀을 보면, 그것은 예수님이 원하시는 삶이 아닙니다. 온전한 사람, 성숙한 사람이 되는 것이 예수님의 바람입니다. 그 성숙의 목표를 성경은 "그리스도의 장성한 분량"에 이르기까지 자라는 것으로 제시합니다. 엄청난 목표입니다. 이것을 부정문으로 서술한 것이 그다음 말씀입니다.

이는 우리가 이제부터 어린아이가 되지 아니하여 사람의 속임수와 간사한 유혹에 빠져 온갖 교훈의 풍조에 밀려 요동하지 않게 하려 함이라(엡 4:14).

하나님의 성숙한 사람으로 훈련시킨다는 것은 무엇을 의미합니까? 어린아이 신앙에서 벗어나게 하는 것을 의미합니다. 어린아이의 특징이 무엇입니까? 자기만 위하는 것입니다. 어린아이는 그저 자기만 위해 달라고 칭얼댑니다. 엄마가 아무리 고생하고 아프고 힘들어도 이해하지 못합니다. 업어 줄 때까지 끊임없이 칭얼거립니다.

이런 관점에서 볼 때, 어린아이의 신앙은 자기중심적 신앙이라고 할 수 있습니다. 자기만 아는 것이 어린아이의 신앙입니다. 어린아이는 제한된 지식을 가지고 있습니다. 자기가 아는 지식이 전부라고 생각합니다. 또한 본능적이며 감정적입니다. 절제를 모릅니다.

바울은 유혹에 약한 것을 어린아이의 특징으로 꼽습니다. 어린아이의 신앙을 가진 사람은 "사람의 속임수와 간사한 유혹"에 잘 빠집니다. 그래서 세상의 "온갖 교훈의 풍조", 즉 도교, 불교, 힌두교, 명상, 철학 등 세상에서 좋다는 것들 사이에서 왔다 갔다 흔들흔들합니다. 결국, 이러한 어린아이 신앙에서 성숙한 신앙으로 성장해 나가도록 하는 것이 교회가 감당해야 할 중요한 임무입니다.

얼마나 많은 사람이 모여서 예배를 드리느냐가 중요한 것이 아니라, 얼마나 신실한 성도가 모이느냐가 중요합니다. 성숙한 사람, 하나님의 말씀에 분명히 서 있는 사람이 한 사람이라도 있으면, 그 사람을 중심으로 일하게 되어 있습니다. 숫자가 큰일을 하는 것이 아닙니다. 믿음 안에 거하고, 믿음에 뿌리를 내리고, 믿음에 세움을 받아야 합니다.

그것을 성경은 이렇게 표현합니다.

> 오직 사랑 안에서 참된 것을 하여 범사에 그에게까지 자랄지라 그는 머리니 곧 그리스도라(엡 4:15).

목표는 예수 그리스도입니다. 그러므로 우리는 작은 예수가 되어 내 가정을 그리스도의 가정으로 만들고, 우리 교회를 그리스도의 교회로 만들며, 내 삶을 그리스도의 삶이 되게 해야 합니다. 그 목표를 향해 계속 전진해 나가야 합니다. 우리는 예수님을 닮아 가야 합니다. 온 생애를 통해 예수 그리스도를 닮아 가는 것이 교회를 통해서 하나님이 궁극적으로 이루고자 하시는 목표입니다. 우리는 예수님을 중심으로 각 지체의 분량대로 역사하여 그 몸을 자라게 하며 사랑 안에서 스스로 세워야 합니다. 그러기 위해서는 하나님이 각자에게 주시는 은사를 잘 확인해 봐야 합니다.

저는 교회에 할아버지 할머니들이 계시는 것이 그렇게 위로가 되고, 좋을 수가 없습니다. 그분들이 있는 것만으로도 그저 좋습니다. 할아버지 할머니들은 기도합니다. 젊은 사람들은 바빠서 기도를 제대로 하지 못하는데, 할머니 할아버지들은 기도합니다. 그분들이 교회를 지킵니다. 새벽 기도를 이어 가는 이들은 할머니 할아버지들입니다.

그분들의 기도를 바탕으로 청년들이 교회로 구름 떼처럼 모이기를 기도합니다. 하나님이 한국 교회를 축복하셔서, 비전을 품은 학생들과 청년들이 교회에 모여 찬송하고 기도하며, 전도팀을 만들어서 한국 청년 사역의 방향을 바꾸기를 기도합니다. 각자 받은 은사가 다 활용되기를 기도합니다. 교회에서 장애인들도 함께 일하기를 바랍니다. 보육원이나 양로원과 연결되어 함께 일할 수 있기를 기도합니다.

다른 사람들을 비판해서는 안 됩니다. 서로 인정하고 용납하고 수용해야 합니다. 비록 지금은 유치하고 연약해 보이는 사람들도 격려하고 위로하며 잘 키워서 하나님의 위대한 일꾼으로 만들어야 합니다. 그 책임이 바로 우리에게 있고, 교회에 있음을 확신합니다. 이것을 위해 하나님이 우리에게 교회를 주셨습니다.

12

심령으로 새롭게 되어라

에베소서 4:17 - 24

옛 사람의 본질

그리스도인의 실제적 삶의 원리 중 가장 중요한 것은 하나 되는 원리입니다. 예수님을 믿는 사람들이 어떤 이유에서든지 하나 되지 않으면, 우리는 그리스도의 메시지가 될 수 없습니다. 하나 되지 않으면, 하나님의 모습을 보여 줄 수 없습니다.

하나 되는 원리 다음으로 중요한 원리는 거룩으로 행하는 것입니다. 이것이 본문의 주제입니다. 일반적으로 세상 사람들이 기독교인을 향하여 비판하고 조롱하는 것은 크게 두 가지입니다. 믿는 사람들끼리 왜 하나 되지 못하고, 서로 헐뜯으며 싸우는가 하는 것과 자기들만 옳다고 주장하면서 왜 분열하는가입니다. 기독교인의 독선을 꼬집는 말입니다.

한편으로 "당신들은 겉으로는 의롭고 선한 척하지만, 실제로는 더 세속적이고 물질적이지 않은가? 그 가식적인 태도가 싫다. 좀더 솔직했으면 좋겠다"는 말도 종종 듣습니다. 기독교인의 위선을 꼬집는 말입니다.

전자가 하나 되지 못한 것에 대한 도전이라고 한다면, 후자는 그리스도인들이 진실로 거룩하지 못한 것에 대한 도전입니다. 그리스도인은 안과 밖이 한결같이 거룩해야 합니다.

바울은 그리스도인의 거룩한 모습을 보여 주기 위해서, 먼저 거룩하지 않은 옛 사람, 즉 그리스도 밖에 있는 이방인의 상태에 관해 말합니다.

그러므로 내가 이것을 말하며 주 안에서 증언하노니 이제부터 너희는 이방인이 그 마음의 허망한 것으로 행함 같이 행하지 말라 그들의 총명이 어두워지고 그들 가운데 있는 무지함과 그들의 마음이 굳어짐으로 말미암아 하나님의 생명에서 떠나 있도다(엡 4:17-18).

그가 말하는 옛 사람은 무엇보다도 그 마음이 허망한 사람입니다. 마음은 생각과 일치합니다. 이것은 또한 사고방식과도 같은 말입니다. 그래서 이 말은 그 생각과 사고방식이 분명하지 않고 공허한 상태, 방황하는 상태를 말합니다.

로마서에서 이것에 관한 좀 더 분명한 설명을 찾아볼 수 있습니다.

하나님을 알되 하나님을 영화롭게도 아니하며 감사하지도 아니하고 오히려 그 생각이 허망하여지며 미련한 마음이 어두워졌나니(롬 1:21).

베드로 사도는 허망한 사람들을 "물 없는 샘"과 "광풍에 밀려가는 안개"에 비유하면서 그들에게는 "캄캄한 어둠이 예비되어" 있다고 말합니다(벧후 2:17). 마음과 생각이 허탄해지고, 허망해진 상태, 이것이 옛 사람의 본질입니다.

하나님과의 단절

마음과 생각이 허탄하고 허망해지면 어떤 결과가 나옵니까? 첫째, "총명"이 어두워집니다. 이해력이 떨어지고, 하나님의 진리와 계시를 분별하지 못하며, 세상 학문과 혼동해서 오히려 하나님을 멸시하고 조롱하는 지경에까지 이른다는 것입니다. 특히 지적 수준이 높은 사람일수록 혼돈이 심해져서 오히려 그 높은 지식과 세상적 경험을 가지고 하나님을 아는 고귀한 지식마저도 땅에 떨어뜨리는 결과를 가져옵니다. 그것이 바로 옛 사람의 모습이요 본질이라고 바울은 말합니다.

둘째, "하나님의 생명"에서 떠나는 결과를 낳습니다. 떠난다는 것은 분리된다는 것입니다. 하나님과의 분리는 인간의 삶에서 가장 비참한 경험입니다. 그 진리를 아는 사람이 있고, 모르는 사람이 있습니다. 예수님을 믿지 않는 사람들은 자신이 왜 비참하고, 자기 영혼이 왜 갈급하고 허탄하며 허무한지를 알지 못합니다. 그래서 허망하고 허탄한 생각을 극복해 보려고 여러 가지 방향으로 애쓰지만, 헛수고일 뿐입니다.

예수님을 믿는 사람에게도 이런 경우가 있습니다. 예수님을 믿기는 믿어도 하나님과의 관계가, 하나님과의 교제가 분명하지 않은 사람들, 즉 무늬만 '그리스도인'인 사람들은 심각한 고민과 비참한 마음을 똑같이 경험하게 됩니다. "하나님의 생명"에서 단절된다는 것은 탯줄이 끊어진 것과도 같습니다. 태아가 모태에서 탯줄이 끊어진 상태로 있는 것과 같고, 태양이 없는 식물과도 같고, 공기가 없는 곳에서 사는 인간과도 같습니다.

하나님과의 단절은 두 가지 이유에서 비롯됩니다. 첫 번째는 하나님에 대한 "무지함" 때문이라고 바울은 말합니다. 두 번째는 하나님을 향한 "마음이 굳어짐" 때문입니다. 하나님에 대해서 알지 못하고, 하나님을 향해 마음 문을 굳게 닫고 있으면, 하나님이 주시는 생명의 젖줄이 그 영혼을 적실 수가 없습니다. 그렇기 때문에 허망하고 허무하며, 알 수 없는 고통 속에서 헤매게 됩니다.

"하나님의 생명에서 떠나" 있다는 말은 무엇을 뜻합니까? 죄입니다. 하나님으로부터 분리된 상태, 하나님을 등진 상태가 바로 죄입니다. 이것이 옛 사람의 모습입니다. 허망하고 허탈하며 방황하는 모습입니다.

구원받은 성도라 할지라도 하나님과 계속 교제하지 않으면, 교회에 아무리 열심히 다녀도 삶 속에서 매일매일 하나님의 살아 있는 말씀과 부딪히는 경험이 없으면, 허망함에 빠질 수밖에 없다고 바울은 말합니다. 말씀을 가지고 영적으로 살려고 할 뿐만 아니라 말씀을 전하려고 하는 능동적이고 적극적인 태도가 없다면, 성경 공부를 할지라도 성도와 교회를 통해서 바른 사귐을 갖지 못하면, 또한 이런 비참한 상황에 빠질 수밖에 없습니다. 마귀의 유혹을 받아 하나님에 대해 무지하고, 영적인 빈곤 때문에 세상적이 되고, 물질적이 되며, 마음이 굳어져서 부정적이고 비판적으로 됩니다. 그 또한 허망한 사람이 될 수밖에 없습니다.

마음과 생각이 허망해지면, 감각 없는 사람으로 변해 버리고 맙니다.

> 그들이 감각 없는 자가 되어 자신을 방탕에 방임하여 모든 더러운 것을 욕심으로 행하되(엡 4:19).

"감각 없는 자"들은 자신을 방탕에 방임하고, 욕심으로 모든 더러운 짓을 하게 됩니다. 무서운 말씀입니다. 타락으로 향하는 사람들의 모습을 아주 적나라하게 보여 주는 말씀입니다.

그들은 감각이 마비되었습니다. 방향을 상실하고, 길을 잃었다는 얘기입니다. 마치 운전하는 도중에 운전을 포기한 운전사와도 같습니다. 그 차가 어디로 향할지 아무도 모릅니다. 감각이 마비되기 시작하면, 방탕의 길로 계속 가게 됩니다. 그렇게 되면 자기가 원하든 원치 않든, 온갖 더러운 것이 찾아오고, 자꾸 더러운 곳으로 이끌리게 됩니다.

우리는 죄라는 것을 알면서도 죄를 짓습니다. 살인이 나쁜 줄 알면서도 저지르고, 간음이 나쁜 줄 알면서 저지르고, 알코올 의존증이 되기까지 술을 마십니다. 모르고 하는 게 아닙니다. 무언가에 붙잡힌 것처럼 자꾸 그쪽으로 가게 된 것입니다. 온갖 더러운 것을 취하며, 계속해서 욕망의 늪에 빠져들게 됩니다.

죄 앞에서 당당할 수 있는 사람은 아무도 없음을 고백해야 합니다. 죄라는 무서운 세력 앞에 항거할 사람은 아무도 없습니다. 예수님의 도움과 성령님의 도움과 보혈의 도움 없이는 어느 누구도 죄를 이길 수 없습니다.

죄는 브레이크가 고장 난 자동차와도 같습니다. 운전사가 아무리 운전을 잘하려고 해도 이미 브레이크가 고장 났기 때문에 장애물을 피할 도리 없이 앞으로 나아갈 수밖에 없습니다. 이처럼 죄는 세상적인 향락과 쾌락과 음모의 어두운 세계로 우리를 자꾸 빠뜨립니다. 늪과도 같습니다. 죄는 죄를 낳게 되어 있습니다. 결론은 무엇입니까? 파멸입니다.

언젠가 아침에 어디를 가다가 제 자동차가 큰 트럭과 추돌한 적이 있습니다. 알고 보니 트럭의 브레이크가 고장이 나 있었습니다. 20미터 정도를 곡예 하듯 달려오다가 제 차를 들이받은 것입니다. 통제력을 상실한 인간의 본능은 제동이 걸리지 않는, 브레이크가 고장 나 버린 자동차와도 같습니다.

하나님이 없는 세상 문화는 어떻습니까? 이러한 현상들에 관해 나쁜 것이라고 말하지 않고, 자연스럽고 좋은 것이라고 설득합니다. 괜찮다며 오히려 부채질합니다. 그것들을 포용하는 것이 성숙이라고 가르칩니다. 우리는 이런 혼돈 속에 살고 있습니다. 그러나 성경은 더 이상 그렇게 살지 말라고 경고합니다(참조, 엡 4:17). 왜냐하면 우리는 "그리스도를 그같이 배우지"(엡 4:20) 않았기 때문입니다.

옛 사람을 벗기

그렇다면 참 그리스도인의 모습은 어떤 것입니까? 본문은 옛 사람의 본질을 아주 명확하게 보여 준 뒤에 새사람의 모습을 보여 주고 있습니다. 성경은 새사람의 정체성을 옷을 벗고 입는 것에 비유하여 설명합니다.

> 너희는 유혹의 욕심을 따라 썩어져 가는 구습을 따르는 옛 사람을 벗어 버리고 오직 너희의 심령이 새롭게 되어 하나님을 따라 의와 진리의 거룩함으로 지으심을 받은 새사람을 입으라(엡 4:22-24).

새사람이란 첫째로 옷을 벗는 사람, 즉 유혹의 욕심을 따라 썩어져 가는 옛 사람의 옷을 과감하게 벗어 버리는 사람입니다. "유혹의 욕심을 따라 썩어져 가는 구습"이란 쉽게 말해 자기중심의 욕망입니다. 이것은 하나님께 합당한가 아니면 사탄이 좋아할 만한 것인가로 간단히 테스트해 볼 수 있습니다.

예수님을 믿으면서도 자기중심적이 될 때가 참으로 많습니다. 성도들의 기도를 가만히 들어보면, "나에게 믿음을 주시옵소서" "나에게 은혜를 주시옵소서" "나에게 성령 충만을 주시옵소서" "나에게 능력을 주시옵소서" 등 온통 "나에게 주시옵소서"입니다. 전부 자기 이야기입니다. 자기 지향적이라는 뜻입니다.

예수님을 처음 믿는 사람에게 기도를 시켜 보면, 자식 얘기, 남편 얘기, 아내 얘기 등등 자기 얘기만 합니다. 그러다가 기도가 조금 깊어지면, 이웃 얘기를 합니다. 기도가 깊어지면 깊어질수록 세상을 보는 눈이 조금씩 열립니다.

자기를 탈피해서 세상을 향해 눈을 뜬다는 것은 쉬운 일이 아닙니다. 그런데 그보다 더 어려운 것은 나라를 위해 기도하는 것입니다. 많은 사람이 나라를 위해 기도하지만, 눈물을 흘리거나 애통해하는 마음으로 기도하는 사람은 그렇게 많지 않습니다. 비판하고 고발하는 사람은 많아도 진정으로 가슴을 치며 기도하는 사람은 많지 않습니다. 그나마 자기 나라니까 형식적인 기도라도 드리지 다른 나라에 대해서는 훨씬 더 인색합니다.

그런데 그런 기도가 가능한 사람이 있습니다. 나와 상관없는 나라이지만, 그 영혼들이 불쌍해서 울며 기도하는 사람이 있습니다. 바로 선교를 위해 기도하는 사람입니다.

우리는 그리스도를 중심으로 살아야 합니다. 진정으로 자기 자신을 벗어날 수 있어야 합니다. 시궁창에 빠진 옷은 재빨리 벗어 버려야 합니다. 자아 중심의 욕망과 썩어 버린 옛 습관에서부터 담대하게 벗어나기를 바랍니다.

어린 시절에 저는 시골에서 살았습니다. 요즘에는 많이 사라졌지만, 예전에는 크리스마스 때 교회 학교 학생들이 캐럴을 부르며 동네를 돌곤 했습니다. 어머니가 사 주신 새 양말을 신고, 새 옷을 입고 밤을 새우고 그다음 날 새벽이 되면 촛불을 들고 가가호호 방문합니다. 시골이라 작은 개울과 산길을 지나야 했는데, 캄캄하고 무서워서 빨리 쫓아가곤 했습니다.

그런데 어느 해인지는 기억나지 않지만, 캐럴을 부르며 다니다가 분뇨통에 풍덩 빠지고 말았습니다. 퇴비를 만들기 위해 똥오줌을 모아 놓은 통이었습니다. 새 신발과 새 양말과 새 옷이 온통 똥투성이였습니다. 다른 사람들은 그것도 모르고 계속 앞으로 나아가고 있었습니다. 정말로 기가 막혔습니다. 집에 가서 옷을 갈아입자니 시간이 늦을 것만 같고. 그렇다고 그냥 따라가자니 냄새가 너무 지독하고 …. 더러워진 옷도 옷이지만, 친구들과 함께 캐럴을 부르지 못하는 것이 얼마나 속상하던지 …. 그래도 어떻게 하겠습니까? 옷을 벗어야지 그것을 입고 다닐 수는 없는 노릇입니다.

과거에 아무리 훌륭하고 아름다웠다 할지라도 그것이 옛 사람이면, 옛것이면 주저 없이 벗어 버리십시오. 그래야만 우리도 살고, 이웃 사람에게 나쁜 냄새도 피우지 않게 됩니다. 벗어 버리십시오. 서슴없이 벗어 버릴 수 있을 때, 새사람이 됩니다.

새사람을 입기

두 번째로, 새사람은 입어야 합니다. 새사람을 입는 것은 옛 사람을 벗는 것만큼이나 중요한 주님의 명령입니다.

> 오직 너희의 심령이 새롭게 되어 하나님을 따라 의와 진리의 거룩함으로 지으심을 받은 새사람을 입으라(엡 4:23-24).

"의와 진리의 거룩함으로" 옷 입고, 마음을 새롭게 하여 하나님 중심으로 삶을 바꾸라는 말입니다. 당시 바울은 옷을 벗고 입는 것으로 설명했지만, 현대에 살았다면 아마도 컴퓨터에 비유하지 않았을까 생각해 봅니다. 하드웨어와 소프트웨어의 관계로 말입니다. 이전에 프로그래밍된 소프트웨어는 버려야 합니다. 마귀에 물들었던 소프트웨어를 예수님의 소프트웨어로 바꾸라는 말입니다. 잘하고 못하는 것은 그다음 문제입니다. 근본이 바뀌어야 합니다. 본질이 변해야 합니다. 그것이 변하지 않으면, 무엇을 해도 다 헛일입니다.

사람이 변해서 새사람이 된다는 것은 발전 개념이 아니라 근본적인 변화의 개념입니다. 요한복음 2장에 보면, 이것이 잘 표현되어 있습니다. 나쁜 포도주가 좋은 포도주로 된 것이 아니라 물이 변하여 포도주가 되었습니다. 이는 근본적인 변화를 말합니다.

사탄의 프로그램에서 하나님의 거룩과 성결의 프로그램으로 완전히 대치되지 않으면, 거룩을 아무리 연습해도 소용이 없습니다. 다시 죄악에 빠지고 말 것입니다. 마치 화가 난 사람이 억지로 웃으려는 것과 같습니다. 마음이 변하지 않으면, 아무리 웃으려고 해도 얼굴이 금세 굳어져 버립니다. 근본이 변하는 것이 바로 변화입니다. 우리에게 이런 변화가 일어나기를 기도합니다.

교회에 다니는 이유가 교양을 위해서가 아니기를 바랍니다. 예수님은 우리가 예수 그리스도를 만나서 그 영혼이 근본적으로 거듭나고 변화되기를 원하십니다. 그때 비로소 우리는 거룩해질 수 있습니다. 그때만이 우리가 의로워질 수 있고, 용서할 수 있으며 사랑할 수 있습니다. 인간의 옛 본성으로는 사람을 사랑할 수도 용서할 수도 주의 일을 할 수도 없습니다.

어떻게 하면 새로워질 수 있을까요? 대답은 바로 예수 그리스도입니다. 예수님으로 거듭나십시오. 아직도 옛 사람의 옷을 벗지 못했다면, 지금 예수님을 영접하고 새사람을 입기 바랍니다.

교회는 하나님께 예배하고, 이웃을 위해 선교하고, 우리 자신을 위해 훈련하는 곳이어야 합니다. 그러기 위해서는 예배하는 모든 성도가 옛 사람의 습성을 과감히 벗어 버리고, 새사람으로 거듭나

야 합니다. 이렇게 새사람으로 가득 찬 교회는 거룩해지고 새로워
질 수밖에 없습니다. 그 교회는 무슨 일을 해도 새 일을 행하게 될
것입니다. 이것이 교회가 강조해야 할 영원한 주제입니다.

13

모든 악의를 내버리라

에베소서 4:25-32

거짓을 버리고 진실되게

앞서 우리는 그리스도인의 삶의 두 번째 원리가 거룩이요, 거룩해지기 위해서는 옛 사람이 변하여 새사람이 되어야 한다는 것을 배웠습니다. 이번에는 새사람이 취해야 하는 그리스도인의 거룩한 삶의 원리에 관해 살펴보겠습니다.

거룩한 삶의 원리는 다섯 가지로 나눌 수 있습니다. 첫 번째 원리는 거짓을 버리고 진실되게 행하는 것입니다.

> 그런즉 거짓을 버리고 각각 그 이웃과 더불어 참된 것을 말하라 이는 우리가 서로 지체가 됨이라(엡 4:25).

바울은 "거짓을 버리고 각각 그 이웃과 더불어 참된 것을" 말하라고 권면합니다. 이것이 거룩한 삶을 살기 위한 구체적인 지침입니다.

사탄은 거짓말쟁이요, 고발하는 참소자요, 기만하는 자요, 살인자입니다. 그러므로 사탄과 접촉이 많거나 그런 사람과 오랜 사귐을 가질 때, 속임수나 거짓말로 대변되는 '거짓'의 속성을 지니게 됩니다.

반면에 하나님의 사람에게는 새로워진 사람의 성품이 있습니다. 그것은 정직과 진실입니다. 자신에게 불리할지라도 그 약속을 성경 말씀처럼 지키며, 옳고 그른 것을 분명히 합니다. 책임질 수 없는 일을 하지 않고, 자신이 실수한 것을 하나님에게 무책임하게 전가하지도 않습니다. 많은 사람이 '주님의 뜻'이라는 말로 자기 실수를 하나님께 돌리곤 합니다.

이러한 거짓은 분수에 넘친 과욕에서 나오는 것입니다. 욕심이 많으면, 거짓말을 하게 됩니다. 그 욕심을 채우기 위해서 거짓을 행합니다. 거짓은 열등의식에서 비롯됩니다. 열등의식이 많으면 비굴해지고, 자기도 모르는 사이에 거짓말하게 됩니다. 또한 거짓은 교만할 때 생기는 것이기도 합니다. 우월 의식이나 남을 깔보는 마음이 생길 때, 또는 내가 남보다 좀 더 잘났다고 착각할 때 거짓말하게 됩니다. 또 습관에서 비롯되는 경우도 많습니다. 자기도 모르는 사이에 거짓이 몸에 배어서 과장하거나 거짓말하지 않으면 말하는 느낌이 나지 않는다고 말합니다. 말할 때마다 꼭 사족을 하나씩 붙여 강조하고, 허황되더라도 근사한 말로 포장해야 자기의 존재 가치를 느끼게 되는 것입니다.

그리스도인의 첫 번째 행동 강령은 '거짓을 버리고 진실을 말하는 것'이라고 했는데, 이는 "오직 사랑 안에서 참된 것을 하여 범사에 그에게까지 자랄지라 그는 머리니 곧 그리스도라"(엡 4:15)라는 말씀과 통합니다.

예수 그리스도는 진리 그 자체이십니다. 예수님을 마음속에 모시고, 그분을 바라보고 있으면, 예수님의 진실성과 진리가 성령님을 통해서 우리 안에 전달됩니다. 사랑 안에서 참된 것을 말하면, 우리 인격과 믿음이 예수 그리스도의 수준에까지 자라게 됩니다.

여기서 주의해야 할 어구는 "그 이웃과 더불어"입니다. 바울은 이웃과 더불어 진실을 말하라고 권면합니다. 왜냐하면 우리는 그리스도의 지체이기 때문입니다. 성경은 이웃을 남으로만 얘기하지 않습니다. 그리스도 안에서 한 형제요, 자기의 분신이요, 심지어는 그리스도 자신이라고 말합니다. 그러므로 그리스도인에게 있어서 이웃은 결코 남이 아닙니다. 자기 자신에게 거짓말할 수 없듯이 이웃에게도 거짓된 것을 행하지 않는 것이 참 그리스도인의 모습입니다.

마귀로 틈타지 못하게

거룩한 삶의 두 번째 원리는 분노에 관한 것입니다.

> 분을 내어도 죄를 짓지 말며 해가 지도록 분을 품지 말고 마귀에게 틈을 주지 말라(엡 4:26-27).

여기서 말하는 "분"은 인간의 죄의 본성, 옛 사람의 특징으로서의 화나 분노를 뜻하는 것이 아닙니다. 예수님을 믿는 사람들은 이미 못된 성품의 하나인 화를 잘 내는 성품으로부터 해방된 사람들입니다. 그러므로 예수님을 믿으면서도 쓸데없이 화를 잘 낸다는 것은 쓴 뿌리가 아직 남아 있고, 과거의 습관이 여전히 남아 있는 상태임을 보여 줍니다. 그리스도인의 새 성품이라고 할 수 없습니다.

언젠가 변재창 선교사님의 강의를 들은 적이 있습니다. 그때 그분이 재미있는 얘기를 하나 들려주었습니다. 어떤 부부가 서로 의탁하며 사는데, "삶은 의탁했을지라도 성격은 당신한테 안 맡기겠다"고 했다는 것입니다. 원래 자기 성격대로, 자기 마음대로 화내고 마음대로 고집을 부리면서도 부득부득 같이 산다고 하니 그 부부 사이가 얼마나 힘들겠냐고 했습니다. 같이 산다는 것은 성격까지도 위탁하는 것을 전제로 해야 한다는 말씀이었습니다. 마찬가지로 주님을 섬길 때도 "내가 주님을 위해 따르겠습니다"라고 고백하는 것은 자기 인격과 성품까지 다 맡기겠다는 것을 의미한다고 하여 큰 은혜를 받았습니다.

우리가 예수님을 믿고 제일 먼저 거듭나야 할 부분은 성품입니다. 모난 성격을 못 고친 사람들은 새벽 기도나 철야 기도를 아무리 많이 다니고, 성경을 백독해도 별 볼 일 없습니다. 성격부터 고쳐야 합니다. 특히 못된 성격, 화를 잘 내는 성격은 반드시 고쳐야 합니다. 성령 받고, 은혜 받은 것을 한꺼번에 쏟아 버리는 방법은 바로 화내는 것입니다. 화를 오래 품고 있는 것도 마찬가지입니다.

그런데 성경에서 말하는 화는 거룩한 분노입니다. 예수님이 성전에서 장사하는 사람들을 향해 채찍을 들고 상을 엎으셨던 것과 같은 거룩한 분노를 가리킵니다(참조, 요 2:13-16). 다시 말하면, 과거의 나쁜 습관이 남아 있어서 순간순간 터져 나오는 감정적인 화나 인간적인 분노가 아니라는 것입니다.

살다 보면, 합리적인 분노를 느낄 때가 있습니다. 정의감에 불타는 분노나 불의에 항거하는 분노가 있을 수 있습니다. 때로는 정말로 분해서 화를 터뜨리지 않으면 안 되는 일도 있습니다. 억울한 일을 당하는 사람을 보거나 정직한 사람이 부당한 대우를 받는 것을 보면 분노가 일기도 합니다. 그러나 성경은 그런 거룩한 분노라 할지라도 하루를 넘기지 말라고 권면합니다. 아무리 정의롭고 올바르고 의로운 분노라 할지라도 그것이 계속되면 화가 그 사람의 인격을 파괴하고, 끝내 화가 사람을 지배하여 죄를 짓게 하기 때문입니다.

본문을 깊이 연구하기 전에는 저도 의로운 분노는 오래 가져도 된다고 생각했습니다. 그래서 그런 분노에 대해서는 오래오래 곱씹었습니다. 하지만 의로운 분노라도 그것을 오래 가지고 있는 사람은 사나워진다는 것을 알았습니다. 그리고 모든 일에 공격적으로 대하며, 대항하려고 합니다. 분노가 사람을 변화시킨 것입니다.

그러므로 사랑으로 의를 이루고, 용서로 분노를 극복해야 합니다. 그리스도인의 궁극적인 동기는 미움이 아닌 사랑입니다. 사랑으로 고쳐 주고, 사랑으로 권면해야지 미움을 쏟아서는 안 됩니다. 이것이 바울이 우리에게 가르쳐 준 두 번째 진리입니다

예수님은 화를 참지 못하고, 분을 오래 품는 우리에게 아주 귀한 해결책을 하나 주셨습니다. 바로 선으로 악을 이기는 것입니다. 예수님이 십자가의 희생으로 사탄의 세력을 끊어 내셨던 일을 기억하십시오.

내 힘과 내 것으로

거룩한 삶의 세 번째 원리는 도둑질에 관한 것입니다.

> 도둑질하는 자는 다시 도둑질하지 말고 돌이켜 가난한 자에게 구제할 수 있도록 자기 손으로 수고하여 선한 일을 하라(엡 4:28).

도둑질이 무엇입니까? 자기 이익을 위해서 다른 사람의 물건뿐 아니라 시간과 행복과 성공과 모든 것을 훔쳐 가는 것을 말합니다. 그런데 그리스도인은 다른 사람의 유익을 위해서 자기 것을 모두 내어 주는 사람입니다. 성경은 한 걸음 더 나아가서 그리스도인은 다른 사람의 유익을 위해서 "자기 손으로 수고"하라고 말합니다. '구제하라'고 그러면 대개 사람들은 정부 돈, 회사 돈, 교회 돈을 가지고 구제하려고 합니다. 그런데 성경은, 내 손으로 수고한

것을 가지고 구제하라고 합니다. 남의 것을 가지고 생색내지 말고, 내가 고생하고, 내가 땀 흘리고, 내가 노력해야 합니다. 이것이 그리스도인이 진정으로 해야 할 '일'입니다.

오늘날 우리 사회는 언제부터인가 이렇게 서로 도적질하는 사회가 되고 말았습니다. 서로가 서로에 대해서 착취하고 속이고, 그러고도 기뻐하고 즐거워하고, 심지어 그것을 성공과 행복이라고 생각하는 그런 가치관 속에 살고 있습니다.

심지어 부부 관계에서 이런 논리가 적용되기도 합니다. 남편은 아내에게 사랑과 봉사의 관계를 생각하지 않습니다. 남편은 아내에게 "내가 이만큼 월급 갖다 줬으니까 너는 이 정도는 당연히 해야 한다"는 식의 태도를 취합니다. 반면에 아내는 어떤 방법을 동원해서든지 남편에게서 있는 것 없는 것 다 빼앗아 자기를 행복하게 만드는 데 사용하려고 합니다.

정부와 국민의 관계를 보아도 그렇습니다. 국민은 수단 방법 가리지 않고 정부의 재산을 빼먹고, 정부는 어떤 논리를 대서든 국민의 것을 가져갑니다. 이렇게 서로 속이고 착취하고 도적질하는 관계가 된다면, 그 사회는 곧 망하게 될 것입니다.

이것을 막는 이가 누구입니까? 그리스도인입니다. 그리스도인은 진정한 구제와 긍휼과 사랑의 손길을 펴야 합니다. 그리스도인은 어떤 사람입니까? 자기 손으로 수고해서 남을 도와주는 사람입니다. 자기 노력과 자기 돈과 자기 시간과 자기 애정을 쏟으면, 세상은 달라지기 마련입니다.

선한 말과 용서

거룩한 삶의 네 번째 원리는 선한 말을 하여 은혜를 끼치는 것입니다.

> 무릇 더러운 말은 너희 입 밖에도 내지 말고 오직 덕을 세우는 데 소용되는 대로 선한 말을 하여 듣는 자들에게 은혜를 끼치게 하라 하나님의 성령을 근심하게 하지 말라 그 안에서 너희가 구원의 날까지 인 치심을 받았느니라(엡 4:29-30).

사람들은 하루가 지나면 자신이 쏟아놓은 말들을 대부분 후회하며 쓸쓸해합니다. 말을 별로 하지 않고 지낸 날이 제일 좋았다고 생각될 때도 있습니다. 입을 열면 자꾸 필요 없는 말이나 쓸데없는 말을 하게 되기 때문입니다. 야고보 사도는 우리는 누구나 실수를 많이 저지르니 "만일 누가 말에 실수가 없다면, 그는 자기의 온몸도 제어할 수 있는 완벽한 사람"(약 3:2)이라고 말합니다.

실상 은혜는 쓸데없는 말로 다 쏟아 버립니다. 특히 성경 공부 끝나고 나서 따로 잠깐 갖는 그 시간을 주의하십시오. 성경 공부 때 받은 은혜를 거기서 대부분 다 쏟아 버립니다. 무엇으로 은혜를 다 소비합니까? 헛된 말로, 필요 없는 말로 은혜를 다 소비합니다. 그러고 나서 집에 돌아가니 성경 공부를 해도 변한 것이 없고, 항상 똑같습니다. 그러니 예수님을 10년 믿어도 변화와 발전이 없습니다.

더러운 말은 입 밖에도 내지 말라고 성경은 권면합니다. 쓸데없는 말을 조심하십시오. 짙은 농담도 조심하십시오. 가능하면 교회 안에서는 세상적인 화제를 삼가십시오. 그것은 어디서든지 할 수 있습니다. 교회까지 와서 세상적인 농담과 화제로 소모할 필요는 없습니다.

비판도 하지 마십시오. 다른 사람의 성격, 처지, 특히 신체적 약점에 대해서 비판하지 마십시오. 자기 입장에서 함부로 모든 일을 평가하지 마십시오. 사람은 다 죄를 짓게 마련입니다. 돈 있는 사람은 자기도 모르게 가난한 사람의 입장을 잊기 쉽습니다. 공부한 사람은 공부 못한 사람에게 자기도 모르는 사이에 상처 주기 쉽습니다. 모든 일이 잘되어 가는 사람은 어려운 사람의 입장을 전혀 이해하지 못할 것입니다.

자기보다는 타인을, 이웃을 먼저 생각하는 사람이 성숙한 그리스도인입니다. 예수님의 삶을 보면 자기를 위해 사신 적이 한순간도 없습니다.

교회에서는 오직 예수님만 생각하십시오. 성경만 얘기하십시오. 전도 간증을 하십시오. 사랑의 말을 하십시오. 하나님이 어떤 일을 하셨는지에 대해 얘기하십시오. 거기에 대해 할 말이 없으면 그냥 집으로 가십시오. 그게 제일 낫습니다. 그래도 교회에 꼭 남아 있어야 할 이유가 있는 사람은 침묵하십시오. 그것이 덕을 세우는 일이요 은혜를 끼치는 방법입니다.

욕하고 흉보고 덕스럽지 못한 말을 하면 우리 마음이 먼저 비참해집니다. 그런 경험들이 있을 것입니다. 성령님이 우리 안에서 슬퍼하시기 때문입니다. 그래서 성경은 우리에게 "하나님의 성령을 슬프게 하지"(엡 4:30) 말라고 경고합니다. 성령님이 우리 안에서 슬퍼하거나 근심하시면, 나도 모르는 사이에 모든 것이 근심으로 변합니다.

거룩한 삶의 다섯 번째 원리는 용서에 관한 것입니다.

> 너희는 모든 악독과 노함과 분냄과 떠드는 것과 비방하는 것을 모든 악의와 함께 버리고 서로 친절하게 하며 불쌍히 여기며 서로 용서하기를 하나님이 그리스도 안에서 너희를 용서하심과 같이 하라 (엡 4:31-32).

사람에게는 다섯 가지 형태의 못된 성품이 있다고 합니다. "악독과 노함과 분냄과 떠드는 것과 비방하는 것"입니다. 그러나 그리스도인에게는 친절한 마음과 불쌍히 여기는 마음과 용서하는 마음이 있어야 합니다. 이것이 성숙한 그리스도인의 마음입니다.

도박장이나 술집에는 싸움꾼들이 있기 마련입니다. 그곳은 독한 소리, 고함 소리, 화내는 소리, 떠들고 비난하고 헐뜯는 소리만 가득하고, 좋은 소리는 하나도 들리지 않습니다. 반면에 교회의 모임은 어떻습니까? 인자하고 부드럽게 대하며 서로 도우려고 합니다. 위기에 몰린 다른 사람들을 감싸 줄 뿐만 아니라 자신에게 해를 입힌 사람까지도 용서하려고 합니다. 이것이 하나님이 원하시는 교회의 모습입니다. 모든 교회는 서로를 이해하는 공동체를 이루어야 합니다.

구원의 확신이 언제 사라지는지 압니까? 죄를 짓고 하나님의 뜻에 멀리 떨어져 있으면, 예수님이 주신 구원이 흔들리는 것 같습니다. 구원의 기쁨과 감격이 사라지기 시작합니다.

그러므로 그리스도인의 삶의 원리, 다섯 가지를 기억하십시오. 특별히 예수 그리스도를 더 생각하십시오. 예수님이야말로 이 다섯 가지 성품을 그대로 가지신 분이기 때문입니다.

자신을 하나님께 의탁하며 기도하기에 힘쓰십시오. 우리 안에 강하게 살아 움직이는 것이 있음을 발견할 것입니다. 바로 예수 그리스도와 구원의 확신입니다. 계속 기도하다 보면, 구원의 기쁨과 감격을 맛보기 시작할 것이며 비로소 사탄이 우리를 떠나갈 것입니다. 자기도 모르는 사이에 놀라운 은혜와 평화와 기쁨이 자기를 지배하는 것을 깨닫게 될 것입니다.

3부

함께 승리하는 그리스도인

에베소서 5:1-33, 6:1-24

이 세상은 영적 전쟁터입니다.
전쟁은 시작되었고,
그리스도인은 전쟁터 가운데 서 있는 사람입니다.
그 전쟁에서 승리할 수 있도록
하나님이 우리에게 전신갑주를 주셨습니다.
그러나 중요한 것은 그것을 입어야 한다는 사실입니다.
영적 갑옷을 입고 기도의 무전기를 들고 끊임없이
하나님의 작전 명령을 들을 때, 승리의 기쁨을 누릴 것입니다.

14

사랑으로 행하라

에베소서 5:1-7

사랑을 받는 자녀답게

세상 사람들은 아무 연고도 없는 그리스도인들에게 바라는 것들이 참 많습니다. 그중에서도 그들이 소박하게 우리에게 바라는 것을 몇 가지 예로 들자면, 첫째, 서로 싸우고 비판하고 분열하지 말라는 것입니다. 그들은 하나 되는 모습을 보기 원합니다. 둘째, 깨끗하고 진실하며 거룩한 모습을 보여 달라고 합니다. 하나님을 믿는다는 사람들이 거짓 되고 위선적인 모습을 보일 때 신뢰가 가지 않는 것은 당연한 일일 것입니다. 그러나 우리는 사람들이 원해서가 아니라 성경이 그렇게 말하기 때문에 이 말씀에 귀를 기울여야 합니다.

만일 그리스도인에게서 사랑을 빼 버리면 무엇이 남겠습니까? 바울은 고린도전서 13장에서 우리가 만일 "천사의 말을 할지라도 … 또 산을 옮길 만한 모든 믿음이 있을지라도 … 또 내 몸을 불사르게 내줄지라도" 사랑이 없으면 아무 소용이 없다고 말합니다.

모든 시대를 통틀어 국경을 초월하고 인종을 초월한 진실한 사랑만큼 인류를 감동시킨 소재는 없습니다. 에베소서를 공부할 때, "이 설교를 제일 먼저 들어야 할 사람은 바로 너"라고 성령님이 제게 말씀하시는 것 같았습니다. 사랑은 그리스도인의 제1의 표적이요 기독교의 전부라고 해도 과언이 아닐 것입니다.

그런데 그리스도인은 왜 사랑해야 합니까? 여기에 대해서 성경은 간단명료하게 대답합니다. 우리가 믿는 하나님이 사랑이시기 때문입니다. 자녀는 부모의 모습과 행동을 닮기 마련입니다. 마찬가지로 하나님의 자녀도 하나님의 모습과 성품을 닮아야 합니다. 그리스도인은 마땅히 사랑으로 행동해야 합니다.

교회에서 어린 자녀를 둔 부모들을 가만히 보면, 아이를 돌보는데 그렇게 열심일 수가 없습니다. 왜 그렇습니까? 자기를 닮아서, 자기가 그 안에 있기 때문에 그게 신기해서 아이를 열심히 보는 게 아닌가 싶습니다. 남이야 뭐라고 하든, 자기 자식은 그렇게 예쁠 수가 없습니다.

그렇다면 하나님은 우리를 어떻게 보시겠습니까? 하나님이 한 순간도 쉬지 않고 우리를 뚫어지게 쳐다보고 계신다고 생각해 보십시오. 잘났든 못났든 하나님이 우리를 그렇게 흐뭇하게 바라보고 계신다고 생각하면, 감격과 함께 위로를 받게 됩니다.

그러므로 사랑을 받는 자녀같이 너희는 하나님을 본받는 자가 되고(엡 5:1).

이것이 우리가 서로 사랑해야 하는 이유의 전부라고 할 수 있습니다. 그 이유에 관해 사도 요한이 좀 더 명확하게 설명해 줍니다.

사랑하는 자들아 우리가 서로 사랑하자 사랑은 하나님께 속한 것이
니 사랑하는 자마다 하나님으로부터 나서 하나님을 알고 사랑하지
아니하는 자는 하나님을 알지 못하나니 이는 하나님은 사랑이심이
라(요일 4:7-8).

우리는 하나님의 형상대로 지음받은 존재라는 사실을 잊지 마
십시오.

그렇다면 사람들은 사랑이 그처럼 귀한 줄 알고, 행해야 하는
줄도 알면서 왜 실천하지 못할까요? 최초의 인간인 아담이 사탄
의 꾐에 빠져서 하나님의 형상을 상실해 버렸기 때문입니다. 그
리하여 그 후 인간은 마귀의 가면을 계속해서 쓰고 허우적대며
방황하고, 울며 통곡하며 서로 미워하고 살인하는 적으로 살게
되었습니다.

그러나 하나님은 곧 사랑이시기에 인간이 아무리 죄를 짓고 방
황하며 떠돌아도 인간을 구원하기 원하셨습니다. 예수님을 십자
가에 죽게 하심으로써 우리에게서 마귀의 탈을 벗겨 주시고, 본래
하나님의 형상으로 회복시켜 주셨습니다. 이것이 구원이고, 이것
이 거듭남이며 이것이 영생입니다.

이러한 측면에서 볼 때, 우리가 사랑하며 살지 못하는 이유는 두
가지로 요약해 볼 수 있습니다. 첫째는 예수 그리스도를 진정으로
영접하지 않았기 때문입니다. 둘째는 그리스도를 영접했을지라도

아직 내 안에 마귀 탈춤을 추던 옛 습관과 쓴 뿌리가 남아 있어서 그 모습을 그대로 연출하고 있기 때문입니다.

예수 그리스도를 영접하십시오. 그것만이 우리 살길입니다. 그리고 아직도 자기 안에 쓴 뿌리가 있거나 예수님을 믿으면서도 정욕과 세상과 사탄의 노예가 되어 계속 고민한다면, 그 쓴 뿌리에서 해방되기를 바랍니다.

그리스도의 사랑

두 번째로 생각해 볼 주제는 그리스도인의 사랑의 내용이 무엇인가 하는 문제입니다. 사랑의 모델을 보면 그 사랑의 본질은 쉽게 이해할 수 있습니다. 우리에게 사랑의 최고 모델은 예수 그리스도이십니다.

아파트를 구입할 때도 먼저 모델하우스에 가서 집의 내부 구조와 재질과 쓰임새 등을 꼼꼼히 살펴본 후 계약하지 않습니까? 그렇듯이 예수 그리스도를 보면 어떻게 사랑해야 하는가, 사랑의 본질이 무엇인가를 알 수 있습니다. 왜냐하면 하나님 사랑의 가장 깊은 부분이 예수 그리스도의 십자가 안에 있기 때문입니다.

예수 그리스도께서는 우리를 너무나 사랑하시기 때문에 자신의 전 생애를 우리에게 주셨습니다. 자신의 생명까지, 피 한 방울까지 아낌없이 쏟아 주셨습니다. 그리고 친히 이렇게 말씀하셨습니다.

사람이 친구를 위하여 자기 목숨을 버리면 이보다 더 큰 사랑이 없나니(요 15:13).

나는 선한 목자라 선한 목자는 양들을 위하여 목숨을 버리거니와 … 나는 양을 위하여 목숨을 버리노라(요 10:11, 15).

갈라디아서 말씀이 에베소서 말씀을 해석해 주기도 합니다.

그리스도께서 하나님 곧 우리 아버지의 뜻을 따라 이 악한 세대에서 우리를 건지시려고 우리 죄를 대속하기 위하여 자기 몸을 주셨으니(갈 1:4).

"그리스도께서 너희를 사랑하신 것같이 너희도 사랑 가운데서 행하라 그는 우리를 위하여 자신을 버리사 향기로운 제물과 희생 제물로 하나님께 드리셨느니라"(엡 5:2)란 바로 이런 뜻입니다.

예수님의 기막힌 사랑을 경험하고 느끼며 감격하며 살고 있습니까? 예수님의 이름을 하나의 위대한 스승의 이름으로 부르고 있지는 않습니까? 혹시 예수 그리스도의 이름을 지나가는 강아지 이름을 부르듯이 쉽게 부르고 있지는 않습니까?

만약 우리가 그 사랑에 오롯이 전염되어 있다면, 그 사랑의 강도가 우리에게 그대로 전해졌다면, 우리는 요한일서의 말씀을 고백하며 살게 될 것입니다.

> 그가 우리를 위하여 목숨을 버리셨으니 우리가 이로써 사랑을 알고
> 우리도 형제들을 위하여 목숨을 버리는 것이 마땅하니라(요일 3:16).

그래서 사도 바울이 우리에게 사랑 가운데서 행하라고 권면한 것입니다. 이것은 도덕이나 고상한 철학이나 애국심이나 인류애가 아닙니다. 죽을 수밖에 없는 죄인이 예수님의 사랑으로 용서받았다는 것을 경험할 때, 그 크신 하나님의 사랑을 느낄 때만이 진정으로 하나님을 사랑하며 이웃을 사랑할 수 있기 때문입니다.

우리는 사랑 비슷한 것을 할 수 있습니다. "네가 하니까 나도 한다"는 식의 의리로 사랑하는 것입니다. 이를테면, '체면 사랑' 같은 것입니다. 의리로 사랑하고, 체면으로도 사랑하십시오. 그렇지만 그 사랑과 그리스도의 사랑을 혼동하면 안 됩니다. 십자가의 사랑으로 죄 사함을 입은 경험이 있는 사람은 영혼을 그리스도의 이름으로 겸손하게 사랑해야 합니다.

세 번째로 생각할 주제는 자기희생적 사랑과 자기중심적 사랑입니다. 본문에 이런 단어가 나오지는 않지만, 내용 가운데 이 두 가지가 구분되고 있는 것을 발견할 수 있습니다. 1-2절이 자기희생적 사랑인 예수 그리스도의 사랑을 보여 준다면, 3-5절은 자기중심적 사랑의 모습을 그리고 있습니다.

먼저, 자기중심적 사랑은 초점이 자기 자신에게 있기 때문에 이웃에 대해서는 무관심과 이기심으로 똘똘 뭉쳐 있습니다. 이런 사람은 "음행과 온갖 더러운 것과 탐욕"(엡 5:3)으로 연결됩니다. 이런 것으로 자기의 마음을 지배당하게 되고, 머지않아 그 영혼과 육체가 무섭게 병들어 갑니다. 그리하여 자기도 모르는 사이에 "누추함과 어리석은 말이나 희롱의 말"(엡 5:4)처럼 누추한 말을 계속 지껄이게 됩니다. 바보 같고 어리석은 말로 남에게 상처를 주거나 지혜롭지 못한 말을 계속 내뱉습니다.

이것은 예수 그리스도를 따르는 자의 모습이 결코 아닙니다. 심지어 유머 때문에 상처받는 사람도 많다는 사실을 기억해야 합니다. 위트 있고 유머 있는 사람들을 아주 센스 있다고 착각하기 쉽습니다. 물론 유머가 좋은 것이기는 하지만 그것으로 인해서 남을 울리거나 심리적으로 상처를 준다면 그것은 죄가 됩니다.

반면에 자기희생적 사랑은 그 초점이 자기에게 있는 것이 아니라, 하나님에게 있고 예수님에게 있고 이웃에게 있습니다. 그 사람의 언어는 감사와 은혜와 찬양으로 충만합니다. 이것이 믿는 자, 즉 성도의 바른 모습이라고 우리에게 가르쳐 줍니다.

사랑하는 삶을 위하여

사도 바울은 자기중심적 사랑은 결과적으로 하나님 나라에서 기업을 얻지 못하게 된다고 경고합니다.

> 너희도 정녕 이것을 알거니와 음행하는 자나 더러운 자나 탐하는 자 곧 우상 숭배자는 다 그리스도와 하나님의 나라에서 기업을 얻지 못하리니 누구든지 헛된 말로 너희를 속이지 못하게 하라 이로 말미암아 하나님의 진노가 불순종의 아들들에게 임하나니(엡 5:5-6).

반면에 썩지 않고, 더럽지 않고, 쇠하지 않을 하늘의 기업을 잇게 하실 사람들은 하나님의 풍성하신 긍휼을 따라 거듭나게 하실 것입니다.

그러면 어떻게 하면 우리 삶이 사랑으로 가득할 수 있겠습니까? 본문 말씀을 다섯 가지로 요약해 보겠습니다.

우리가 믿는 하나님이 진노의 하나님이 아니라 사랑의 하나님임을 믿으십시오. 내가 믿는 하나님이 사랑의 하나님이심을 자꾸 생각하면, 그 사랑에 전염됩니다. "하나님이 세상을 이처럼 사랑하사 독생자를 주셨으니 이는 그를 믿는 자마다 멸망하지 않고 영생을 얻게 하려 하심이라"(요 3:16)라는 말씀만 좋아하지 말고, 그 다음 구절도 읽고 묵상해 보십시오.

> 하나님이 그 아들을 세상에 보내신 것은 세상을 심판하려 하심이 아니요 그로 말미암아 세상이 구원을 받게 하려 하심이라(요 3:17).

하나님의 의도는 무엇입니까? 멸망이 아니라 영생이요, 심판이 아니라 구원입니다. 이것이 하나님의 근본 의도입니다. 하나님은 우리가 멸망하기를 원치 않으시고 영생을 얻기 원하십니다. 또한 우리가 심판받기를 원치 않으시며 구원받기를 원하십니다. 하나님은 복음 성가 제목처럼 '좋으신 하나님'이십니다.

하나님의 엄격하신 면, 무서운 면만 생각하지 마십시오. 지금부터 하나님의 사랑, 하나님의 용서, 하나님의 좋으심을 기억해 보십시오. 그분의 사랑 안에 안기십시오. 그 사랑으로 온 마음이 뜨거워질 것입니다.

이러한 사랑의 삶을 살기 위해 본문이 우리에게 가르쳐 주는 두 번째 비결은 예수 그리스도의 십자가를 바라보라는 것입니다.

십자가는 하나님의 사랑의 실천이었습니다. 십자가에서 어떻게 사랑하는 것인가를 보여 주셨습니다. 예수님은 십자가에서 죽기까지 우리를 사랑하셨습니다. 용서에 한계가 없듯이 사랑에도 한계가 없습니다. 어디까지 사랑해야 합니까? 죽기까지입니다. 남편을, 아내를 어디까지 사랑해야 합니까? 죽기까지입니다. 자기를 죽여서라도 이루는 것, 이것이 사랑입니다. 마찬가지로 우리는 하나님을 어떻게 사랑해야 합니까? 그리스도께서 십자가에서 보여 주신 것처럼 죽기까지 하나님을 사랑해야 합니다.

그러므로 사랑할 수 없다는 말은 변명이 되지 않습니다. 성격이 달라서 이혼한다는 사람들이 많지만 사실 그것은 이유가 되지 않습니다. 성경에 비추어 보면 다 잘못된 말입니다. 아내나 남편이 식물인간이 되어도 평생 함께 살아야 합니다. 화재로 얼굴에 화상을 입었거나 사고로 팔다리를 잃었더라도 그래도 죽기까지 사랑해야 합니다.

내가 식물인간이 되어도 죽기까지 나를 사랑하는 사람이 있다고 생각해 보십시오. 생각만 해도 기분이 좋고 힘이 나지 않습니까? 죽기까지 나를 사랑해 줄 사람이 있다니, 얼마나 든든합니까? 이것이 사랑입니다.

예수님의 십자가의 사랑은 희생과 헌신이었습니다. 원망과 불평과 시기가 없었다는 말입니다. 특별히 사랑하기로 결정하신 분들에게 충고합니다. 원망과 불평과 시비가 없도록 하십시오. 자기가 큐티를 잘하면 큐티를 못 하는 사람들이 형편없어 보이고, 기도를 좀 하면 기도 못 하는 사람이 우스워 보이고, 교회 봉사를 많이 하면 안 하는 사람을 우습게 여기고 싶은 마음이 자꾸 생깁니다. 이것은 사랑이 아닙니다.

원망과 불평과 시비가 없어야 진짜 사랑입니다. 그냥 자기가 할 것을 한 것뿐입니다. 남이 하든 하지 않든 그에 대해서 재판관 노릇을 하면 안 됩니다. 재판은 하나님이 하실 일이지 우리가 할 일이 아닙니다. 아내에 대해서도 하나님 되지 마시고 남편에 대해서도 하나님 되지 마십시오. 그냥 남편 되고 아내 되는 것이 좋습니다.

예수님을 바라보십시오. 사랑할 수 있는 유일한 비결입니다. 예수님의 사랑이 우리에게 흘러서 우리를 적시고, 다른 사람에게로 흘러가게 만들어 주실 것입니다.

사랑할 수 있는 세 번째 비결은 자기중심이 아니라 하나님 중심으로 모든 것을 생각하는 것입니다. 예수님 중심, 이웃 중심, 교회 중심으로 생각하십시오. 자기 자신을 십자가에 못 박지 않으면, 예수님의 참 제자가 될 수 없습니다. 그러므로 자존심, 교만, 나쁜 성격, 세상적인 가치관을 모두 묶어서 예수님의 십자가 밑에 던져 버리기 바랍니다. 자기를 포기하고 죽기까지 우리를 사랑하신 예수님만 바라보십시오. 우리도 헌신적인 사랑의 사도가 될 것입니다.

날마다 감사, 때때로 단호함

네 번째 비결은 우리 생각과 말을 감사로 채우라는 것입니다. 생각해 보면 모든 것이 감사요, 감격이요, 은총입니다. 어떤 일이든지 남을 정죄하거나 비판하는 것을 그만두십시오. 어떤 사람은 자기는 세례 요한의 은사를 받았다고 말합니다. 그런데 돌아다니면서 남이 잘못한 것만 지적하고 돌아다닙니다. 남의 허물을 들추고 캐내는 것은 좋은 것이 아닙니다. 남의 허물이 보이면 가만히 눈감고 계십시오. 그냥 기도하십시오. 무엇을 하고 하지 않고는 그 사람이 결정할 일입니다. 자기 할 일만 하십시오.

바울은 디모데에게 이렇게 편지했습니다.

우리가 세상에 아무것도 가지고 온 것이 없으매 또한 아무것도 가
지고 가지 못하리니 우리가 먹을 것과 입을 것이 있은즉 족한 줄로
알 것이니라(딤전 6:7-8).

이 말씀대로 그냥 먹을 것과 입을 것이 있으면 감사하고 형제자
매들을 주셨으니 감사하고, 그 형제들이 자기가 원하는 수준에 미
치지 못할지라도 자기 할 일을 하면 감사하고, 기다려 주고, 이해
해 주고, 그 사람이 그 수준까지 도달하도록 도와주십시오. 그래야
그리스도인입니다. 그때 사랑이 시작됩니다.

화해하고 싶습니까? 사랑하고 싶습니까? 욕하고 비방하는 것부
터 먼저 그만두십시오. 그래야만 사랑이 생기기 때문입니다.

과연 우리는 하루에 "감사합니다"라는 말을 얼마나 할까요? 아
침에 일어날 때, 깨어남에 대해 감사하며 하루를 시작합니까? 식
사 기도를 하면서도 정말로 감사했는지, 습관적으로 그냥 했는지
자문해 보십시오. 교회에서 예배드리는 것도 정말 감사하게 생각
하는지, 이렇게 어려운 시대 속에서도 주님을 섬기고 사는 것이 정
말로 감사한지를 돌아보십시오.

성경은 우리에게 "오히려 감사하는 말을"(엡 5:4) 하라고 가르칩
니다. 감사하는 동안에는 염려나 불평이 우리를 지배할 수 없으며,

또한 사탄이 우리를 지배할 수 없기 때문입니다. 환경이나 사람이나 가정이나 직장이나 교회나 국가는 언제나 양면성을 가지고 있습니다. 감사할 부분이 있고 불평할 부분이 있습니다. 그러나 다 감사하기로 결정해 버리십시오.

모든 것을 은혜로 생각할 수 있도록 마음에 결정하십시오. 병들어 죽게 되었을지라도 감사하십시오. 계획한 모든 것이 뜻하지 않게 되었다 할지라도 감사하기로 결정하십시오. 특별히 어려운 시련을 겪고 있는 가정들은 결론이 어떻게 나든지 간에 지금부터 감사하기로 결정하십시오. 인생 전체를 감사하기로 결정하고 사십시오. 그러면 모든 상황이 감사하는 것으로 변화됩니다. 상황을 보고 결정하지 말고 믿음으로 감사하십시오.

> 누구든지 헛된 말로 너희를 속이지 못하게 하라 이로 말미암아 하나님의 진노가 불순종의 아들들에게 임하나니 그러므로 그들과 함께 하는 자가 되지 말라(엡 5:6-7).

이 말씀은 간단히 말하면 나쁜 친구와 관계를 끊으라는 것입니다. 신앙생활과 사랑의 생활을 하는 데 제일 방해되고 위험한 것은, 세속적이고 물질적인 친구입니다. 기도하러 가려고 하면 자꾸 다른 데 놀러 가자 하고, 성경 공부를 하려고 하면 좋은 영화가 있다고 보러 가자고 합니다. 고민이 됩니다. 안 갈 수도 없고 갈 수도 없고 난처합니다. 그러니까 믿음 생활하며 인생을 바르게 살아 보 겠다고 결심하는 사람은 처음부터 나쁜 친구들을 끊어야 합니다. 사도 바울은 "그러므로 그들과 함께하는 자가 되지 말라"고 단호 하게 경고합니다.

그러니 예수님을 닮은 사람을 만나십시오. 그가 우리를 예수님 을 닮은 사람이 되도록 도와줄 것입니다. 기도하는 친구를 만나십 시오. 우리가 사랑의 사도가 될 때까지 그가 우리를 위해 평생 기 도해 줄 것입니다. 성경 공부를 하며 사랑을 실천하는 무리와 함께 거하십시오. 우리도 그 뜨거운 사랑에 물들게 될 것입니다.

15

빛 가운데서 살아가라

에베소서 5:8-14

어둠을 벗고 빛을 입는 삶

지금까지 우리는 그리스도인의 삶의 원리들을 공부해 왔습니다. 이제, 빛 가운데서 행하는 삶의 원리에 대해 나누어 보려고 합니다. 이것이 바울 사도가 우리에게 주는 네 번째 삶의 원리입니다. 빛 가운데 살고 싶지 않은 사람이 어디 있겠습니까? 그러나 빛으로 살 형편이 되지 못하니까 마음의 갈등과 고민과 죄의식이 생기게 됩니다.

그러므로 그리스도인은 이 빛 가운데서 살아야 하는데, 성경은 그 명령을 세 가지로 요약합니다. 첫째 명령은 "그들과 함께하는 자가 되지 말라"(엡 5:7)는 것입니다. 어두운 일에 끼어들지 말라는 뜻입니다. 둘째 명령은 "빛의 자녀들처럼 행하라"(엡 5:8)입니다. 셋째 명령은 "너희는 열매 없는 어둠의 일에 참여하지 말고 도리어 책망하라"(엡 5:11)입니다.

먼저, 첫째 명령에 관해 생각해 보겠습니다. 성경은 우리에게 어두운 사람들, 하나님이 원하지 않는 사람들과 함께하지 말고, 그들의 일에 끼어들지 말라고 말합니다. 어두운 사람들과 파트너가 되거나 죄짓는 사람들과 왜 함께해서는 안 되는지, 그 이유를 바울을 이렇게 설명합니다.

너희가 전에는 어둠이더니 이제는 주 안에서 빛이라 빛의 자녀들처럼 행하라(엡 5:8).

성경에 따르면, 우리는 본래 어두움의 자녀였습니다. 그런데 지금은 예수 그리스도로 말미암아 빛의 자녀가 되었다고 선언하고 있습니다.

인간에게는 두 가지 대조적인 명함이 있습니다. '어두움의 자녀'와 '빛의 자녀'입니다. 세상은 이 두 자녀의 영적 싸움터입니다. 옛날 사람들은 《가인의 후예》, 《에덴의 동쪽》, 《어둠의 자식들》 같은 소설들을 아주 심각하게 읽곤 했습니다. 왜냐하면 자기 이야기, 자기 자녀의 이야기였기 때문입니다. 바로 자기 이야기였기 때문에 밤을 새워 가면서 읽고, 또 영화관 앞에서 장사진을 쳤던 것입니다.

그런데 성경은 우리에게 '너희는 어두움의 자녀가 아니라 빛의 자녀다'라고 선언하고 있습니다. 어떻게 우리가 어두움의 자녀에서 빛의 자녀로 변했습니까? 예수님 때문입니다. 예수님 안에 생명이 있고, 예수님 안에 사랑이 있고, 예수님 안에 빛이 있기 때문입니다. 그 예수님의 생명과 예수님의 사랑과 예수님의 빛이 내 영혼에 비춰면 내 안의 어두움이 물러갑니다. 마음속 깊이 자리 잡은 열등감과 좌절감, 비교 의식과 절망, 불유쾌한 많은 감정이 다 자취를 감춰 버립니다.

태초에 하나님이 "빛이 있으라"(창 1:3) 하시니 빛이 있었습니다.

이 빛은 예수님 안에 감추어진 빛입니다. 사도 요한은 예수님 "안에 생명이 있었으니 이 생명은 사람들의 빛"(요 1:4)이라고 말합니다. 다시 말해, 예수님의 생명은 곧 빛입니다. 그래서 예수님을 만난 사람들, 예수님을 영접한 사람들에게는 이 하나님의 생명이 들어가게 됩니다. 생명이 그 영혼에 넘쳐흐르기 시작합니다. 생명의 빛이 태양처럼 그 영혼에 비춰면 음지가 양지가 됩니다. 축축하고 곰팡이가 피고 벌레들이 우글거리던 곳에 따뜻한 태양이 내리쬐기 시작하는 것입니다. 예수님은 "나는 세상의 빛이니 나를 따르는 자는 어둠에 다니지 아니하고 생명의 빛을 얻으리라"(요 8:12)라고 말씀하셨습니다. 그렇습니다. 생명과 빛은 동의어라 할 수 있습니다. 예수님은 생명이요 빛이시기 때문입니다.

그런데 예수님을 만나지 못한 사람들, 심지어 교회에 다닌다고 할지라도 예수님을 만나지 못한 사람은 그 마음이 허망해지고 총명이 어두워지고 마음과 생각이 굳어지고 무지해져서 하나님의 생명에서 이탈되어 있습니다(참조, 엡 4:17-18). 로마서에도 똑같은 말씀이 있습니다.

하나님을 알되 하나님을 영화롭게도 아니하며 감사하지도 아니하고 오히려 그 생각이 허망하여지며 미련한 마음이 어두워졌나니 스스로 지혜 있다 하나 어리석게 되어 썩어지지 아니하는 하나님의 영광을 썩어질 사람과 새와 짐승과 기어 다니는 동물 모양의 우상으로 바꾸었느니라(롬 1:21-23).

　이러한 사람은 하나님의 생명에서 떨어져 있기 때문에 그 영혼에 생명 고갈 현상이 나타나게 됩니다. 아무리 맛있는 음식을 먹고 아무리 좋은 옷을 입고 아무리 좋은 환경에서 살지라도 그 영혼은 권태롭고 허탈하며 방황하여 바닥난 인생처럼, 사막의 모래알처럼 갈급해합니다. 이것이 예수님을 모르는 사람의 정신적 상태입니다.

　이런 사람은 빛을 싫어하게 되어 있습니다. 사도 요한은 "빛이 세상에 왔으되 사람들이 자기 행위가 악하므로 빛보다 어둠을 더 사랑한 것"(요 3:19)이라고 말합니다.

　어떤 사람은 집의 커튼을 이중 삼중으로 칩니다. 빛이 들어오는 것이 싫어서입니다. 그런 사람은 사람 만나기를 싫어하고 자주 우울해합니다. 폐쇄된 방에서 움츠리고 앉아 있습니다. 왜 빛을 싫어합니까? 자기 안에 있는 어둡고, 더럽고, 냄새나는 것이 노출될까 두려워서입니다. 그래서 모든 것을 은폐하고 마음의 문을 닫아버리고 공포와 두려움 속에서 살아갑니다.

　그러나 우리는 빛이신 예수님으로 말미암아 더 이상 어둠 속에 헤매는 사람이 아닙니다. 아직도 이 문제가 불분명한 사람은 지금 당장 어린아이처럼 예수 그리스도를 영접하기 바랍니다. 예수님 앞에 다시 서시기 바랍니다.

하나님은 우리가 더 이상 마귀의 종노릇 하지 않도록 우리의 신분을 보장해 주셨습니다. 하나님의 자녀 되는 특권을 주셨습니다. 예수 그리스도를 영접하는 자에게는 하나님의 자녀가 되는 권세를 주셨을 뿐만 아니라 그 생명을 사망에서 생명으로 옮겨 주셨습니다. 아들이 있는 자에게는 생명이 있고 아들이 없는 자에게는 생명이 없습니다. 그러므로 누구든지 예수 그리스도를 부르는 자에게는 하나님의 구원이 있고 생명이 있고 빛이 있습니다.

그래서 바울이 이렇게 권면합니다.

밤이 깊고 낮이 가까웠으니 그러므로 우리가 어둠의 일을 벗고 빛의 갑옷을 입자(롬 13:12).

빛의 열매를 맺는 비결

두 번째로 생각할 말씀은 "빛의 자녀들처럼 행하라"는 명령입니다.

우리는 빛입니다. 예수 그리스도로 말미암아 우리는 이미 빛이 되었습니다. 성경은 그런 우리에게 한 걸음 더 나아가 빛의 자녀들처럼 행하라고 명령합니다.

빛의 자녀들처럼 행하게 되면 빛의 열매가 나타납니다. 바울은 "빛의 열매는 모든 착함과 의로움과 진실함에"(엡 5:9) 있다고 말합니다. 이것이 그리스도인의 본성입니다. 죄에서 생명으로, 빛으로 전환되었습니다.

우리는 이미 하나님의 생명으로 거듭난 사람들입니다. 우리는 이미 하나님의 자녀가 된 사람들입니다. 하나님은 우리가 빛의 열매를 맺도록 허락해 주셨습니다. 그 특권을 받느냐 받지 않느냐는 우리 문제입니다. 하나님이 은혜를 주셨습니다. 그것을 믿음으로 받느냐 받지 않느냐, 소유하느냐 하지 않느냐는 우리 문제입니다. 하나님의 은혜를 발견했다면, 자기 믿음을 드러내십시오. 적극적으로 그리고 완전하게 믿음을 활용해서 그 은혜를 자기 것으로 삼으시기 바랍니다. 이것이 빛의 열매를 맺는 비결입니다.

하나님이 아무리 은혜를 주셔도 우리가 믿음으로 빛의 열매를 자기 것으로 삼지 않으면 아무 소용이 없습니다. 이것은 밥을 입에 대 주어도 입을 열지 않으면 소용이 없는 것과 마찬가지입니다. 아이를 키우면, 이런 경험을 많이 하게 됩니다. 밥을 먹었으면 좋겠는데 아이는 다른 것을 요구합니다. 그것 말고 밥을 먹자고 하면, 입을 꽉 다물어 버립니다. 강제로라도 먹이고 싶지만, 듣지를 않습니다.

하나님의 심정이 바로 그 부모의 심정입니다. 이미 우리를 치료해 주기 원하셨고, 우리가 건강하기를 원하셨으며, 우리 삶이 은혜롭기를 원하셨습니다. 예수님을 십자가에 달리게 해서라도 우리를 사랑하신 것입니다. 이렇게 하나님이 모든 것을 다 준비해 주셨는데도 우리는 먹지 않겠다고 합니다.

입을 열어 하나님의 양식을 취하십시오. 그리하여 병도 고치시고 은혜도 누리십시오. 하나님이 베풀어 주신 이 은혜의 보좌에서 자유를 만끽하십시오.

빛의 열매는 다른 말로 하면 빛의 충만입니다. 빛의 충만 때문에 빛의 열매가 나타납니다. 빛의 세 가지 열매는 "모든 착함과 의로움과 진실함"입니다. 이 세 가지는 하나님의 성품입니다. 하나님은 선하시고, 의로우시며, 진실하십니다. 이것은 사람에게 있는 성품이 아니라 빛으로 거듭난 사람에게 주시는 성품입니다. 그래서 빛으로 거듭난 사람은 그 열매를 맺게 됩니다.

반대로 마귀는 어떤 성품을 가지고 있습니까? 선 대신에 악을 가지고 있습니다. 악한 성품을 가지고 있습니다.

생각하는 것마다 악한 사람이 있습니다. 아주 교활하고 악하고 잔인합니다. 악이 몸에 배어 있습니다. 입을 열어도 독한 말만 골라서 합니다. 어떻게 그런 독한 말만 골라서 하는지 알 수가 없습니다. 이 성품이 마귀입니다. 마귀는 그 근본이 불의합니다. 간교하고 거짓 됩니다. 마귀의 자녀들은 마귀의 그 성품을 그대로 물려받습니다.

선함과 의로움과 진실함

그러나 하나님의 자녀는 하나님의 성품을 물려받습니다.

> 빛의 열매는 모든 착함과 의로움과 진실함에 있느니라(엡 5:9).

"착함과 의로움과 진실함"이라는 하나님의 세 가지 성품을 그대로 닮는다면, 하나님이 기뻐하실 것입니다. 정말로 중요한 것은 무엇을 하느냐가 아니라 무엇이 되느냐입니다. 교회가 크면 어떻고, 작으면 어떻습니까? 주의 일을 많이 하면 어떻고, 적게 하면 어떻습니까? 능력 없는 사람은 조금 일할 수밖에 없습니다. 하나님이 능력을 조금밖에 주시지 않았는데 많이 하겠다는 것도 교만입니다.

주신 대로 사는 것이 제일 좋습니다. 하나님이 내게 주신 것을 가지고 최선을 다할 때, 하나님이 기뻐하십니다. 할 수 없는 일을 억지로 하려고 하는 것은 하나님을 기쁘시게 하지도 않고, 하나님이 우리에게 요구하신 것도 아닙니다. 우리가 할 수 있는 최선, 그것을 하나님은 기뻐하십니다.

한 소년의 최선은 "보리떡 다섯 개와 물고기 두 마리"(요 6:9)였고, 여인의 최선은 "빈 그릇"(왕하 4:3)이었습니다. 마찬가지로 하나님은 우리도 자기 형편에서 최선을 다하기를 원하십니다. 하나님은 능력을 따지지 않으십니다. 세상의 시험이나 관문들은 능력으로 사람을 평가하지만, 교회는 시험 쳐서 사람을 뽑지 않습니다. 몇 점까지는 교회에 들어오고, 몇 점부터는 못 들어온다고 하면 얼마나 불행한 일입니까? 교회는 누구든지 들어올 수 있어야 합니다.

그러나 하나님이 우리에게 요구하시는 것이 있습니다. 선함과 의로움과 진실함입니다. 만약 교회가 이 모습을 잃었다면, 전부를 잃어버린 셈입니다. 하나님의 성품을 잃어버린 것이기 때문입니다.

먼저, 세 가지 가운데 "선함"에 관해 살펴보겠습니다. 사도 요한은 "진리를 따르는 자는 빛으로 오나니 이는 그 행위가 하나님 안에서 행한 것임을 나타내려 함이라 하시니라"(요 3:21)라고 말했습니다. 이 말씀에서 우리는 하나님의 선하심을 찾아볼 수 있습니다. 또한 그리스도인은 사람에게 보여 주기 위해서 행동하는 사람이 아니라 하나님 앞에서 사는 사람이라는 것도 알 수 있습니다. 이것이 선함입니다.

그리스도인은 의롭게 사는 사람입니다. 예수님은 "너희는 세상의 빛이라 산 위에 있는 동네가 숨겨지지 못할 것이요 사람이 등불을 켜서 말 아래에 두지 아니하고 등경 위에 두나니 이러므로 집 안 모든 사람에게 비치느니라"(마 5:14-15)라고 말씀하셨습니다. 빛을 결코 숨기지 못하는 것처럼 그리스도인의 삶은 모든 일이 분명하고 숨기는 것이 없고, 적나라하고 공명정대해야 한다는 뜻입니다. 그리스도인의 삶에는 진실함이 있습니다.

성경은 어두움의 일에 끼어들지 말라고 구체적으로 명령합니다. 착한 사람들도 본의 아니게 악하고 어두운 일에 가담할 수 있기 때문입니다. 아무리 바르고 정직한 사람이라도 직장이 악하면 자연히 악한 쪽으로 움직일 수밖에 없습니다. 아무리 제대로 서 있으려고 해도 사회가 악하면 그 큰 파도에 어쩔 수 없이 휩쓸리게 됩니다. 몹시 고통을 느끼면서도 현실 때문에, 환경 때문에 어두움의 일에 끼어들게 되는 것입니다.

그러나 우리는 "다 빛의 아들이요 낮의 아들이라 … 밤이나 어둠에 속하지"(살전 5:5) 않았습니다.

그리스도의 빛으로

악한 일은 두 가지로 구분할 수 있습니다. 하나는 누가 보아도 나쁜 일입니다. 여간해서는 이런 일들은 하지 않습니다. 그런데 문제는 두 번째입니다. 은밀하게 하는 나쁜 것들입니다. 겉으로 보면 좋은 것 같은데, 한참 보면 나쁜 일들이 꽤 있습니다. 겉으로 보면 다 애국자요 성자요 영웅인데, 한참 보면 그렇지 않다는 것입니다. 특별히 예수님을 믿는다고 하는 기관들이 이런 연극을 하기가 아주 쉽습니다. 성경은 이러한 모습들에 관해 "은밀히 행하는 것들은 말하기도 부끄러운 것들"이라고 말합니다.

사실, 우리는 모두 위태롭게 살아가고 있습니다. 오히려 정당하게 살고 정직하게 돈을 버는 사람들이 고통을 당하고 어려움을 겪는 일이 비일비재한 현실입니다. 그래서 이 사회가 썩었다고 사람들은 한탄합니다.

그러나 한탄하는 사람, 비판하는 사람은 많아도 정작 그리스도의 이름으로 고치려고 하는 사람은 많지 않습니다. 사람들은 자신은 하지도 못하면서 다른 사람을 비판함으로써 답답함을 해소하려고 합니다. 자기가 그렇게 살지 못할수록 더 욕을 합니다. 그럼으로써 자기는 그렇지 않은 것처럼 착각하고 위로받고 살려 합니다. 그러나 그렇지 않습니다. 말을 많이 할수록 부채가 많아집니다. 욕을 많이 했기 때문에 행동이 더 커지는 것입니다. 그러니까 더 말이 많고 더 많이 욕합니다.

우리가 포기하지 않고, 그리스도의 사랑으로 이 세상에서 살아가는 이유가 바로 이것입니다. 잘못된 것이 눈에 띄게 되면 죄악이 드러나고, 드러난 죄악은 자연히 어떤 방법으로든 해결되게 마련입니다. 제일 무서운 것은 은폐하는 것입니다. 숨기면 숨길수록 죄는 자라납니다. 일단 드러내면 아프고 힘들지라도, 해결하려는 노력이 시작됩니다. 그래서 바울은 "책망을 받는 모든 것은 빛으로 말미암아"(엡 5:13) 드러난다고 말합니다. 이것은 하나님의 중요한 메시지입니다.

우리 사회는 치료하는 사회가 되어야 합니다. 교회는 치료하는 공동체가 되어야 합니다. 그런데 왜 환부를 드러내고 째 버리지 않는지 압니까? 째면 죽는 줄 알기 때문입니다. 관용과 용서가 보장되어 있지 않기 때문입니다. 터놓고 살고 싶은데, 그렇게 하면 자기가 죽으니까 두려워서 드러내지 못하는 것입니다.

그러므로 서로 정죄하지 마십시오. 그래야 비로소 우리 자신이 빛으로 살 수 있고, 사회가 밝아집니다. 그러려면 어디서부터 시작해야 합니까? 다른 것은 생각하지 말고, 자기 전공 분야만 생각하십시오. 남의 전공은 건드리지 마십시오. 특별히 드러내고 고발할 때, 이 점을 조심해야 합니다. 교육계에 있는 사람들은 교육계를 생각하십시오. 교육에 부름 받은 것이지 정치나 문화에 부름 받은 것이 아닙니다. 문화계에 있는 사람들은 자기 분야의 썩은 것들을 도려내는 일을 하십시오. 정치가는 정치권의 썩은 곳을, 군인은 군대의 썩은 것들을 도려내야 합니다.

이 부분에서 우리가 제일 먼저 시험당하는 것은 자기 것은 고치지 않고 다른 사람 것만 고치려 한다는 것입니다. 거기서 문제가 생깁니다. 남의 것도 문제가 많습니다. 그런데 다른 사람 것을 자꾸 간섭하기 시작하면 싸움이 벌어집니다. 왜 그러냐고 다른 사람을 다그치면 할 말이 없습니다.

이 말씀을 자기에게 적용해야 합니다. 나 자신부터, 내 가정부터, 내 직업에서부터 빛의 역사를 일으키는 것이 중요합니다. 각자 자기 것을 고친다면, 세상이 한결 밝아질 것입니다. 교회에서도 다른 교회 욕할 이유가 없습니다. 자기 교회를 먼저 생각하면 됩니다. 교회 내에서도 마찬가지입니다. 남의 부서에 간섭할 생각 말고 자기 부서 일을 열심히 하십시오. '내 안에 과연 빛이 있는가?' '나는 과연 잘하고 있는가?'부터 생각해 보십시오. 자기 일을 열심히 하면, 어느새 다른 사람들에게 빛을 비추기 시작합니다. "저 빛 좀 봐" "저 사람 좀 봐, 저기 기가 막힌 모습이 있어"라고 사람들이 말할 것입니다. 많은 사람이 우리를 보고 감동하게 될 것입니다.

그러므로 이르시기를 잠자는 자여 깨어서 죽은 자들 가운데서 일어나라 그리스도께서 너에게 비추이시리라 하셨느니라(엡 5:14).

이 부분을 헬라어 성경으로 보면, 시 형태로 되어 있습니다. 찬송가의 한 형태입니다. 다른 번역에 보면, "그리스도께서 너에게 빛을 주실 것이다"라고 되어 있습니다. 예수님이 우리에게 빛을 주실 것입니다. 이것이 본문이 우리에게 주는 마지막 메시지입니다.

우리는 모두 빛으로 살고 싶습니다. 빛의 자녀가 되고 싶습니다. 선하고 의롭고 진실한 빛의 열매를 맺고 싶습니다. 어떻게 하면 됩니까? 우리에게는 빛이 없습니다. 그런데 빛 되시는 예수 그리스도께서 우리에게 빛을 비춰 주실 것입니다.

그러니 마음의 문을 열고, 예수님의 빛을 받아들이십시오. 예수님을 보십시오. 예수님에게 매달리십시오. 예수님 안에 거하십시오. 예수님의 삶과 죽음과 부활과 재림을 생각하십시오. 예수님의 십자가의 보혈과 그 능력을 생각하십시오.

　빛이 우리 영혼을 비추기 시작할 것입니다. 그 빛의 힘으로 어두움은 물러가고, 우리 영혼에 선함과 의로움과 진실함이 스며들기 시작할 것입니다. 죽음에서 부활하듯이, 잠에서 깨어나듯이 어두움에서 일어납시다. 예수님과 함께 빛의 자녀답게 살아갑시다.

16

성령으로 행하라

에베소서 5:15-22

성령의 놀라운 역사

그리스도인의 삶이란 내 뜻대로 사는 삶이 아니라 하나님의 뜻대로 사는 삶입니다. 그리스도인은 그런 까닭에 하나님의 뜻대로 사는 사람입니다. 내 힘으로 사는 것이 아니라 오로지 하나님의 힘으로 사는 것입니다. 내 힘으로 신앙생활을 하려고 하면 할수록 힘들어지는 비참한 경험을 다들 해 봤을 것입니다. 그러므로 우리는 말씀에 비추어서 그 말씀에 순종하며 예수님 중심으로 살아야 합니다.

이 말씀을 좀 더 본질적으로 이야기하자면, 그리스도인의 삶이란 성령 안에서, 성령님과 함께, 성령님을 따라 사는 삶이라고 할 수 있습니다. 주님 뜻대로 살 수 있도록 실제적이고도 구체적으로 우리를 도와주시는 분이 성령님이기 때문입니다. 이 세상에서 하나님의 뜻대로 살 수 있게 하는 힘의 실제적 원천이 성령님입니다.

오순절 이후, 성령님은 역사 위에 집단적으로 그리고 집중적으로 나타나셨습니다. 오순절 이후 가장 강력하고도 뚜렷하게 성령의 역사가 나타난 때는 종교 개혁 시대입니다. 당시 하나님은 위클리프(John Wycliffe), 마틴 루터(Martin Luther), 칼빈(Calvin), 츠빙글리(Zwingli) 등을 통해서 역사하기 시작하셨습니다. 그 덕분에 전 세계의 영적 기운이 새로워졌고, 이 영적 기운은 영국과 미국의 대각성 운동으로 번져 갔습니다. 하나님은 요한 웨슬리(John Wesley), 조나단 에드워즈(Jonathan Edwards), D. L. 무디(D. L. Moody), 빌리 그레이엄(Billy Graham) 등을 통해 한 시대를 깨우고 강력하게 역사해 나가셨습니다.

1850년, 선교가 세계 무대에 등장했습니다. 네 사람이 모이면 한 사람의 선교사를 파송했던 모라비안 교도, '세계 현대 선교의 아버지'라 불리는 윌리엄 케리(William Carrey), OMF을 창설한 허드슨 테일러(James Hudson Taylor), WEC을 창설한 C. T. 스터드(C. T. Studd), WBT를 창설한 카메론 타운센드(Cameron Townsend) 등 선교의 사람들과 성령의 사람들이 움직이기 시작했습니다. 이때 이루어진 성령의 대역사는 오늘날 전 세계가 기독교화되는 데 결정적인 계기가 되었습니다. 이때마다 하나님은 성령을 집중적으로, 역사적으로, 국가적으로 움직이셔서 하나님의 일을 감당하게 하셨습니다.

최근에도 성령의 놀라운 역사가 세계 무대에 다시 한 번 등장한 바 있습니다. 아프리카, 남미, 한국, 중국 등이 그 무대가 되고 있습니다. 특히 중국에서 놀라운 것은, 모택동 집권 이전과 이후를 비교했을 때 집권 이후에 그리스도인들의 수가 훨씬 더 많아졌다는 사실입니다. 엄청난 숫자가 중국 대륙의 지하 조직에 누룩처럼 번져 있다는 보고가 현지로부터 들어오고 있습니다.

또한 전 세계에 예전에 보지 못했던 이상한 징후들이 숱하게 보이고 있습니다. 공산주의나 물질주의 또는 과학주의의 도도한 물결을 헤치고, 성령님이 교회를 쓰시고 하나님의 사람들을 쓰셔서 놀랍게 부흥시키시며, 성도들에게 거룩을 경험하게 하시고 거듭남과 충만함을 체험하게 하신다는 것입니다. 이것이 요즘의 영적인 기류입니다. 성령님께서 집단적, 역사적, 국가적으로 움직이시며 나타나고 계시는 것입니다.

우리 교회도 그냥 모여진 것이 아닙니다. 부흥하는 한국의 기독교 역사를 감당하기 위하여 하나님이 우리를 불러 모으신 것입니다. 성령님은 이렇게 집단적으로도 역사하시지만 동시에 개인적으로도 역사하고 계십니다.

우선순위를 정하는 지혜

그리스도인은 믿는 대로 사는 사람입니다. 기독교는 믿는 것과 사는 것이 달라질 때, 위기가 찾아옵니다. 교회는 부흥할 수 있으나 삶이 변하지 않을 수도 있기 때문입니다. 믿기만 하면 되니까, 즉 믿는 것과 생활하는 것이 분리될 수 있기 때문입니다.

> 그런즉 너희가 어떻게 행할지를 자세히 주의하여 지혜 없는 자같이 하지 말고 오직 지혜 있는 자같이 하여(엡 5:15).

바울은 우리가 어떻게 주의하여 행동해야 하는지를 들려줍니다. 여기서 "자세히 주의하여"는 "지혜 있는 자같이"를 수식합니다. 즉 어떻게 살 것인가를 주의 깊게 살펴 삶 가운데 행하라는 뜻입니다.

진정한 기독교의 개혁과 기독교의 부흥은 언제 일어납니까? 믿는 대로 살 때입니다. 목사는 설교하는 대로 살고, 성도는 말씀을 읽는 대로 사는 것입니다. 성령의 인도함대로, 완벽하게 그렇게 살지는 못하지만 그대로 살려고 애쓰고 몸부림치고 회개하고 애통할 때 부흥이 옵니다. 물론 우리에게는 전통이라는 선입견이 있습니다. 말씀대로 살지 못하게 하는 여러 가지 요인들이 우리를 감싸고 있습니다. 그러나 그것을 뚫고 말씀대로 살려고 애쓸 때 부흥이 일어납니다. 영적 역사가 일어납니다.

말씀을 듣고 순종하며 살려는 사람들을 가리켜 성경은 "지혜 있는 자"라고 말합니다. 지혜 있는 사람은 지혜롭게 인생을 설계하고, 지혜롭게 시간을 관리하며, 지혜롭게 자기에게 준 힘을 사용하며, 지혜롭게 돈을 사용하며, 지혜롭게 자기에게 주어진 환경과 여건을 사용합니다.

지혜롭게 살기 위해서는 성령의 지배가 필요합니다. 동시에 나의 결단과 용기와 믿음도 필요합니다. 이 세상이 너무나도 악하고 교활하고 복잡하기 때문에 우리 그리스도인들은 지혜롭고 적극적이어야 합니다. 그러면서 세상을 변화시키는 것입니다.

우선순위가 결정되면 지혜롭게 살 수 있습니다. 우리의 삶이 분주하고 바쁘고 뒤얽힌 이유는 우선순위가 결정되지 않았기 때문입니다. 중요한 것도 하고 중요하지 않은 것도 하고, 이것도 열심히 하고 저것도 열심히 하기 때문에 그것이 한꺼번에 몰려올 때는 모든 게 뒤죽박죽되는 것입니다.

큐티를 할 수 있는 유일한 비결은 우선순위를 결정하는 것입니다. 그러면 큐티가 쉬워집니다. 하루를 살아가는 데 제일 중요한 것이 무엇입니까? 하나님과의 만남에 우선순위를 두고 있습니까? 만약 그것이 중요하다고 느끼면, 하나님을 만나는 것으로 하루를 시작하게 될 것입니다. 그러나 그것이 중요하다고 느끼지 못하면 그냥 생활 속으로 들어갑니다. 그 차이입니다. 중요하게 느끼면 그것을 합니다.

제가 즐겨 쓰는 표현인데, 연애하는 사람들은 아무리 바빠도 애인을 만날 시간은 언제든지 준비가 되어 있습니다. 우리는 모두 하나님으로부터 하루 24시간을 똑같이 받았습니다. 그런데 우선순위가 결정되어 있지 않은 사람은 삶이 너무 바빠서 예수님을 믿는 것이 힘들기만 합니다. 사람은 누구나 이보다 더 중요한 것이 없다고 하면 다른 것을 다 끊을 용기가 생깁니다. 우선순위의 문제입니다. 지혜로운 사람은 먼저 할 것과 나중에 할 것을 구분합니다. 고난을 각오하고 우선순위를 실행하면 열매를 맺게 되어 있습니다.

지혜로운 부모는 우선순위를 자녀 교육에 두었기 때문에 그들이 성장한 후에도 별로 염려하지 않습니다. 그런데 그저 바삐 여기 저기 뛰어다녔던 부모는 이미 자신들의 품을 떠난 자녀를 보며 고민이 많습니다. 지혜롭다는 것은 우선순위를 잘 결정한다는 뜻입니다. 그래서 후회 없는 삶을 살도록 당신을 인도해 줍니다.

지혜로운 사람은 자기 길을 가면서도 결코 남에게 상처나 피해를 주지 않습니다. 다른 사람에게 오히려 위로와 용기와 도움을 주면서 자기의 길을 갑니다. 그리고 자기 길을 가되 하나님을 바라보며 갑니다. 하나님을 바라보면 지혜가 생깁니다. 지혜는 성령 충만할 때 생기는 것입니다.

야고보 사도는 "너희 중에 누구든지 지혜가 부족하거든 모든 사람에게 후히 주시고 꾸짖지 아니하시는 하나님께 구하라 그리하면 주시리라"(약 1:5)라고 말합니다. 그러니 하나님께 지혜를 구하십시오. 지혜의 근원이신 하나님이 성령과 지혜를 물 붓듯이 부어 주실 것입니다.

지혜로운 사람의 모습

바울은 지혜롭게 살려면, 세월을 아껴야 한다고 조언합니다. 때가 악하기 때문입니다(엡 5:16). "세월을 아끼라"는 말을 원어로 추적해 보면, '모든 주어진 기회를 선용하라'는 뜻입니다. 우리에게 주어진 모든 여건과 기회를 선용하는 것이야말로 세월을 아끼는 것입니다.

그러므로 건강할 때 일하십시오. 병들면 일할 수 없습니다. 건강할 때 전도하십시오. 아프면 전도할 수 없습니다. 먹을 것이 있을 때, 남을 도와주십시오. 이것이 기회를 선용하는 지혜입니다. 또한 높은 위치에 있을 때, 연약한 자를 가슴 아프게 하지 마십시오. 할 수만 있거든 자기 지위를 이용하여 어려운 사람들을 돕고 위로해 주십시오. 부정을 일삼으라는 말이 아닙니다. 자기 위치에서 할 수 있는 만큼만 남을 도와주라는 말입니다. 그리고 그 일을 통해 전도하십시오. 그래야 그 자리를 떠날 때 후회하지 않습니다.

부자와 거지 나사로의 얘기를 기억하십니까? 부자는 죽고 나니 물 한 방울도 어찌할 수가 없었습니다. 내가 살아 숨 쉴 때 일할 수 있는 것입니다. 헛된 일에 시간을 낭비하지 마십시오. 하나님이 주신 시간과 여건과 기회를 활용하는 것이 세월을 아끼는 방법입니다.

우리는 왜 이것을 시급히 해야 합니까? 때가 악하기 때문입니다. 때가, 곧 세상이 악하다는 말은 무슨 뜻입니까? 심판이 가까웠다는 뜻입니다. 즉 종말이 닥친다는 것입니다.

신약성경이 끊임없이 강조하는 것이 무엇입니까? 다시 오시겠다는 주님의 재림 약속입니다. 이 세상은 영원하지 않습니다. 영원한 것은 천국입니다. 우리는 잠깐 살다가 가는 나그네일 뿐임을 알아야 합니다.

저는 우리 모두 죽음을 의식하면서 살기를 바랍니다. 죽음이 있는 줄 아는 마음 하나만 있어도 우리는 다른 삶을 살 수 있습니다. 종말이 언제 올지 모릅니다. 주님이 언제 오실지 모릅니다. 그리고 자기가 언제 죽을지 모릅니다. 곳곳에서 일어나는 이변들을 통해서 우리는 많은 경고와 교훈을 받습니다. '폼페이 최후의 날'만 끝이 아닙니다. 어느 날, 온 우주가 최후를 맞이할 수도 있습니다.

그러므로 우리는 겸손하게 살아야 합니다. 바울은 "그러므로 어리석은 자가 되지 말고 오직 주의 뜻이 무엇인가 이해하라"(엡 5:17)고 말합니다. 어리석은 자가 되지 말고, 주의 뜻이 무엇인지 이해하라는 뜻입니다. 주님의 뜻을 깨닫는다는 것은 지혜롭다는 말과 동의어입니다.

바울은 지혜로운 것과 어리석은 것을 두 가지 그림을 통해 우리에게 보여 줍니다. 지혜롭지 못한 상태, 어리석은 상태는 성경의 표현을 빌리면 '술 취한 상태'입니다. 술 취한 사람들은 어떻습니까? 사리 분별을 제대로 하지 못하고 방황합니다. 술이 그를 지배합니다. 자신을 다스리지 못하고, 우왕좌왕합니다. 또한 술 취한 사람들은 현실 감각이 없습니다. 시끄러운 소리를 내고, 행동이 거칩니다. 술 취한 사람은 결코 남을 기쁘게 해 주지 못합니다. 성경은 술 취함의 결과는 방탕이라고 말합니다. 이것이 지혜롭지 못한 사람, 어리석은 사람의 모습입니다.

그러면 지혜로운 사람의 모습은 어떻습니까? 성령 충만한 상태입니다. 성경은 성령 충만하면, 네 가지 열매를 맺게 된다고 설명합니다. "오직 성령으로 충만함을 받으라"(엡 5:18)는 말은 잠시 그렇게 하라는 것이 아닙니다. 계속 충만하라는 것입니다.

예수님의 비유 중에서 '일곱 귀신 이야기'를 떠올려 보십시오.

더러운 귀신이 사람에게서 나갔을 때에 물 없는 곳으로 다니며 쉬기를 구하되 쉴 곳을 얻지 못하고 이에 이르되 내가 나온 내 집으로 돌아가리라 하고 와 보니 그 집이 비고 청소되고 수리되었거늘 이에 가서 저보다 더 악한 귀신 일곱을 데리고 들어가서 거하니 그 사람의 나중 형편이 전보다 더욱 심하게 되느니라 이 악한 세대가 또한 이렇게 되리라(마 12:43-45).

더러운 귀신은 사람에게서 나와 광야의 물 없는 곳을 두루 다니다가 갈 데가 없으면, 항상 옛집으로 돌아가려고 합니다. 예수님을 믿어서 귀신이 나가면, 그 귀신은 언제나 옛집, 즉 전에 머물렀던 사람을 그리워한다는 사실을 기억해야 합니다. 그래서 돌아다니다 갈 데가 없으면, 꼭 그곳으로 돌아갑니다. 귀신은 그 사람에게 다시 들어가기 전에 먼저 관망합니다. 예수님을 믿었기 때문에 집이 깨끗이 수리되고 청소되어 있습니다. 그런데 비어 있더란 말입니다. 그 빈 곳으로 귀신이 들어가는 것입니다.

반면에 성령 충만한 상태란 빈 곳이 없는 상태입니다. 성령으로 가득 채워진 상태입니다. 즉 성령 충만한 상태란 성령이 내주하시고, 그 영혼에 세례를 베풀어 인 치시고, 삶을 인도하시는 상태입니다. 바로 그리스도인의 모습입니다.

성령의 지배를 받으면, 성령을 좇아 살게 됩니다. 성령의 지배를 받으면, 열매를 맺게 되며(갈 5:22-23), 생수의 강이 배에서 흘러나오게 되며(요 7:38), 성령 안에서 의와 평강과 희락을 맛보고(롬 14:17), 성령으로 말미암아 하나님의 사랑이 우리 마음에 부은 바(롬 5:5) 되기 시작합니다. 마침내 전도하지 않고는 견딜 수 없는 마음이 됩니다. "오직 성령이 너희에게 임하시면 너희가 권능을 받고 예루살렘과 온 유대와 사마리아와 땅끝까지 이르러 내 증인이 되리라"(행 1:8)라고 하신 말씀이 이루어지는 것입니다. 그러므로 성령 충만한 상태에 이르면, 삶 가운데 놀라운 역사가 역동적으로 일어나기 시작합니다.

성령 충만함의 열매들

성령의 충만을 받으면, 두 가지 현상이 나타납니다. 내적인 열매와 외적인 열매가 각각 맺히는 것입니다. 내적인 열매는 성령의 아홉 가지 열매입니다. 그리스도의 인격과 성품이 내 안에서 이루어지기 시작합니다. 또한 성령 충만하면, 외적인 열매가 맺히기 시작하는데, 바로 전도의 열매입니다.

성령 충만한가, 그렇지 않은가는 열매를 보면 알 수 있습니다.

예수님을 오래 믿은 것으로는 성령 충만을 판가름할 수 없습니다. 내 전도 덕분에 예수 그리스도를 주님으로 영접하게 된 사람이 있는가 없는가를 통해 알 수 있습니다. 대개 전도는 예수님을 갓 믿은 사람이 잘합니다. 오래 믿은 사람은 복음을 전해도 되지 않는다는 이상한 믿음을 가지고 있어서 아예 하지 않기로 결정하는 경우가 많습니다.

왜 갓 믿은 사람이 전도를 잘하는 줄 압니까? 자기가 믿어 보니까 남도 믿을 것 같아서입니다. 성경도 모르고 기독교에 대해서도 잘 모르지만, 자기가 믿었으니까 남도 믿을 것 같아서 열심히 전도합니다.

성령 충만하면, 과연 어떤 일들이 일어나는지 살펴보겠습니다.

> 시와 찬송과 신령한 노래들로 서로 화답하며 너희의 마음으로 주께 노래하며 찬송하며(엡 5:19).

첫째, "시와 찬송과 신령한 노래들로 서로 화답"하는 역사가 일어납니다. '서로 화답한다'는 말에 주의하십시오. 인간과 인간 사이, 즉 부부 사이나 부모와 자녀 사이에 시와 찬미와 신령한 노래가 넘친다는 뜻입니다. 그러므로 성령 충만하면 부부 사이에, 자녀와의 사이에 기막힌 관계가 이뤄지기 시작합니다. 서로 나누고 싶어서 어쩔 줄 모릅니다. 시편 말씀이 입에서 튀어나오고, 찬양이 흘러나옵니다. 기쁜 상태가 계속 유지됩니다. 성령 충만하면, 인간과 인간 사이에 이러한 일이 벌어진다고 성경은 말합니다.

둘째, 주님과 대화하게 됩니다. 즉 "주께 노래"하게 됩니다. 처음에는 인간과 인간 사이에 시와 찬미와 신령한 노래가, 그다음에는 내 영혼에서 찬송이 터져 나오기 시작합니다. 찬송가 노랫말처럼 "내 영혼이 은총 입어 중한 죄 짐 벗고 보니 슬픔 많은 이 세상도 천국으로 화하도다"를 경험하는 것입니다.

이처럼 마음이 변하면, 세상이 변합니다. 세상이 문제가 아닙니다. 문제는 우리 마음입니다. 그래서 바울은 빌립보 교회에 보내는 편지에 이렇게 썼습니다.

> 아무것도 염려하지 말고 다만 모든 일에 기도와 간구로, 너희 구할 것을 감사함으로 하나님께 아뢰라 그리하면 모든 지각에 뛰어난 하나님의 평강이 그리스도 예수 안에서 너희 마음과 생각을 지키시리라(빌 4:6-7).

성경은 환경을 바꿔 주겠다고 말하지 않습니다. 대신에 마음을 지켜 주겠다고 말합니다. 내가 변하면, 우리 가족이 변합니다. 내가 변하면, 내 주위가 변하고, 내 직장이 변합니다. 내가 변하면, 모든 것이 좋아집니다. 이것이 하나님의 관점이며 시선입니다. 하나님의 시선을 느낀 사람은 세상의 어떤 시선에도 낙심하지 않습니다. 가난과 질병과 어떤 고통도 그를 괴롭힐 수 없습니다. 그가 하나님의 시선을 느꼈기 때문입니다.

셋째로 성령 충만하면 모든 것에 감사하게 됩니다. 그래서 성경은 "범사에 우리 주 예수 그리스도의 이름으로 항상 아버지 하나님께 감사"(엡 5:20)하라고 말합니다. 성령 충만하면 감사가 넘치기 시작합니다. 만약 내 입술에 감사가 없으면, 성령 충만하지 않은 것이라고 해도 틀린 말이 아닙니다.

감사는 사람의 특권입니다. 무신론자의 최대 고민은 감사할 대상이 없다는 사실입니다. 감사하고 싶을 때, 감사할 대상이 없는 것입니다. 라인홀드 니버(Reinhold Niebuhr)는 "기독교인들의 덕은 세 가지가 아닌 네 가지인데, 믿음, 소망, 사랑 그리고 감사다"라고 말했습니다.

누구에게 감사해야 합니까? 하나님께 감사하십시오. 창조주 하나님께, 내 생명을 주신 하나님께, 나의 삶을 인도해 주시는 하나님께, 나를 만드셨을 뿐만 아니라 마지막 날까지 나를 붙들어 주실 하나님께 감사하십시오. 그리고 부모에게 감사하고, 남편에게, 아내에게, 형제에게, 친구에게도 감사하십시오.

또한 그리스도의 몸 된 교회에 감사하십시오. 교회는 기도의 공동체, 사랑의 공동체, 봉사의 공동체, 예배의 공동체, 구제의 공동체, 선교와 훈련의 공동체입니다. 우리에게 교회를 주신 하나님께 감사하십시오.

성령 충만할 때 맺히는 네 번째 열매는 순종입니다. 성령 충만하면, 서로가 서로에게 순종하게 됩니다. 바울은 우리에게 "그리스도를 경외함으로 서로 복종하십시오"(엡 5:21)라고 권면합니다. 지배는 사탄의 속성이요 섬김은 그리스도의 속성입니다.

순종은 억지로 하면 안 됩니다. 순종하기로 결심했으면 기쁨으로 순종하십시오. 찡그리지 말고, 정성껏 기쁨으로 대접하십시오. 모든 일에 순종할 때, 기쁨으로 하지 않으면 역효과만 생깁니다. 그러니 기쁨으로 하십시오. 중요한 것은 마음 상태입니다. 내 마음이 기쁨으로 충만하면, 한겨울의 추위도 작은 사랑의 손으로 녹일 수 있다는 사실을 깨닫기 바랍니다. 환경은 우리 마음에 따라서 좋아질 수도 있고 나빠질 수도 있습니다. 내 마음에 따라 초가집이 궁궐이 될 수도 있다는 뜻입니다.

성령 충만해야 지혜로워지며, 성령 충만해야 놀라운 삶이 열립니다.

17

부부에게 임하는
하나님 나라

에베소서 5:22-33

하나님 나라를 향한 꿈

아무리 훌륭한 교리를 알고, 기막힌 실천 원리를 배우더라도 실제로 적용하지 못하면, 모두 헛것이 되고 맙니다. 실천 원리를 적용할 대상이 중요합니다.

예수님은 세상에 하나님 나라를 이루려고 오셨습니다. 하나님 나라는 '하나님의 의가 지배하는 곳'입니다. "그런즉 너희는 먼저 그의 나라와 그의 의를 구하라 그리하면 이 모든 것을 너희에게 더하시리라"(마 6:33)라고 하신 말씀도 바로 이 뜻입니다. 그러므로 예수 그리스도를 주로 고백하고, 하나님을 믿는 그리스도인이라면, 누구나 새 사회와 새로운 세계에 대한 비전과 환상을 분명히 갖게 됩니다. 예수님을 믿는 사람이 그저 믿는 그 자체로 만족한다든지, 교회를 왔다 갔다 하는 것으로 신앙생활에 만족을 느낀다면, 뭔가 잘못된 것입니다.

새로운 사회의 환상은 새 하늘과 새 땅이라고 하는 큰 그림을 향합니다. 구체적으로는 우리가 살고 있는 이 현실에서부터 내가 속해 있는 가족과 사회와 국가가 변하며, 지금도 계속되는 성령의 행진 속에 역사가 거듭난다는 환상입니다. 이 환상은 공산당들이 꿈꾸는 공산주의의 환상과 비교할 수 없는 엄청난 환상입니다.

오늘날 기독교의 비극은 이 환상을 잃어버렸다는 데 있습니다. 기독교가 공산주의만큼도 못하게 된 이유는 이 환상을 잃어버렸기 때문입니다. 우리에게는 새 하늘과 새 땅, 하나님 나라와 하나님의 의라고 하는 이 엄청난 환상이 있어야 합니다.

사실 이 환상이 구체적으로 적용되어야 할 곳은 교회입니다. 그러나 정작 교회에는 하나님 나라를 경험하지 못한 사람들이 많습니다. 오히려 씁쓸했던 경험이 더 많습니다. 그러므로 교회에서 하나님을 만나고 하나님을 믿는 사람들의 만남이 어떠한 것인지를 경험하지 못하면 우리는 세상에 가서 하나님 나라를 결코 경험할 수 없습니다.

또 이 환상이 적용되어야 할 곳은 예수님을 믿는 사람들의 가정입니다. 예수님을 믿는 가정도 문제는 많습니다. 집사요 장로요 목사라는 타이틀이 거창하게 붙어 있는 사람들이 실제로 집에서는 하나님 나라를 경험하지 못합니다. 예수님을 믿는 것이 다 그저 그렇고 그런 것이고, 교회라는 게 다 그저 그렇고 그런 것으로 생각하기 때문입니다. 적당하게 타협하고 현실에 안주해 버리는 것입니다.

우리는 여기서부터 깨어나야 합니다. 성경이 말하는 가정에 대한 환상, 사회에 대한 환상, 국가에 대한 환상, 역사 속에 하나님이 원하시는 하나님의 의가 지배하는 하나님 나라가 임했을 때 어떤 현상들이 일어나는지에 대한 환상을 성경으로부터 다시 배워야 합니다.

우리가 분명히 믿는 것 중의 하나는 하나님 나라는 죽어서 이루어지는 것이 아니라 예수 그리스도를 영접한 순간부터, 바로 그 순간부터 시작된다는 사실입니다. 천국은 이미 우리 가운데 임했다고 말씀하셨습니다. 찬송가 438장 〈내 영혼이 은총 입어〉의 가사대로 "초막이나 궁궐이나 내 주 예수 모신 곳이 그 어디나 하늘나라"입니다.

그러므로 천국은 교회에서부터 경험되어야 합니다. 성가대에서, 교회 학교에서부터 경험되어야 합니다. 새신자반, 성경 공부반에서부터 경험되어야 합니다. 여기서부터 천국을 맛보기 시작해야 합니다.

우리는 일과가 끝나거나 교회에서 예배가 끝나면 가정으로 돌아갑니다. 그 가정에서 천국을 경험해야 합니다. 그리스도인이 존재하는 곳이면, 어디든지 하나님의 새 사회가 이루어져야 합니다.

남편과 아내의 새로운 관계

하나님이 원하시는 새로운 사회를 이루기 위해서는 무엇이 필요합니까? 가장 중요한 원리는 성령 충만의 원리입니다. 가정에서, 직장에서, 교회에서 그리고 이 사회에서 단순히 평범한 종교 생활이 아니라 정말 성령이 지배하는 새 사회의 경험은 모든 사람이 성령으로 충만하게 되는 순간부터 시작됩니다. 이 세상은 자기 사랑의 원리가 지배하지만 천국, 곧 하나님 나라는 하나님의 사랑의 원리가 지배합니다.

그러므로 성령이 한 개인에게 충만하게 임하면, 술에 취해 흥청 망청하던 분위기가 씻은 듯이 사라지고 "시와 찬미와 신령한 노래 들"이 그 입술에서 터져 나오기 시작합니다. 성령이 가정과 교회에 임하면, 그곳은 주님께 찬양하는 찬양의 공동체로 변하기 시작합 니다. 어떤 위기나 고난이나 패배가 우리 앞에 닥쳐와도 감사가 넘 치게 됩니다. 서로 복종하고 남을 나보다 낫게 여기고 사랑하고 존 경하고 섬기는 분위기가 됩니다. 이것이 바로 새로운 경험입니다.

하나님이 우리에게 임하시면, 우리가 처한 환경을 변화시켜 주 시기보다는 우리 마음과 생각을 지켜 주십니다. 이것이 하나님의 방법입니다. 그러므로 바울은 "아무것도 염려하지 말고 다만 모든 일에 기도와 간구로, 너희 구할 것을 감사함으로 하나님께 아뢰라 그리하면 모든 지각에 뛰어난 하나님의 평강이 그리스도 예수 안 에서 너희 마음과 생각을 지키시리라"(빌 4:6-7)라고 말합니다. 마 음과 생각이 하나님의 평강으로 가득 차기 시작하면, 우리 자신이 변할 뿐 아니라 우리가 환경을 이끌게 됩니다.

성령 충만은 근본적이고 본질적인 변화를 일으킵니다. 이것은 마치 카세트에 끼워 둔 테이프를 바꿔 끼는 것과 같은 원리입니다. 흘러간 가요나 최신 팝송 테이프를 넣으면, 아무리 틀어도 그 노래 밖에 나오지 않습니다. 그러나 성가곡 테이프를 넣으면 성가곡이 흘러나옵니다.

그렇습니다. 성령 충만이라는 것과 거듭났다는 얘기는, 어떤 것을 빼고 새로운 것을 집어넣었다는 얘기입니다. 외모는 그대로 있습니다. 그러나 근본이 바뀌었습니다. 내 배에서 생수의 강이 넘치는 것처럼 성령이 내 마음과 생각을 지배하게 되면 내 속에 움직이는 모든 것들 즉 가치관, 세계관, 우주관에 근본적인 혁명이 일어납니다.

두 번째로 하나님의 새 사회는 성령 충만의 원리에 입각한 사람들이 형성하는 새로운 관계를 말합니다. 즉 새 사회란 새 관계입니다.

여기서 성경은 구체적으로 적용할 세 가지 모델을 제시합니다. 첫 번째 모델은 가정의 수평적 구조로서 아내와 남편과의 관계이고, 두 번째 모델은 가정의 수직적 구조로서 부모와 자녀의 모델입니다. 세 번째 모델은 사회의 가장 기본적인 구조로서 주인과 종의 모델입니다. 로마 제국 당시에 종이 6천만 명이나 되었습니다. 우리나라 인구보다도 훨씬 많습니다. 이 모델은 주종 사회, 즉 고용주와 노동자의 관계, 정부와 국민의 관계 모두에 적용됩니다.

첫 번째 모델부터 살펴보겠습니다. 여기서는 그 첫 번째 구조인 가정의 수직적 구조, 즉 아내와 남편의 관계를 통해서 하나님이 새로운 사회를 어떻게 이루어 가시는가를 살펴볼 것입니다.

성경은 하나님의 새 사회를 이룩하는 데 가장 중요하고도 근본적인 관계는 남편과 아내의 관계에서부터 시작한다고 강조합니다. 여기서 우리가 흔히 실수하는 것이 있습니다. 부부 관계보다 자녀 관계를 더 중요하게 생각한다는 사실입니다. 주위에 그런 가정이 참 많습니다. "부부는 이혼할 수 있다. 그러나 피는 물보다 진하니 자식만큼은 포기하지 못한다. 오늘 당장 이혼하고 싶지만, 자식 때문에 산다"는 얘기를 정말 많이 들었습니다.

그러나 그렇지 않습니다. 이것은 비성경적인 이야기입니다. 성경은 자녀 관계보다 부부 관계가 더 우선이라고 말합니다. 그래서 바울도 부모와 자녀 관계부터 이야기하지 않고, 남편과 아내를 첫 번째 적용 대상으로 언급한 것입니다.

노력과 투자가 필요한 관계

부부 관계는 사회관계보다 우선합니다. 특히 부유층이나 사회 지도층에서 이 문제로 크게 고민하는 예가 적지 않습니다. 사회적으로는 성공했으나 부부 관계에서는 실패하는 사례가 많다는 증거입니다.

세상적으로는 성공했습니다. 세상적으로는 존경받는 사람이요, 권력 있는 사람이요, 능력 있는 사람입니다. 그러나 부부 관계에서는 공개할 수 없는 참담함을 숨기고 살아가는 사람들이 많습니다. 행복한 부부처럼 위장하고 삽니다.

성경은 우리에게 성령 충만을 받으라고, 시와 찬미와 신령한 노래로 노래하며 주께 찬양하라고 명령합니다. 이 명령이 제일 먼저 적용되어야 할 대상이 바로 부부 관계입니다. 그다음이 자녀 관계이고, 그다음이 주인과 종의 관계입니다.

부부 관계는 전통이나 습관 또는 윤리 및 도덕에 따라서 가만히 있어도 자연적으로 이루어지는 관계가 아닙니다. 아내는 남편에게 순종해야 하고, 남편은 아내를 사랑해야 합니다. 어떻게 노력하면 좋을까요?

노력한다는 것은 바꾸어 말하면, 노력하지 않으면 부부 관계가 깨진다는 뜻입니다. 결혼했으니까 자동적으로 아이를 낳고 살 것으로 생각하면 오산입니다. 부부 관계는 가장 값비싼 대가를 치르며 매일 최선의 우선순위를 두고 애쓰고 노력해야만 이루어지는 것입니다. 이것이 깨지면, 자녀 관계나 사회관계도 다 실패하고 맙니다.

이 문제는 성경이 약속한 대로 정말 죽을힘을 다해 지켜야 할 지상 명령입니다. 성경은 하나님이 짝지어 주신 것을 사람이 결코 나누지 못한다고 말합니다. 이혼은 마귀가 하나님의 가정을 파괴하는 방법입니다. 이혼 위기에 놓인 사람이 얼마나 많습니까? 무섭고 심각한 도전입니다. 이것을 막아야 합니다. 어떤 방법으로든 부부 관계를 지켜야 합니다. 왜냐하면 부부 관계는 성경이 말하는 모든 관계의 가장 기본이기 때문입니다.

그러니 부부가 서로 노력하고 애쓰십시오. 좀 더 구체적으로 말하자면, 부부가 함께 있는 시간을 많이 가지십시오. 부부는 함께 있어야 합니다. 자꾸 부딪히고, 자주 만나야 합니다. 직업을 포기하는 한이 있어도 만나야 합니다. 직장보다 더 중요한 것이 부부 관계입니다.

그러므로 함께하기 위해 필사적인 노력을 하십시오. 별의별 수단을 다 써서라도 만나는 시간을 확보해야 합니다. 그것은 닮음의 원칙 때문에 그렇습니다. 부부는 한 달 이상 헤어져 있으면, 남남처럼 됩니다. 서로를 보지 않으면 잊어버립니다. 그러니 어떻게 해서든지 비비며 살아야 합니다. 그래야 이 원칙이 살아납니다.

또 부부가 함께 작업하는 일이 있어야 합니다. 즉 공동 취미가 있는 것이 좋습니다. 수영이나 조깅이나 등산이나 무엇이든 같이 하는 것이 있어야 합니다. 이런 것이 없이 말만으로는 좋은 관계가 유지될 수 없습니다.

남편은 아내가 설거지할 때, 가능한 한 같이 있으십시오. 설거지를 아내에게만 맡기지 말고 같이 해 보십시오. 설거지하면서도 많은 얘기를 나눌 수 있습니다. 참 중요한 일입니다. 이런 일들을 아주 귀찮게 여기지 마십시오. 그리고 아내는 남편의 스웨터를 손수 짜 보십시오. 짜면서 남편에 대해 많은 생각을 하게 될 것입니다. 옷 한 벌 사는 것은 너무나 쉬운 일입니다. 그러나 스웨터를 짜면 그동안 애정이 쌓이고 기도가 쌓일 것입니다.

부부는 매사에 항상 서로 묻고 동의를 구해야 합니다. 언젠가 아내한테서 눈총을 받은 일이 있습니다. 으레 동의해 주겠지 하고 아내한테 동의를 구하지 않고, 뭔가를 시작했었는데 자기가 모르는 일이 진행되니까 섭섭했던 모양입니다. 누구든지 있을 수 있는 일입니다. 아무리 당연한 일이라도, 알고 하는 것과 모르고 하는 것은 엄연히 다르기 때문입니다.

다시 말하건대 부부 관계는 노력이 필요합니다. 시간을 투자해야 합니다. "당신은 아내니까 남편인 나한테 무조건 순종해야 해"라고 말해서는 안 됩니다. "당신은 남편이니까 아내인 나를 무조건 사랑해야 해, 알았지?"라고 말해서도 안 됩니다. 직장에서 인정받고 진급하는 것보다 부부 관계의 증진을 위해 더 노력해야 합니다. 진급은 포기해도 이것을 포기해서는 안 됩니다. 부부는 영원까지 함께할 관계이기 때문에 그렇습니다.

부부 관계에서 성공하면 자녀 관계에서도 반드시 성공합니다. 이 관계에서 실패하면, 아무리 똑똑한 자녀를 두었다 해도 아무리 좋은 학교를 보냈다 할지라도 성공한 것이 아닙니다. 부부가 사랑하는 모습을 보여 주는 것만큼 자녀에게 큰 교육이 없습니다. 그 분위기를 보여 주는 것만큼 더 큰 사랑이 없습니다. 이것은 지식으로 하는 교육이 아닙니다.

권위와 순종의 질서

아내와 남편을 행복한 관계로 이끄는 두 번째 원칙을 살펴보겠습니다. 성경에 따르면, 두 번째 원칙은 순종과 사랑의 관계입니다. 이것이 허물어지면, 모든 것이 허물어집니다. 순종과 사랑의 원칙은 하나님과 인간의 관계 질서의 원칙이요 그리스도와 교회의 원칙입니다.

관계는 질서에서 나오고, 질서는 권위에서부터 나옵니다. 그러므로 권위가 허물어지면, 모든 것이 허물어지고 맙니다. 평등이라는 것도 참된 권위 아래서 생기는 법입니다.

권위에도 잘못된 권위와 바른 권위가 있습니다. 잘못된 권위는 지배적 권위요 올바른 권위는 책임적 권위입니다. 지배적 권위를 쓰면, 질서가 경직되고 무너지고 관계가 깨집니다.

우리는 이러한 예를 하갈과 사라에게서 잘 볼 수 있습니다. 사라가 권위를 잘못 씀으로써 하갈이 도망갑니다. 하나님이 부모에게 권위를 주셨지만, 이 권위를 잘못 쓰면 자녀들이 가출합니다. 또 남편에게 권위를 주셨지만, 그가 권위를 잘못 쓰면 아내가 도망갑니다. 아주 간단한 이치입니다.

하나님은 성경에 최대 권위를 부여하셨습니다. 이 권위가 무너지면, 역사는 망합니다. 반대로 이 권위가 살면, 역사가 삽니다. 하나님에 대한 권위가 무너지면, 무신론의 세계가 되고, 진화론의 세계가 됩니다. 하나님의 권위가 인정되면, 평화와 자유와 기쁨이 옵니다. 남편의 권위가 서면, 가정이 바로 섭니다. 부모의 권위가 서면, 올바른 자녀 교육이 됩니다.

권위는 지배하라고 주신 것이 아니라 책임을 지라고 주신 것입니다. 대부분의 사람이 이 권위를 잘못 쓰기 때문에, 사리사욕과 자기 영달과 이기적인 욕망을 채우기 위한 도구로 쓰기 때문에 문제가 생기는 것입니다. 하갈처럼 전부 도망가게 만드는 것입니다. 그런 권위 아래에는 아무도 있으려고 하지 않습니다.

예수님의 권위는 어떤 권위입니까? 사랑의 권위, 헌신의 권위, 희생의 권위입니다. 그런데 우리 사회에서 남편들의 권위를 들여다보면, 폭력의 권위, 돈 많이 벌어다 주는 권위입니다. 이 권위로는 절대로 아내를 순종시킬 수 없습니다. 예수님의 권위로 행해야 아내가 남편에게 순종하게 됩니다. 사랑의 권위, 희생하는 권위, 헌신하는 권위이어야 합니다. 남편과 아내의 관계는 이러한 측면에서 생각해야 합니다. 요점은 간단합니다. 가정과 국가와 신앙 세계에도 권위가 필요한데, 그 권위는 예수님의 권위여야 합니다.

아내가 예수님을 더 잘 믿는 경우가 있습니다. 이럴 때는 길이 하나밖에 없습니다. 남편이 영적 권위를 얻기까지 아내가 희생해야 합니다. 어떻게든 남편의 영적 권위를 세워야 합니다. 반드시 세워 주어야 합니다. 아버지가 믿음이 없고 흔들리는데, 엄마가 믿음이 좋으면 자녀들은 갈등을 겪습니다.

그러므로 아내들에게 이렇게 부탁합니다. 남편의 믿음의 밑으로 스스로 내려가십시오. 남편의 권위가 설 때까지 그의 아래서 눈물 흘리며 인내하십시오. 그래야만 가족이 삽니다. 그것이 하나님의 원칙입니다.

순종하십시오. 그것이 행복한 가정을 이루기 위한 하나님의 첫 번째 전략입니다. 순종 없는 권위는 없습니다. 권위에는 반드시 순종이 따라야 합니다. 이것은 지배와 우월의 개념이 아니라 바른 질서의 개념입니다. "순종이 제사보다"(삼상 15:22) 낫다고 했습니다. 이것이 은혜받는 비결입니다. 예수님은 하나님의 뜻에 완전히 순종하셨습니다. 십자가를 지시기까지 순종하셨습니다.

그러므로 우리가 순종 못 할 이유는 없습니다. 십자가를 질 각오만 되어 있다면, 순종 못 할 이유가 없습니다. 순종해야 할 때, 가장 걸림돌이 되는 것은 바로 자존심입니다. 예수님은 "누구든지 나를 따라오려거든 자기를 부인하고 자기 십자가를 지고 나를 따를 것이니라"(마 16:24)라고 말씀하셨습니다.

행복한 가정을 이루기 위한 하나님의 첫 번째 전략은 아내의 순종에 있습니다. 이것은 우열의 개념이 아니라 은총의 질서입니다. 질서를 위해 아랫사람이 윗사람에게 순종해야 하듯이 부인은 남편에게 순종해야 합니다. 이것이 성경적입니다.

그리스도인에게 있어서 남편의 위치는 주님과 같다는 것을 기억해야 합니다. 남편을 예수님처럼 모시라고 했습니다. 주님과 같이 대하라고 했습니다. 만일 예수님이 우리 집에 찾아오신다면, 어떻게 대접하겠습니까? 남편을 예수님처럼 대접하십시오. 성경은 가정에서 남편의 위치는 아내의 머리라고 분명히 말합니다. 예수님이 교회의 머리 되신 것과 마찬가지입니다.

그러므로 교회가 그리스도에게 하듯 아내들도 범사에 자기 남편에게 복종할지니라(엡 5:24).

"범사에"라는 말을 기억합시다. "범사에" 복종할 수 있는 힘은 어디서 나옵니까? 성령 충만입니다. 성령 충만하지 않으면, 절대로 할 수 없습니다.

행복한 가정을 이루기 위한 하나님의 두 번째 전략은 남편의 사랑입니다.

남편들아 아내 사랑하기를 그리스도께서 교회를 사랑하시고 그 교회를 위하여 자신을 주심 같이 하라(엡 5:25).

"남편들아 아내 사랑하기를"이란 말을 주의해서 보십시오. 헬라어 성경을 보면, 여기서 쓰인 "사랑"은 '필레오'(φιλέω)가 아니라 '아가페'(ἀγάπη)입니다. 아가페는 '그럼에도 불구하고'의 사랑입니다. 사랑할 만하지 않아도, 사랑할 조건이 없어도 사랑해야 합니다. 이유 막론하고 사랑해야 한다는 뜻입니다.

마지막으로, 성경은 부부는 한 몸이라고 말합니다. 그런데 왜 싸웁니까? 한 몸이 못 되고, 따로따로 생각하기 때문입니다. 한 몸이라고 생각한다면, 싸우지 않습니다. 남편을 또는 아내를 자기 몸처럼 주님이 우리에게 보여 주신 순종과 사랑으로 남편과 아내를 대하며 주님이 기뻐하시는 부부 관계를 이루어 가기를 바랍니다.

18

가정에 임하는
하나님 나라

에베소서 6:1-4

이상적인 가정

구원받은 그리스도인의 성령 충만한 가정은 에베소서의 중심 메
시지입니다. 바울이 전하는 하나님이 원하시는 새로운 가정은 이
상적인 세계입니다. 그러므로 새로운 가정이라는 하나님의 이상
적인 세계에 대한 경험만큼 우리 그리스도인에게 소중한 경험은
없습니다. 그리스도인의 가장 큰 슬픔 중의 하나는 이상은 있는데,
그 이상을 실제로 경험하지 못하는 것입니다.

어떤 집에 가 보면, 가족끼리 그냥 보기만 해도 서로 사랑이 넘
칩니다. 서로 깊이 신뢰하고, 가정에 말씀과 기도가 충만합니다.
그런 집에 가면 아침부터 저녁까지 그들과 함께 있고 싶을 정도로
기분이 좋습니다. 바로 이런 이상적인 사랑의 공동체에 대한 체험
이 있을 때, 우리는 세상이 아무리 어려워도 절망하지 않습니다.

그리스도인의 가정이란 이 땅에서 천국을 경험할 수 있는 유일
한 장소이자 하나님의 가장 큰 선물입니다. 사람은 누구든지 '가
정'이라는 울타리 속에 존재합니다. 그렇기 때문에 가정이 어떠한
가에 따라서 그 사람의 인격과 신앙이 결정되는 것은 두말할 필요
가 없습니다.

이상적인 가정이라고 할 때, 우리는 기본적으로 두 가지 구조를

생각합니다. 첫째는 수평적인 구조로서 남편과 아내의 관계입니다. 둘째는 수직적인 부분으로서 부모와 자녀의 관계입니다. 수평적인 관계와 수직적인 관계 중심에 바로 예수 그리스도께서 계신 곳이 바로 그리스도인의 가정입니다. 행복하고 이상적인 가정은 어떤 한 구조만 있다고 해서 완성되는 것은 아닙니다.

그러므로 부부 관계는 부모 자녀 관계이며 상호 보완의 관계이며 상호 필수적인 관계입니다. 이것의 연결 고리이자 중심 교차로가 되는 분이 바로 예수 그리스도입니다.

믿음과 성령이 충만한 부부, 사랑과 신뢰와 존경이 넘치는 부부 사이에서 자라는 자녀는 결코 잘못될 수가 없습니다. 그러나 거칠고 위선적이고 이기적인 부부 사이에서 자라나는 자녀가 잘되는 것은 기대하기 힘듭니다. 하나님이 특별히 도와주셔서, 최악의 상황에서 최선이 나올 수도 있지만, 그것은 예외적 상황일 뿐 정상적인 경우는 아닙니다. 그러므로 우리는 예외를 바라볼 수는 없습니다.

자녀가 부모에게

성경이 제시하는 이상적인 부모 자녀 관계에 대해서 강조하고 싶은 부분이 있습니다. 먼저, 부모와 자녀 사이에 일방적 관계는 없다는 사실입니다. 어떤 관계든 모두 상호적입니다. 그러므로 잘못이 있다는 것은 쌍방에 모두 책임이 있다는 말입니다. 아내와 남편의 관계도 그렇고, 부모 자녀 관계도 마찬가지입니다. 부모만 일방적으로 잘못할 수 없으며 자녀만 일방적으로 잘못할 수 없습니다. 관계는 상호 작용하는 것이기 때문입니다.

하나님이 일방적으로 우리를 짝사랑하신다고 끝나는 것이 아닙니다. 우리가 믿음으로 그 하나님의 사랑에 응답할 때, 비로소 신앙의 역학 관계가 이루어집니다. 아무리 하나님이 우리를 사랑하신다고 해도 내가 하나님의 사랑에 반응하지 않으면, 무슨 소용 있습니까? 하나님의 엄청난 은혜에 사랑과 믿음으로 응답할 때에야 하늘의 사건이 땅에서 이루어지는 역사가 일어납니다. 부모와 자녀의 관계는 동시적으로 일어난다고 성경이 말하는 이유가 바로 이것입니다.

그러므로 우리는 이 문제를 자녀 된 입장에서, 그리고 부모 된 입장에서 생각해야 합니다. 부모의 위치란 동시에 자녀의 위치이기도 하기 때문입니다. 즉 부모와 자녀라는 개념이 한 사람 안에 동시에 존재하므로 관계에서 생기는 문제는 종합적으로 생각해야만 풀린다는 것입니다.

부모 자녀 사이의 문제를 생각할 때, 먼저 생각할 것은 부모의 위치에서 풀어 가는 것이 아니라 자녀의 위치에서부터 풀어 가야 한다는 점입니다. 만약 그렇지 않다면, 부모들에게 먼저 권면했을 것입니다. 그러나 내가 부모이자 자녀라는 개념에서 볼 때, 자녀 입장에서 먼저 문제를 풀어 나가야 문제가 풀립니다.

자녀가 부모를 공경하고, 부모에게 순종해야 하는 이유를 세 가지 측면에서 살펴볼 수 있습니다. 첫째는 양심과 도덕적 측면입니다. 즉 인간의 본질적 측면에서 이 문제에 접근해 볼 수 있습니다. 자녀가 부모를 섬기고, 공경하고, 부모에게 순종해야 한다는 것은 성경이 아니더라도 많은 곳에서 찾아볼 수 있습니다. 본능적이며 자연적인 것이라는 뜻입니다. 이것은 특별 계시가 아니라 자연법의 일부입니다.

이것은 기독교 윤리에서만 독특하게 강조되는 것이 아니라 모든 사회가 갖는 공통적인 특성입니다. 고대 그리스, 로마의 사상에도 이런 견해가 있었습니다. 스토아 철학까지도 이러한 주장을 자연스러운 것으로 생각했습니다. 특별히 동양 사상에서, 공자의 사상을 중심으로 형성된 한국, 중국, 일본의 유교 문화권에서 이 사상이 뿌리 깊다는 것을 발견합니다.

두 번째로, 자녀가 부모를 공경하며 순종해야 하는 이유는 성경이 명령하기 때문입니다. 도덕법과 자연법이 이야기할 뿐 아니라 한 걸음 더 나아가 구약의 율법이 우리에게 이것을 명령하고 있습니다. 구약의 십계명에서 "네 부모를 공경하라 그리하면 네 하나님 여호와가 네게 준 땅에서 네 생명이 길리라"(출 20:12)라는 명령은 인간이 인간에게 지켜야 할 첫째 계명으로 꼽힙니다. 또 신명기에는 "너는 네 하나님 여호와께서 명령한 대로 네 부모를 공경하라 그리하면 네 하나님 여호와가 네게 준 땅에서 네 생명이 길고 복을 누리리라"(신 5:16)라고 기록되어 있습니다. 하나님은 "너희가 나를 사랑하면 나의 계명을 지키리라"(요 14:15)라고 말씀하십니다. 즉 하나님을 사랑한다는 것은 하나님의 계명을 지키는 것을 의미합니다.

자녀가 부모에게 순종해야 하는 세 번째 이유는 예수님도 부모에게 순종하셨기 때문입니다(눅 2:51). 이와 관련한 신약의 말씀은 "자녀들아 모든 일에 부모에게 순종하라 이는 주 안에서 기쁘게 하는 것이니라"(골 3:20)와 "너희가 순종하는 자식처럼 전에 알지 못할 때에 따르던 너희 사욕을 본받지 말고"(벧전 1:14) 등이 있습니다. 부모에게 순종하는 일과 부모를 공경하는 일은 자녀 된 도리의 첫째가는 일입니다.

자녀들아 주 안에서 너희 부모에게 순종하라 이것이 옳으니라 (엡 6:1).

우리는 여기서 "주 안에서"라는 기이한 문구를 하나 발견합니다. "주 안에서"란 '주님의 관점에서'라는 말입니다. 더 깊이 해석하면, 예수님이 기뻐하시는 관점이라는 뜻입니다. 내 관점과 내 판단을 기준으로 하고 안 하고를 결정하지 말라는 것입니다. 자칫하면, 내 관점에서 신앙생활이나 부부 관계나 부모와 자녀 관계를 보기 쉽습니다. 내가 기분 나쁘면, 다 나빠 보이고, 내가 은혜로우면 다 은혜로워 보입니다. 모든 것을 자기 관점으로, 자기 기준으로 볼 때 문제가 생깁니다. 그러므로 "주 안에서"란 주님의 관점에서, 주님의 시야에서, 주님의 가치관에서 문제를 해석하고 해결하라는 말입니다.

약하고 병들고 능력 없는 부모를 모시는 것이 예수님의 관점에서 옳은 것입니까 아니면 그른 것입니까? 그른 것이라면 하지 마십시오. 그러나 예수님의 관점에서 옳은 것이라면, 싫어도 해야 합니다. 부모님이 부당한 요구를 했습니까? 그러나 그것이 우리 순종을 통해서 이루어질 십자가라면, 기꺼이 짊어져야 합니다. 그것 때문에 부모와 싸울 이유가 없습니다.

내가 내 부모에게 순종하는 모습을 자녀에게 보여 주지 않는다면, 먼 훗날 내 자녀도 나를 섬기지 않을지도 모릅니다. 그러므로 자녀에게 가르칠 가장 큰 교훈은, 어렵고 힘들어도 부모를 섬기는 본을 보여 주는 것입니다. 그래야만 자녀들이 교훈을 얻습니다. 우리는 그 사실을 기억해야 합니다.

특별히 이 부분에서 쓰디쓴 눈물을 흘렸던 룻이라는 여인을 기억하십시오. 남편을 잃은 룻은 시어머니에게 "내게 어머니를 떠나며 어머니를 따르지 말고 돌아가라 강권하지 마옵소서 어머니께서 가시는 곳에 나도 가고 어머니께서 머무시는 곳에서 나도 머물겠나이다 어머니의 백성이 나의 백성이 되고 어머니의 하나님이 나의 하나님이 되시리니 어머니께서 죽으시는 곳에서 나도 죽어 거기 묻힐 것이라 만일 내가 죽는 일 외에 어머니를 떠나면 여호와께서 내게 벌을 내리시고 더 내리시기를 원하나이다"(룻 1:16-17)라고 말하며 자기 고향을 떠나 시어머니를 따랐습니다. 이러한 믿음과 헌신이 있었기에 이방 여인 룻은 예수님의 족보에까지 들어갈 수 있었습니다.

상황이란 언제나 변명의 여지가 있게 마련이며, 굳이 내가 하지 않아도 될 이유는 많은 법입니다. 이래서 하지 않고, 저래서 하지 않는 이유가 많습니다. 따져 보면 못할 이유가 너무나 많습니다. 그리스도인들은 하나님을 생각하면서 이 벽을 뛰어넘어야만 그리스도 안에서 가정 공동체를 이룰 수 있습니다.

부모가 자녀에게

이번에는 부모 입장에서 부모와 자녀의 관계를 살펴보겠습니다. 여기서 문제는 부모가 하나님의 사랑에 기초하지 않고, 인간적인 사랑으로 사랑한다는 것입니다. 부모는 자녀를 사랑합니다. 그런데 결과는 기대 밖입니다. 이유는 간단합니다. 하나님의 사랑으로 사랑하지 않으면 인간적인 사랑이요, 자기 연민의 사랑이요, 자기 본능의 사랑일 뿐 아니라 궁극적으로 자식에 대한 사랑이 아니라 자기에 대한 사랑이기 때문입니다. 부정적인 본능에서부터 시작한 사랑인 것입니다. 그러니 자녀가 타락할 수밖에 없습니다.

또 아비들아 너희 자녀를 노엽게 하지 말고 오직 주의 교훈과 훈계
로 양육하라(엡 6:4).

말썽부리는 자녀들을 대상으로 조사한 결과, 그들이 부모로부
터 받은 상처가 부모가 그 자녀 때문에 받은 상처보다 훨씬 더 크
다고 합니다. 부모 때문에 상처받지 않은 자녀가 거의 없을 정도로
자녀들에게는 깊은 상처가 있습니다. 그래서 분노하는 자녀, 반항
하는 자녀, 가출하는 자녀가 생깁니다.

청소년 문제의 원인은 한마디로 깊은 상처 때문입니다. 왜 자녀
들이 그렇게 가정을 떠나고, 부모를 떠납니까? 왜 부모에게 반항
합니까? 부모는 사랑했다고 하는데 자녀는 상처를 받았다고 합니
다. 우리는 이 사실을 냉정하게 점검해 보아야 합니다. 부모가 자
녀에게 "내가 널 얼마나 사랑하는데 네가 무슨 상처를 받았다는
거냐?" 하고 물어서 될 일이 아닙니다.

이것이 현실입니다. 대부분 자녀들이 뭐라고 말하는지 압니까?
"내가 크면 어떻게 하는지 두고 봐. 지금은 힘이 없으니까 이렇게
당하지만, 힘으로 대항할 수 있고, 돈으로 대항할 수 있을 때 보자
고!" 하면서 벼릅니다. '지금은 내가 당하지만'이라는 생각이 깊이
뿌리박혀 있습니다.

이런 생각을 하며 자란 자녀들은 성장하고 나서도 부모에 대한
미움 때문에, 사랑의 갈증 때문에 고통스러워합니다. 부모를 미워

하는 자녀는 감히 상상할 수 없을 정도로 미워합니다. '내 부모를 죽여야만 해'라며 극단적으로 미워하다가도 '그래도 내 부모인데 …' 하고 돌아서고, 또 미워하다가 용서하고, 또 미워합니다. 그들의 내적 갈등은 이루 말로 할 수가 없습니다.

부모가 왜 어린 자녀에게 상처를 줍니까? 어린아이 입장에서 보지 않고, 부모 입장에서 모든 것을 해결하기 때문입니다. 어린아이는 미숙하지만, 부모는 성숙한 사람입니다. 그런데 부모는 모든 것을 자기 기준에서 설득하려고 합니다. 아이에게 뭔가를 판단하는 것은 어려운 일이라는 사실을 잊고 있는 것입니다.

자녀가 상처받는 두 번째 이유는 부모가 자신도 못 하는 일을 자녀에게 강요하기 때문입니다. 특히, 공부를 잘하라고 강요하는 경우가 많습니다. 또 "나는 거짓말을 해도 너는 거짓말을 하면 안 돼!"라고 윽박지르기도 합니다. 그러니까 자녀가 상처를 받는 것입니다. 부모가 못하는 일을 왜 자녀에게 강요합니까? 그것도 어떤 의미에서 콤플렉스라는 것을 알아야 합니다.

다음 세 번째 이유는, 부모들이 은연중에 자녀를 자기 소유물로 착각하기 때문입니다. 이것은 로마 시대에나 있었을 법한 사고방식입니다. 로마 시대에는 자녀를 소유물로 여겼습니다. 종이나 노예처럼 자식도 소유물이었습니다. 하지만 자식은 소유물이 아닙니다. 그런데도 자녀를 소유물로 생각하고, 그렇게 대한다면, 자녀의 상처는 깊어질 수밖에 없습니다.

네 번째 이유는 어리다는 이유로 자녀들에게 모욕감과 수치감을 주기 때문입니다. 특별히 부부 관계가 나쁘거나 상황이 힘들 때, 자기 합리화를 위해서 자녀들에게 "네 아빠(엄마)는 나쁜 사람"이라는 메시지를 주입합니다. 그러다가 자녀가 거의 정신병에 걸리게 된 가정을 본 적이 있습니다.

이유를 불문하고, 자녀에게는 부모의 험담을 절대로 해서는 안 됩니다. 부부간의 문제를 자녀에게까지 옮길 이유가 없습니다. 자녀가 받을 상처가 얼마나 클지 상상해 보십시오.

주의 교양과 훈계

바울은 부모에게 자녀를 "오직 주의 교훈과 훈계로 양육"(엡 6:4)하라고 강력히 권면합니다. 이것을 잘하는 부모의 자녀는 타락하지 않습니다.

"주 안에서 부모에게 순종하라"고 하면, 쉽게 이해될 텐데, "주의 교훈과 훈계로" 하라고 하면 뜻이 잘 전달되지 않습니다. "교훈과 훈계"를 '훈련과 말씀의 양육'으로 바꿔 말하면 뜻이 좀 더 선명해집니다. 즉 주의 관점에서 양육하라는 말씀입니다.

구약의 잠언은 "매를 아끼는 자는 그의 자식을 미워함이라 자식을 사랑하는 자는 근실히 징계하느니라"(잠 13:24)라고 가르치고, 또 "내 아들아 여호와의 징계를 경히 여기지 말라 그 꾸지람을 싫어

하지 말라 대저 여호와께서 그 사랑하시는 자를 징계하시기를 마치 아비가 그 기뻐하는 아들을 징계함 같이 하시느니라"(잠 3:11-12)라고 가르칩니다. 신약에서는 히브리서가 "너희가 참음은 징계를 받기 위함이라 하나님이 아들과 같이 너희를 대우하시나니 어찌 아버지가 징계하지 않는 아들이 있으리요 징계는 다 받는 것이거늘 너희에게 없으면 사생자요 친아들이 아니니라"(히 12:7-8)라고 단언합니다.

"훈계"는 하나님의 명령입니다. 필요할 때는 매를 들어서라도 자녀를 바르게 양육해야 합니다. 그런 훈육은 좋은 가치관과 좋은 습관을 길러 주고, 어른에 대한 존경심과 순종의 미덕을 가르치며, 또한 행동의 분명한 선을 알게 합니다.

그런데 훈계할 때 부모들이 꼭 기억해야 할 것이 있습니다. 감정적으로 대하지 말라는 것입니다. 부모가 자녀를 감정적으로 대할 때, 피해는 자녀들이 봅니다. 자녀는 부모가 기분 나쁘다고 때리는 북이 아니고, 분풀이 대상도 아닙니다. 성경적으로 정확한 원리와 태도로 자녀를 양육하고, 자녀에게 권면하십시오. 이것이 에베소서가 우리에게 주는 권면입니다.

저는 각 가정에서 아침 기도, 아침 예배, 혹은 저녁 예배를 꼭 드리라고 권면합니다. 특히 자녀의 교회 출석은 어떤 일이 있어도 막지 마십시오. 시험을 앞두었다거나 중요한 일이 있다고 해서 자녀의 신앙 교육을 놓치면, 더 큰 것을 잃게 된다는 사실을 잊지 마십시오.

자녀가 교회 학교에 성실하게 출석하도록 도우십시오. 어렸을 때부터 성경 말씀을 많이 암송하도록 도우십시오. 아빠의 구두를 닦으면, 용돈을 주겠다고 하지 말고, 차라리 성경 구절을 외우면 용돈을 주겠다고 하는 것이 더 나을 수도 있습니다.

부모가 먼저 마음과 뜻과 정성을 다하여 하나님을 사랑하고, 하나님께 순종하는 모습을 보여 주십시오. 하나님의 권위 앞에 순종하는 부모의 모습을 보면, 자녀들도 하나님과 부모에게 순종하는 법을 자연스럽게 배우게 됩니다.

자녀들이 주의 교훈과 훈계로 양육받아 신앙과 인격이 나날이 성숙해 가는 축복이 있기를 바랍니다.

19

세상에 임하는
하나님 나라

에베소서 6:5-9

법이나 제도보다 관계가 우선

개인 구원, 가족 구원, 사회 구원의 상관관계를 좀 더 쉽게 이해하기 위해 야구 게임을 한번 생각해 봅시다. 야구 경기장을 보면, 홈 베이스가 있습니다. 투수가 공을 던지면, 홈 베이스에서 타자가 방망이로 공을 칩니다. 타자가 1루를 지나 2루로, 2루에서 3루를 거쳐 홈으로 들어와야만 1점을 얻습니다.

이것을 구원이라는 그림으로 바꾸어 생각해 봅시다. 내가 복음의 볼을 칠 기회를 얻습니다. 그런데 그 볼을 영원히 치는 것이 아니라 몇 번 칠 기회만 주어집니다. 볼넷을 고르면, 그냥 1루까지 갈 것이고, 스트라이크를 세 번 당하면 아웃될 것입니다. 인생에서 기회란 제한적이라는 사실이 야구를 통해 상징적으로 해석될 수 있습니다.

볼넷으로 가든, 안타를 치든, 홈런을 치든 누구든지 1루를 반드시 거쳐야 합니다. 세상에는 홈런을 치는 사람도 있고, 안타를 치는 사람도 있고, 운이 좋아 투수의 실수로 볼넷으로 진루하는 사람도 있습니다. 또 도루하다가 도중에 죽는 사람도 있고, 병살타를 치는 사람도 있고, 타자가 공을 잘못 쳐서 대신 죽는 사람도 있습니다. 마치 인생의 축소판 같습니다.

1루를 개인의 구원이라고 생각해 봅시다. 2루는 가정 구원, 3루는 사회 구원입니다. 1점을 따려면, 반드시 개인 구원이라는 1루를 먼저 밟아야 합니다. 거기서부터 시작해야 합니다. 그다음 2루, 즉 가정 구원이 이루어져야 하고, 그래야만 3루 사회 구원으로 나아갈 수 있습니다. 이것이 순서입니다.

그런데 성급한 사람은 1루나 2루를 거칠 시간이 없다면서 공을 한 번 쳐서 3루만 갔다 오려 합니다. 그들은 사회 구원만 부르짖습니다. 그러나 개인 구원과 가정 구원을 통하지 않고서는 사회 구원은 절대로 이루어질 수 없습니다.

성경은 언제나 방법보다는 원리를 중요하게 생각하며, 행동보다는 동기를 중요하게 생각합니다. 가정이든 사회든 하나님 나라가 이루어지기 위해서는 헌법이나 제도가 아닌 관계가 중요하다는 사실을 알아야 합니다.

부모와 자녀 관계에서는 "너는 자녀고, 나는 부모다"라는 식의 단선적인 관계가 형성되지 않습니다. 그렇게 되면 관계의 계급이 생기고, 단절이 오기 때문입니다. 부모의 위치에도 있고 동시에 자녀의 위치에도 있다는 동시성을 이해할 때, 계급 의식과 단절로부터 탈피할 수 있습니다.

남편과 아내의 관계도 마찬가지입니다. 남편 입장에서만 아내를 보면, 아내에게 일방적으로 불평불만을 토로하고, 자기중심적인 잘못된 요구를 할 수 있습니다. 마찬가지로 아내 입장에서만 남편을 보면, 아내는 남편이 섭섭하고 원망스러워 바가지를 긁고 싶은 생각이 자꾸 납니다. 왜 그렇습니까? 성경적인 관계 개념에서 가장 중요한 동시성을 모르기 때문입니다. 남편과 아내와의 관계를 분리된 개념이나 이중적인 개념이 아니라 성경이 말한 동시적인 개념으로 볼 때, 남편은 아내 입장에서 아내를 생각하게 되고, 아내는 남편 입장에서 남편을 생각하게 됩니다. 이를 통해 부부가 한마음과 한 몸을 이루게 되며, 거기서 이해와 관용과 사랑과 용서가 싹틉니다.

이 세상에 완전한 자는 아무도 없으며 완전한 남편이나 완전한 아내도 있을 수 없습니다. 누구나 실수는 있게 마련입니다. 사회에도 완전한 지배자나 완전한 피지배자는 존재할 수 없습니다. 인간은 근본적으로 불완전한 존재이기 때문에 사회 역시 상호 관계적이며 동시적인 개념으로 사랑과 이해와 관용과 용서의 측면에서 보지 않으면 나라 간에 전쟁이 일어나고, 계급 간에 투쟁이 벌어지며 사람들 사이에 비평과 고발이 있게 마련입니다.

똑같은 잘못을 해도 미운 사람이 할 때는 굉장히 밉고, 사랑하는 사람이 하면 관용으로 이해합니다. 그 관계 자체에서부터 문제가 생깁니다. 잘못이 문제가 되는 것은 아닙니다. 그릇 한 장 깼다고 부부 싸움이 일어나는 것이 아니라 평소의 감정이 산산이 부서져 터지기 때문에 일어납니다.

성경에서 말하는 동시적인 관계 개념은 "내가 주인을 섬겨야 하는 종의 위치에 있을 뿐만 아니라 동시에 다른 사람을 부려야 하는 주인의 위치에 있다"는 사실의 이해에서부터 시작합니다. '나는 주인이고, 너는 종이다.' '나는 고용인이고, 너는 피고용인이다.' '나는 높은 계급에 있고, 너는 낮은 계급에 있다'는 생각을 가지고 있으면, 기독교적인 사회도 하나님 나라도 이루어지지 않습니다. '나는 주인이지만, 종일 수도 있다' 또는 '내가 지금은 남을 부리고 있지만, 사실 나는 다른 사람을 섬겨야 할 사람이다'라는 식의 동시적인 관계 개념을 이해할 때, 사랑과 관용과 이해와 용서의 아름다운 세계, 하나님 나라가 이루어집니다.

사랑과 용서가 이끄는 변화

개인 구원과 가정 구원이 이루어졌다는 가정하에 바울은 하나님의 새로운 사회의 세 번째 양상을 다룹니다. 즉 사회 구원의 문제, 곧 세상과 국가와 사회 문제를 다룹니다.

먼저, 바울 시대에 종의 형편이 어떠했는가를 이해하는 데서부터 시작해야 할 것입니다.

당시 로마 제국의 국민 대다수는 종의 신분이었습니다. 바클레이의 조사에 의하면, 당시 종의 인구가 6천만 명이었다고 합니다. 6백만 명이 아닙니다. 6천만 명이 종의 신분이었습니다. 막노동은 물론 가정에서 부리는 가정부나 일꾼도 노예였고, 노동자도 노예

였으며, 재미있는 것은 의사도 노예였습니다. 지금과 달리 교사나 교수도 노예 계급이었고 행정가도 노예였습니다.

노예는 주인이 시키는 일에 대해서 어떤 질문을 제기하거나 반항할 수 없습니다. 노예는 사람이 아니라 물건이기 때문입니다. 플라톤(Platon)이나 아리스토텔레스(Aristoteles)의 책에서 이런 것을 엿볼 수 있습니다. 플라톤의 《국가론》이 대표적입니다. 노예는 살아 있는 도구일 뿐입니다. 오늘날의 표현으로 말하자면, 살아 있는 로봇과도 같습니다. 그렇기 때문에 노예에게는 인격이나 인권이 있을 수 없습니다. 그러니 무자비하게 때려도 괜찮고, 감금하거나 화형을 시켜도 양심에 가책을 받을 일이 없었습니다.

이러한 노예 개념이 현대에도 똑같이 적용되는 곳이 있습니다. 미국 남북 전쟁의 계기가 된 노예 제도나 인도의 카스트 제도, 일본 막부 시대의 계급, 공산주의 국가들에서 반동 세력은 형태만 다를 뿐 모두 그러한 노예 개념을 반영하고 있습니다. 그뿐만 아니라 경제적인 노예, 사회적인 노예, 문화적인 노예도 있습니다. 어떤 형태로든 마음대로 때리고 감금하고 인권을 유린한다면, 노예와 같은 형태라고 할 수 있습니다.

결국, 시대를 막론하고 죄인인 인간이 존재하는 곳에는 노예 개념이 형태를 달리하여 계속 존재해 왔다는 사실을 알 수 있습니다. 노예를 부리고 싶은 탐욕이 인간의 죄성에 내포되어 있기 때문입니다.

성경 구절을 보면, 사실 성경도 이러한 것들을 어느 정도 인정하고 있다는 것을 발견하게 됩니다. 고린도전서 7장을 보십시오.

각 사람은 부르심을 받은 그 부르심 그대로 지내라 네가 종으로 있을 때에 부르심을 받았느냐 염려하지 말라 그러나 네가 자유롭게 될 수 있거든 그것을 이용하라(고전 7:20-21).

종으로 있을 때 부르심을 받았으면, 예수님을 믿고 나서도 그 종된 위치에서 벗어나지 말라는 것입니다. 평생 종으로 살라는 것입니다. "염려하지 말라 그러나 네가 자유롭게 될 수 있거든 그것을 이용하라"고 덧붙인 말씀의 각주를 보면, "자유를 얻을 기회가 있어도 차라리 종으로 지내라"고 기록되어 있습니다.

빌레몬서에 기록된 오네시모와의 관계를 봐도 그와 같은 개념이 잘 나타나 있습니다. 바울은 "주 안에서 부르심을 받은 자는 종이라도 주께 속한 자유인이요 또 그와 같이 자유인으로 있을 때에 부르심을 받은 자는 그리스도의 종이니라"(고전 7:22)라고 고백했습니다.

여기서 우리는 기독교가 신분 자체의 변화나 혁명을 유도하는 것이 아니라는 점을 발견합니다. 그리스도인은 신분이나 제도를 바꾸려는 혁명 집단이 아닙니다. 그러므로 기독교 안에는 섬김의 개념은 있어도 투쟁의 개념은 없습니다. 사랑과 용서의 개념은 있어도 비판과 고발의 개념은 없습니다.

근래 사회학적인 훈련과 세상적 사고에 물든 사람들이 교회 안에 들어와서 고발하거나 비판하는 일들이 많아지고 있습니다. 민주주의와 양심이라는 이름으로, 기독교를 혁명 세력으로 바꾸려는 무리들이 생겨났습니다. 그래서 집단적으로 행동하고, 선언문을 만들고, 데모를 합니다. 그러나 성경 어디에서도 그러한 태도를 발견할 수 없습니다. 선언문을 만들고 데모를 해서 역사가 바뀐 일도 없습니다. 기독교는 그런 방법으로 행동해 온 일이 없습니다.

이것은 기독교 안에서 사회주의적인 행동을 하는 일부 사람들의 이야기입니다. 예수님의 사상을 전체적으로 돌이켜보면, 예수님은 가난한 자에 대해 누차 말씀하셨지만, 가난한 자 때문에 데모하시거나 사회 운동을 일으키신 적은 없습니다. 가난한 자를 도와야 한다면, 그냥 도우면 됩니다. 그들을 찾아가서 돕는 것이 우리 일이지 군중을 사회학적으로 이용하여 투쟁으로 이끄는 것은 우리 일이 아닙니다.

우리가 할 수 있는 유일한 방법은 사랑과 섬김과 용서와 인내와 관용뿐입니다. 어떤 고발도 어떤 비판도 기독교라는 이름으로는 할 수 없습니다. 우리가 할 수 있는 것은 기도와 기다림뿐입니다. 그 이상은 우리에게 허락되지 않았습니다.

예수님이 붙잡히셨을 때, 베드로가 대제사장의 종인 말고의 귀를 칼로 베었습니다. 이때 예수님은 "너는 내가 내 아버지께 구하여 지금 열두 군단 더 되는 천사를 보내시게 할 수 없는 줄로 아느냐"(마 26:53)라고 말씀하셨습니다. 쉽게 말해서 "내가 하지 못해서 안 하는 줄 아느냐? 하늘의 열두 영을 내려 하루아침에 저들을 벌할 수 있느니라"라고 말씀하신 셈입니다. 그러나 예수님은 아무런 저항도 하지 않으셨고, 오히려 말고의 귀를 만져 낫게 하시고는 "네 칼을 도로 칼집에 꽂으라 칼을 가지는 자는 다 칼로 망하느니라"(마 26:52)라고 꾸짖으셨습니다.

기독교의 방법은 언제나 사랑과 용서와 관용과 기다림과 기도여야 합니다. 예수님은 자기 삶을 통해 이러한 방법을 통해서 선을 이루어 가는 길을 우리에게 보여 주셨습니다. 예수님이 십자가에 달려 돌아가신 것도 그 때문입니다. 가룟 유다는 바로 그 점이 불만스러웠고 그래서 예수님을 팔아넘겼던 것입니다.

이 역사의 패턴은 지금까지 계속되고 있습니다. 기독교 안에 두 세력 간의 싸움은 언제나 존재합니다. 기독교는 세상을 지배해서는 안 됩니다. 오히려 세상을 섬겨야 합니다. 그리스도인은 세상의 부정부패에 대해서 데모하고 고발하는 사람들이 아닙니다. 부정과 부패를 발견하면 현실적으로 행동에 참여하고, 조용히 그들을 감동시켜야 할 뿐 선동해서는 안 됩니다.

그렇지 않은 사람은 십자가와 하나님과 성령의 능력을 믿기보다는 인간의 이성과 분노와 집단적 폭력을 더 믿는 것입니다. 노조 운동, 민권 운동, 학생 운동은 어느 정도 있어야 하며 또 일리가 있습니다. 하지만 그것이 교회 안에서 교회 운동으로, 교회의 사역으로 대치되어서는 안 됩니다. 교회는 교회다워야 합니다.

교회는 현실의 고통과 아픔의 치유를 위해 끊임없이 기도할 뿐입니다. 그리고 조용히 최선을 다해 있는 힘껏 구제하고 도와야 합니다. 이러한 일들이 꼭 필요하다고 느낀 사람들은 자기 직업을 버리고 그 속에 뛰어들어 가는 용기가 필요할 뿐입니다.

주께 하듯 날마다 성실한 삶

노예 제도가 있던 시대임에도 불구하고, 바울이 종들에게 권면한 말은 우리에게 아주 놀라운 말씀으로 다가옵니다. 바울은 종의 입장에서 생각하기를 제안합니다.

> 종들아 두려워하고 떨며 성실한 마음으로 육체의 상전에게 순종하기를 그리스도께 하듯 하라(엡 6:5).

당시 노예 제도 개념에서 볼 때, 이 말이 얼마나 이해하기 어려운 말인지 모릅니다. 바울은 우리처럼 "종들아, 주먹을 불끈 쥐고 일어나라. 주인에게 대항하여 민권 운동을 펼치고, 평등 운동을 일으켜라"라고 하지 않습니다. 그렇게 해야 우리 마음에 딱 맞을 텐데, 그런 표현을 쓰지 않습니다. 그 방법으로는 평화를 이루지 못합니다. 예수님이 "칼을 쓰는 사람은 모두 칼로 망한다"(마 26:52, 새번역)고 말씀하셨기 때문입니다. 즉 궁극적으로 승리할 수 있는 혁명은 사랑의 혁명이지 제도의 혁명은 아니라는 것입니다.

종이 주인에게 순종할 때, 적용되는 몇 가지 원리가 있습니다. 5절 말씀을 중심으로 순종의 네 가지 원리를 살펴보겠습니다. 첫 번째 원리는 주인을 존경하는 마음이 있어야 합니다. 이것은 아내가 남편을 존경해야 하는 원리와 똑같습니다. 순종에는 존경심이 따라야 합니다. 경멸하는 대상에게는 절대로 순종할 수 없습니다. 순종할 수 있는 비결은 존경에서부터 비롯되기 때문입니다.

사환들아 범사에 두려워함으로 주인들에게 순종하되 선하고 관용하는 자들에게만 아니라 또한 까다로운 자들에게도 그리하라(벧전 2:18).

품위 있는 주인에게 순종하기는 어렵지 않습니다. 그러나 그리스도인은 까다롭고 괴팍한 주인에게도 순종해야 합니다. 이것은 주인의 잘못을 용납하라는 뜻이 아니라 순종과 존경의 태도를 통해서 승리하라는 뜻입니다.

둘째, 주인에게 순종할 때는 두려움을 가지고 순종해야 합니다. 종들이 주인에 대하여 가져야 할 두려움은 공포심과는 다른 개념입니다. 무서워서 두려워하는 것이 아닙니다. 하나님을 두려워하는 마음, 곧 경외심입니다. 하나님에 대한 두려움이 없으면, 사람은 방자해지고 당돌해지기 쉽습니다. 똑똑하지만 건방질 수 있습니다. 이것은 종 된 그리스도인의 태도가 아닙니다.

셋째, 성실한 마음으로 순종해야 합니다. 왜냐하면 성실은 모름지기 그리스도인의 기본자세이기 때문입니다. 성경은 "여호와를 의뢰하고 선을 행하라 땅에 머무는 동안 그의 성실을 먹을거리로 삼을지어다"(시 37:3)라고 말합니다. 성실하다는 것은 주인이 보든 보지 않든 상관없이 자기가 맡은 일을 충실하게 해낸다는 뜻입니다.

넷째, 어떤 일을 하든지 그리스도께 하듯 하라는 뜻입니다. 조직의 명령권자이든 사회적으로 높은 위치에 있는 사람이든 아랫사람을 마음대로 쥐고 흔들어서는 안 됩니다. 우리는 모두 그리스도의 종이기 때문입니다. 그러므로 직장인은 자기 업무를 그리스도께 하듯 성실히 해야 합니다. 요리사는 그리스도께 대접하듯 요리해야 합니다. 환경미화원이 청소할 때나, 카페 종업원이 손님을 대할 때나, 교사가 학생들을 가르칠 때나, 의사가 환자를 진료할 때도 마찬가지입니다.

언젠가 교인들에게 알리지 않고, 사흘 동안 병원에 입원했다가 나온 일이 있습니다. 쉬면서 여러 가지 검사를 받았는데, 그때 재미있는 이야기를 하나 들었습니다.

그 병원의 간호 부장이 예수님을 믿는 사람이었습니다. 그 사람이 제게 와서 어떤 크리스천 의사를 침이 마르도록 칭찬했습니다. 그 의사는 이미 병원을 떠난 뒤였지만, 자기가 그 병원에서 4년 동안 근무하면서 그런 의사는 처음 봤었다면서 이야기를 들려주었습니다. 응급 환자가 들어오면, 그 의사는 자기 담당이 아닌데도 무조건 뛰어간다고 합니다. 또 자기 환자는 끝까지 뒷바라지를 다해 주곤 했답니다. 그가 병원을 떠난 뒤에도 동료 의료진과 환자들 사이에서 그에 관한 칭찬이 끊이지 않고 있다고 했습니다.

한 의사가 제게 그에 관해 이렇게 말해 주었습니다.

"그는 나보다 나이가 훨씬 어리지만, 그를 무척 존경합니다. 그에게서 성경을 배우기도 했지요."

그 젊은 의사야말로 그리스도를 대하듯 환자들을 돌보고, 동료 의사들을 대했다는 것을 알 수 있었습니다. 이것이 그리스도인의 모습입니다. 저는 그의 이야기를 들으면서 목사로서 자신을 돌아보고 부끄러움을 느꼈습니다. 그 의사를 통해 얼마나 많은 사람이 예수님의 사랑을 느끼고, 예수님을 영접하겠습니까!

> 기쁜 마음으로 섬기기를 주께 하듯 하고 사람들에게 하듯 하지 말라 이는 각 사람이 무슨 선을 행하든지 종이나 자유인이나 주께로부터 그대로 받을 줄을 앎이라(엡 6:7-8).

"주께 하듯" 하라는 것은 기쁜 마음으로 정성스럽게 하라는 뜻입니다. 의무감이나 책임감으로 하는 것이 아니라 말입니다. 일을 시키는 사람의 입장에서 볼 때, 제일 불편한 사람은 찡그린 얼굴로 일하는 사람입니다. 책임감이 강하고 열심히 일해도, 표정이 굳어 있으면 주위 사람들이 얼마나 불편한지 모릅니다.

에베소서를 공부하고 묵상하면서 전에는 느끼지 못했던 성령의 놀라운 통찰력을 발견하고는 감동했습니다. 세상은 불같은 혁명이나 법과 제도의 개혁으로 새로워지는 것이 아니라는 사실을 깨달은 것입니다. 사람이 변해야 세상이 변합니다. 우리 사회에 만연한 부정부패는 누구를 욕한다고 해서 해결되지 않습니다. 사회에 기독교 정신이 뿌리내리고, 문화가 바뀔 때 그런 문제들이 사라질 것입니다. 우리가 함께 해결해야 한다는 뜻입니다.

그리스도인들이 각자 자기 삶의 영역에서 그리스도의 종으로서 충실하게 살아간다면, 사회 구원은 어렵지 않게 이루어질 것입니다. 누가 보든 안 보든, 이익이 생기든 안 생기든 상관없이 묵묵히 주님의 뜻에 순종하며 충성한다면, 이 사회는 반드시 구원될 것입니다.

만군의 주 아래 만민

바울이 상전에게 한 말을 다시 몇 가지로 나누어 생각해 봅시다. 종의 입장에서는 순종의 원리를 따르면 되지만, 상전이나 주인의

입장에서는 대체 아랫사람을 어떻게 대해야 할까요? 그리스도인
으로서 어떻게 해야 합니까? 대답은 간단명료합니다. 종과 똑같은
마음으로 하면 됩니다. 즉 상전이나 주인도 사람을 부릴 때는 순종
의 원리를 따라야 한다는 뜻입니다.

얼핏 보기에는, 상전에 관한 이야기가 성경에는 몇 마디 없는 것
같지만, 사실 상전이 할 일이 더 많습니다. 종에게 적용되는 원리
는 기본으로 하고, 한 가지를 더해야 합니다.

> 상전들아 너희도 그들에게 이와 같이 하고 위협을 그치라 이는 그
> 들과 너희의 상전이 하늘에 계시고 그에게는 사람을 외모로 취하는
> 일이 없는 줄 너희가 앎이라(엡 6:9).

아랫사람을 "위협"하지 말라는 것입니다. 아랫사람뿐 아니라 의
사는 환자에게, 교사는 학생에게, 사장은 직원을 "위협"해서는 안
됩니다. 이것이 종들에게 적용되는 순종의 네 가지 원리 외에 상전
에게 덧붙여진 명령입니다. 권력이 있거나 돈이 많으면, 남을 위협
하기 쉽습니다.

그러나 바울은 상전 된 자들에게 공정하게 할 것과 정정당당하
게 할 것을 부탁합니다.

> 상전들아 의와 공평을 종들에게 베풀지니 너희에게도 하늘에 상전

이 계심을 알지어다(골 4:1).

하늘에 우리 주인이 계시다는 사실을 알라고 말합니다. 우리는 최고의 권력자가 아니며, 우리 위에 하나님이 계시다는 사실을 잊어서는 안 됩니다. 지위가 높고, 권력이 클수록 더 잘해야 합니다. 심지어 한 나라의 대통령도 꼭 기도해야 합니다. 대통령이 최고 권력이 아니기 때문입니다. 그의 위에 하나님이 계십니다.

보라 너희 밭에서 추수한 품꾼에게 주지 아니한 삯이 소리 지르며 그 추수한 자의 우는 소리가 만군의 주의 귀에 들렸느니라(약 5:4).

기업 환경이 안 좋아지고, 사업이 잘 안 되어서 직원들에게 월급을 한두 달 정도 못 줄 수 있습니다. 그럴 때, 사장도 같이 굶으면 상관없지만, 대개 직원들만 착취당하곤 하니 문제입니다. 직원들의 울부짖는 소리가 만군의 주의 귀에 들린다고 하신 말씀을 기억하기 바랍니다. 그러니 일꾼들의 품삯을 절대로 체불하지 마십시오. 한마디로 등쳐먹지 말라는 것입니다.

돈뿐 아니라 시간과 자유도 착취해서는 안 됩니다. 이런 면에 관해서는 예수님을 믿는 집단이 안 믿는 집단보다 얼렁뚱땅하는 때가 더 많습니다. 실제로 기독교 기관의 근무 조건이 비교적 좋지 않습니다. 일을 많이 시키면서도, 예수님을 믿는다는 이유로 무보수로 일하기를 청하거나 정당한 대우를 해 주지 않을 때가 많습니다.

그러나 인간의 몸을 입고 이 땅에 오신 하나님, 예수 그리스도께서는 친히 제자들의 발을 씻겨 주셨다는 사실을 잊지 마십시오. 어떤 형편에 있든지 순종의 원리 네 가지와 주인에게 덧붙여진 한 가지 명령을 마음속 깊이 새기고, 날마다 실천하여 하나님께 영광을 돌릴 수 있기를 바랍니다.

20

승리의 비결

에베소서 6:10-24

세상 속의 나그네 인생

그리스도인의 삶이란 그리스도 안에서 평안과 안식을 누리는 일이지만, 동시에 사탄과의 영적 투쟁이라고 말할 수 있습니다. 이 세상은 영적 전쟁터입니다. 결코 우리의 영원한 안식처가 아닙니다. 성경 말씀처럼 우리는 이 전쟁터를 지나가는 나그네에 불과합니다.

우리는 여행을 떠나기 전에 여러 가지 필요한 것들을 가방에 챙겨 넣곤 합니다. 치약, 칫솔, 면도기, 수건, 그리고 내의와 겉옷 몇 벌 등을 준비합니다. 책 몇 권과 일기장, 일과 관련된 여러 가지 자료들을 가방에 담아 떠나서는 호텔이나 여관에서 투숙합니다.

인생도 이와 같습니다. 아무리 좋은 호텔에 묵는다고 해도 그곳에 영원히 거하지는 않습니다. 볼일이 끝나면, 호텔을 떠나야 하듯이, 우리는 이 세상에 잠시 들른 것일 뿐 여기서 영원히 사는 것은 아니기 때문입니다. 언젠가는 사랑하는 가족과 정든 사람들과 아끼던 물건들을 모두 내려놓고 떠나야 합니다.

이 세상은 마귀에게 속했고, 세속적 가치관을 가진 사람들이 세상에 속했습니다. 인간이 타락한 이래로 에덴동산은 박탈당했고, 세상은 저주의 동산으로 변했습니다. 남자는 이마에 땀을 흘려야만 살 수 있게 되었고, 여자는 남편을 사모하게 되었으며 해산하는 고통을 겪게 되었습니다. 땅은 엉겅퀴를 내게 되었습니다.

그리스도인은 하나님이 그리스도의 이름으로 세상에서 불러 끄집어내신 사람들이지, 이 세상을 천국으로 알고 여기서 영원토록 살라고 부르신 사람들이 아닙니다. 교회는 세상에서 건져진 사람들이 만난 공동체일 뿐입니다. 그러므로 마귀와 세속적 가치관을 가진 사람들이 교회나 그리스도인들을 미워하고 핍박하고 좋아하지 않는 것은 그리 놀랄 일이 아닙니다. 오히려 너무나 당연한 일입니다.

이런 세상 속에서 그리스도인은 어떻게 살아야 할까요? 성경은 그리스도인의 모습을 사랑과 용서의 형태로 정의하며, 봉사와 희생의 마음을 가지고 살아야 한다고 명령합니다. 영원이라는 관점에서 볼 때, 인생은 100년도 안 되는 짧은 시간이지만, 하나님은 우리를 용서와 사랑과 봉사와 희생의 마음으로 살도록 부르셨습니다.

그리스도인은 하나님께 예배드리는 존재이며, 다른 그리스도인들과 사귐을 갖는 존재이고, 이웃에게 봉사하며 헌신하는 존재입니다. 궁극적으로는 이 세상에서 소금과 빛의 역할을 하도록 부름 받은 존재입니다. 복음 전도는 그리스도인의 본질적인 과제이자 가장 큰 사명입니다. 진정한 그리스도인이 궁극적으로 세상에 남기고 갈 수 있는 것은 바로 전도입니다. 한 사람을 그리스도 앞에 이끄는 것만큼 귀한 일은 없습니다. 전도보다 더 큰 지상 명령도 없습니다. 특히 해외에 있는 타민족에게 전도하는 것을 우리는 '선교'라고 합니다.

문제는 사탄이 우리가 예수님을 행복하게 잘 믿고, 복음을 기쁘게 전하며 문제없이 살도록 내버려 두지 않는다는 것입니다. 여기에 에베소서의 주제가 있고, 우리가 들어야 할 하나님의 메시지가 담겨 있습니다. 6장은 에베소서를 마무리하는 말씀임과 동시에 나그네 된 우리가 이 세상에서 어떻게 살아야 하는가에 관한 메시지이기도 합니다.

이것은 대략 세 가지로 요약됩니다. 첫째, 우리가 사는 이 세상은 무엇인가입니다. 궁극적으로 마귀와 영적 싸움을 벌이는 전쟁터라는 사실을 확인하게 해 줍니다. 둘째, 영적 전쟁터에서 이기는 비결을 가르쳐 줍니다. 하나님의 전신갑주를 입고, 믿음의 방패와 성령의 검인 하나님의 말씀과 기도의 무전기를 가지고, 세상을 살아가야만 실패하지 않고 살 수 있다는 원리를 보여 줍니다. 마지막으로, 복음을 담대히 전하기 위해서는 특별히 기도해야 함을 가르쳐 줍니다.

알고 보면 영적 전쟁터

물속에 들어가려면 잠수복을 입어야 하고, 우주 공간에서 유영하려면 반드시 우주복을 입어야 합니다. 마찬가지로, 그리스도인이 죄악 된 이 세상에서 사는 동안에는 영적인 갑옷을 입어야 합니다. 바울은 하나님이 만들어 주신 영적인 갑옷을 입지 않고서는 이 세상에서 능력을 발휘하며 승리하는 삶을 살 수 없다고 말합니다.

우리는 왜 하나님이 주시는 영적인 갑옷을 입어야만 할까요? 우리가 사는 이 세상이 바로 영적 전쟁터이기 때문입니다.

> 끝으로 너희가 주 안에서와 그 힘의 능력으로 강건하여지고(엡 6:10).

말씀에 따르면, "주 안에서와 그 힘의 능력으로" 강해지려면, 이 옷을 반드시 입어야 합니다. 그 이유 때문에 영적인 갑옷을 입어야 한다고 바울은 말합니다.

육체적으로 건강하면 병들지 않습니다. 병이 어떻게 해서 우리 몸에 들어옵니까? 병이 강해서가 아니라 우리 육체가 약해졌기 때문에, 저항력이 떨어졌기 때문에, 그 병을 이길 힘이 우리에게 없기 때문에 병이 우리 몸을 침범하는 것입니다. 과로는 병이 들어올 수 있도록 길목을 열어 주는 것이므로 삼가야 한다는 사실을 우리는 잘 알고 있습니다.

마찬가지로, 영적으로 건강하면 마귀가 아무리 강하고, 아무리 날뛰어도 우리 영혼을 결코 침범할 수 없습니다. 이에 관해 바울은 "그의 힘의 위력으로 역사하심을 따라 믿는 우리에게 베푸신 능력의 지극히 크심이 어떠한 것을 너희로 알게 하시기를 구하노라"(엡 1:19)라고 말했습니다. 우리가 하나님의 능력을 힘입어 영적으로 강해지면, 마귀가 제아무리 공격해도 결코 우리를 넘어트릴 수 없습니다.

요즘 사람들은 왜 그리 상처를 많이 받는지 가만히 생각해 봤습니다. 만약에 어떤 잘못된 문제가 있다면, 그것을 고치면 됩니다. 고치면 그만인데, 사람들은 그 과정에서 상처를 받습니다. 왜 그렇습니까?

영적인 무장이 되어 있지 않을 때, 어떤 것이 상처로 영혼에 들어와 우리를 절망시키고 좌절시키는 요소로 변해 가기 때문입니다. 바울은 "내게 능력 주시는 자 안에서 내가 모든 것을 할 수 있느니라"(빌 4:13)라고 선언했습니다. 그리스도인들이 바로 이 능력, 주님이 주시는 능력으로 무장되기를 바랍니다.

또한 잘못을 저지르거나 죄를 지으면, 회개하고 고치면 됩니다. 그러나 우리에게 영적인 능력이 없으면, 마귀가 틈탈 수 있습니다. 바로 속사람이 능력이요 신령한 능력입니다.

두 번째로, 성경은 우리에게 영적 전쟁터에서 이기는 비결을 가르쳐 줍니다. 참된 능력은 우리에게 있지 않고, 주 안에 있습니다. 어떻게 하면 하나님의 능력이 내게 임하도록 할 것인가가 문제입니다.

이 문제를 풀 열쇠는 하나님의 전신갑주에 있습니다. 바울은 이 것을 가리켜 "의의 무기"(고후 6:7)라고 했습니다. 아마 당시 로마 군인이 완전히 무장한 모습을 연상하여 쓴 표현인 듯싶습니다.

그리스도인이 하나님의 전신갑주를 입어야 하는 이유를 성경은 두 가지로 설명합니다.

> 마귀의 간계를 능히 대적하기 위하여 하나님의 전신갑주를 입으라 (엡 6:11).

첫째, "마귀의 간계를 능히 대적"하기 위해서입니다. 이때 하나님의 전신갑주를 입고 있어야 사탄의 세력으로부터 보호받고 자유로워질 수 있기 때문입니다. 성경에 보면, 마귀는 언제나 공격적이며 파괴적입니다. 더럽고 추악한 모습의 마귀는 거짓말쟁이이요 살인자입니다. 마귀는 믿는 성도를 향한 공격을 늦추지 않습니다. 우는 사자처럼 우리를 삼키려고 틈만 있으면 우리에게 달려듭니다.

사탄은 최소한 두 가지 목적을 성취하기 위해서 믿는 성도들을 공격합니다. 첫 번째 목적은 우리를 파멸시키는 것입니다. 자살하게 할 수도 있습니다. 하나님의 자녀를 빼앗아 자기 자녀로 만들기 위해 노력합니다.

첫 번째 목적이 이루어지지 않으면, 마귀는 두 번째 목적을 위해 달려듭니다. 분열과 시비를 일으켜 우리를 절망에 빠뜨리려고 합니다. 그리하여 하나님의 일을 효율적으로 하지 못하도록 방해하고, 마귀를 섬기게 하려는 것입니다.

사탄의 두 가지 목적에 따른 유형을 예수님의 열두 제자 가운데서 찾아볼 수 있습니다. 가룟 유다는 마귀의 전형적인 공격에 쓰러진 대표적인 인물입니다. 베드로는 마귀의 궤계에 빠졌다가 다시 구원받았습니다.

우리가 하나님의 전신갑주를 입어야 하는 두 번째 이유는 이것입니다.

> 그러므로 하나님의 전신갑주를 취하라 이는 악한 날에 너희가 능히 대적하고 모든 일을 행한 후에 서기 위함이라(엡 6:13).

"악한 날에" 우리로 하여금 온전히 승리하여 굳건히 설 수 있도록 만들어 주기 위해서입니다. 굳건히 서려면, 하나님의 전신갑주를 입어야 합니다.

에베소서를 공부하는 내내 사도 바울에게 고마움을 느꼈는데, 마지막 6장에서도 고마움을 느낍니다. 한 가지 진리를 분명하게 보여 주기 때문입니다. 바울은 우리가 싸워야 할 대적이 누구인지를 분명히 말해 주고 있습니다. 싸움의 대상을 잘 알지 못하면, 엉뚱하게 고군분투할 수 있습니다. 그러나 싸움의 대상을 분명히 알면, 싸우기가 쉬워집니다.

> 우리의 씨름은 혈과 육을 상대하는 것이 아니요 통치자들과 권세들
> 과 이 어둠의 세상 주관자들과 하늘에 있는 악의 영들을 상대함이
> 라(엡 6:12).

사탄은 언제나 배후에서 교활하게 웃고 있습니다. 결코 자기 정체
를 드러내지 않습니다. 사람을 이용하거나 여러 가지 환경 여건과
빈틈을 이용하여 들어와 우리 영혼을 파괴하는 것이 그의 목적입
니다. 사탄의 유혹과 궤계에 어리석게 말려 들어가서는 안 됩니다.

바울은 사탄의 모습을 네 가지로 설명합니다. 첫째, "통치자들"
은 타락한 천사들이 장악한 세력을 의미합니다. 그것은 정치 세력
이거나 경제 세력일 수 있으며, 군사 세력이거나 문화 세력일 수
있습니다. 전 세계적으로 일어나고 있는 온갖 사건 사고의 배후에
는 누가 있습니까? 사탄이 도사리고 있습니다. 사탄의 무리가 세
계를 괴롭히고 있습니다.

둘째, 권세는 곧 권위(authority)이므로, "권세들"이란 권위를 자
랑하는 존재들입니다. 이 권위는 좋은 권위가 아니라 사탄의 나쁜
권위입니다. 사탄의 능력을 행하는 이단 종교와 단체들이 많습니
다. 귀신의 힘을 이용해 점을 치는 점쟁이가 사탄의 권위를 등에
업고 사람들을 지배합니다. 얼마나 많은 사람이 점쟁이를 찾아다

니는지 모릅니다. 얼마나 많은 사람이 사탄에 속아 그 권위에 순종하고 있는지를 똑바로 볼 수 있어야 합니다.

셋째, "어둠의 세상 주관자들"은 모든 죄악과 어두움의 생산을 주관하는 세력입니다. 사탄은 싸움과 폭력과 사기와 거짓말 같은 것들을 통해 세상을 지배합니다.

넷째, "하늘에 있는 악의 영들"이란 사탄이 부리는 더러운 귀신들을 가리킵니다.

놀라운 사실은 네 가지로 분류된 사탄의 세력들이 은밀하게 숨어 있다는 점입니다. 그들은 언제나 대리인을 세우고, 그들을 통해서 우리에게 영적인 공격을 퍼붓습니다.

마귀가 자기 정체를 드러내는 것은 자폭하는 것과 같습니다. 그들은 언제나 대리인의 배후에 서서 역사를 어지럽히며, 하나님의 교회와 백성들을 공격하고 있습니다. 그러므로 배후 세력을 정확히 파악하는 것은 모든 그리스도인이 해야 할 일입니다. 배후에 역사하고 있는 세력에 관한 영적 통찰력이 필요합니다.

재미있게도 여호와의 증인 신도들이나 통일교 신도들은 교회 명패가 붙어 있는 집만 찾아다닌다고 합니다. 사탄은 교회에 다니는 성도들의 집만 골라서 공격합니다. 사탄은 안 믿는 사람보다 믿는 사람들에게 더 공격적입니다. 왜 그렇습니까? 안 믿는 사람은 이미 자기 밥이기 때문에 더 이상 건드릴 필요가 없는 것입니다. 오히려 보호해 주기까지 합니다.

혹시 닭을 키워 본 적이 있습니까? 저는 시골에서 조금 키워 봤는데, 닭들에게 모이를 아주 정성껏 주곤 했습니다. 물도 갈아 주었습니다. 왜 그랬을까요? 잡아먹기 위해서입니다. 예뻐서 준 것이 아닙니다. 돼지도 마찬가지입니다. 돼지들에게 왜 꿀꿀이죽을 줄까요? 통통하게 살찌워서 잡아먹으려는 것입니다. 그래서 전심을 다해 키웁니다.

마귀는 하나님을 모르는 세상 사람들에게 물질을 주고, 세상 권력을 나눠 주곤 합니다. 왜 그런 줄 압니까? 통통하게 살찌워 잡아먹기 위해서입니다.

깡패들의 세계를 보십시오. 같은 조직에 있는 동안은 도움을 받을 수 있습니다. 조직원 중에 누가 감옥에 들어가면, 그동안 남아 있는 가족의 생계를 해결해 주기도 합니다. 깡패 세계만큼 의리가 강한 곳도 없습니다. 아주 놀랍습니다. 그런데 그들은 두목의 명령에 복종해야 합니다. 두목이 "네가 오늘 쟤를 죽여 줘야겠다"고 말하면, 무슨 일이 있어도 그를 죽여야만 합니다. 양심에 가책을 느껴도 어쩔 수 없습니다. 그러다가 그 세계가 지긋지긋해서 도망가려고 하면, "감히 내게서 도망을 가? 그럼, 눈 하나를 뽑고 가라. 아니면 손가락을 하나 잘라라"라고 윽박지릅니다. 성한 몸으로 보내는 일이 없습니다. 심할 때는 죽여 버리기까지 합니다.

마귀가 바로 이러한 작전을 씁니다. 자기 테두리 안에 들어와 있는 경우에는 돈도 주고, 권력도 주고, 먹을 것도 주고, 성공도 시켜 줍니다. 단, 마귀의 일을 해야 합니다. 마귀에게서 벗어나려면, 엄청난 대가를 치러야 합니다. 사탄의 공격을 받지 않으려면, 마귀 옆에 붙어살든지, 그게 싫으면 예수님에게 꼭 붙어살아야 합니다. 둘 중 하나를 택해야 합니다.

예수님을 믿으려면 철저하게 믿어야 합니다. 예수님에게 꼭 붙어 있기만 하면, 마귀가 우리를 어떻게 할 수 없습니다. 그러나 적당히만 붙어 있으면, 마귀의 밥이 될 뿐입니다.

그러므로 영적으로 가장 위험한 사람은 어떤 사람일까요? 경계선에서 왔다 갔다 하는 사람입니다. 한 발은 교회에, 한 발은 세상에 두고 있는 사람 말입니다. 이 사람은 마귀의 밥이 됩니다. 마귀가 공격하기에 얼마나 쉬운 상대인지 모릅니다.

마귀는 믿는 자에게 더 공격적이라는 사실을 꼭 기억하십시오. 마귀가 우리를 어떻게 공격하는지도 알아야 합니다. 그들은 교활하게 찾아옵니다. 양의 탈을 쓴 이리요, 천사의 모습을 한 사탄입니다. 그들은 우리 믿음의 빈틈을 찾아 비집고 들어옵니다. 실수와 죄를 통해서도 들어옵니다. 미움과 증오의 감정을 통해서도 들어옵니다. 특히 예수님을 믿는 사람들 사이에 갈등이 생기면, 사탄은 그때를 놓치지 않고 하나님의 역사를 망가뜨리는 계기로 만듭니다.

하나님의 전신갑주

하나님의 전신갑주를 입으라고 했는데, 하나님이 예비하신 전신갑주란 과연 무엇입니까? 하나님의 전신갑주를 알아보기 전에 중요한 단어 하나를 먼저 살펴보겠습니다.

바울은 우리가 전신갑주를 입어야 하는 이유는 "악한 날에 너희가 능히 대적하고 모든 일을 행한 후에 서기 위함"(엡 6:13)이라고 말했습니다. 여기서 '서다'라는 단어를 주목하십시오. 중요한 의미가 담겨 있습니다.

여호수아서 5장을 보면, 여호수아가 여리고에 이르러 자신을 "여호와의 군대 대장"(수 5:14)으로 밝히는 한 사람과 만나는 장면이 나옵니다. "여호와의 군대 대장"은 "칼을 빼어 손에 들고 마주 서"(수 5:13) 있었습니다. 칼집에서 칼을 빼 들었다는 것은 무슨 의미입니까? 전쟁이 시작되었다는 뜻입니다. 또 앉지 않고 서 있었다는 것은 무슨 의미입니까? 전쟁이 시작되었다는 것을 의미합니다.

앉아서 치르는 전쟁은 없습니다. 그리스도인은 앉아 있는 사람이 아닙니다. 늘 서서 영적 싸움에 임하는 사람입니다. 자리에서 일어나 선다는 것은 전쟁에 있어서, 특히 영적 전쟁에 있어서 '결단'을 의미하고, 긴급한 상황임을 나타냅니다.

그런즉 서서 진리로 너희 허리띠를 띠고 의의 호심경을 붙이고 (엡 6:14).

그래서 바울은 하나님의 전신갑주에 관한 설명을 시작할 때도 "굳게 서서"(현대인의 성경) 입으라고 당부합니다.

영적 전쟁에 임할 때, 하나님의 전신갑주를 갖고 있다는 사실은 중요하지 않습니다. 취하여 입어야만 합니다. 드디어 하나님이 주신 첫 번째 무기가 등장합니다. "진리"의 "허리띠"입니다. 여기서는 "진리"와 "허리띠"를 동격으로 다루고 있습니다. "진리"는 예수 그리스도요 복음이요 구원의 진리, 은혜의 진리, 영생의 진리입니다.

진리가 우리 영혼의 중심에 설 때, 진리가 아닌 거짓은 우리를 유혹할 수 없고, 침범할 수 없습니다. 진리에 바로 서지 못한 탓에 사탄에게 넘어가는 사람들이 많습니다. 그들은 "예수를 믿든 석가모니를 믿든 믿음 자체가 귀한 거 아냐? 그냥 다 착하게 살면 되잖아. 예수를 믿고, 십자가와 부활을 믿어야만 구원을 받는다고? 촌스럽게 왜 그래?"라며 빈정댑니다. "부산에서 서울 올라오는데, 꼭 기차만 타라는 법이 있나? 자가용을 타고 되고, 비행기를 타도 되고, 버스를 타도 되잖아. 걸어올 수도 있지. 하물며 진리에 이르는 길이 하나뿐이겠어?"라고 역설하기도 합니다. 그러나 그들은 마귀의 공격에 속수무책일 수밖에 없습니다.

또 예수님을 믿기는 믿되 흐리멍덩한 사람들도 있습니다. 어떤 사람은 교회를 점집으로 여깁니다. 무당에게 복채를 주듯, 교회에 헌금합니다. 헌금을 많이 내면 많이 낼수록 하나님이 복을 더 많이 내려 주시리라 믿습니다. 또 어떤 사람은 교회를 사교 단체쯤으로 여깁니다. 교회가 세상보다는 비교적 따뜻한 편이라 사람들에게 사랑을 받을 수 있고, 교회에 안 다니는 것보다는 나으니까 다니는 사람들입니다. 이런 식으로 신앙생활을 하는 사람들이 꽤 많습니다. 그들은 진리에 바로 서지 못한 탓에, 복음의 진리가 무엇인지 관심이 없고, 천국의 의미도 잘 모릅니다. 그러니 사탄의 공격 대상이 되는 것입니다.

하나님이 주신 두 번째 무기는 "의의 호심경"입니다. "의"는 하나님이 우리에게 주신 은혜요 선물입니다. 거듭남의 진리입니다.

바울은 우리가 받은 구원은 은혜라고 말합니다.

> 너희는 그 은혜에 의하여 믿음으로 말미암아 구원을 받았으니 이것은 너희에게서 난 것이 아니요 하나님의 선물이라 행위에서 난 것이 아니니 이는 누구든지 자랑하지 못하게 함이라(엡 2:8-9).

이것이 "의"입니다. 우리 심장에 의로운 믿음으로 하나님의 의를 붙이지 못하면, 마귀가 쏘는 '행위'라는 화살에 넘어질 수밖에 없고, '공로'라는 화살을 막아 내지도 못합니다. 예수님을 믿는 것을 하나의 공로로, 또는 노력이나 선행으로 착각하기 쉬운 것도 바로 이 때문입니다.

유명한 설교자요 전도자였던 빌리 그레이엄(Billy Graham)이 어느 날 이런 말을 했습니다.

"내가 하나님 앞에 선 것은 수천만 명의 사람을 그리스도 앞으로 인도했기 때문이 아니라 나 자신이 죄인이었기 때문이다."

그는 수많은 사람을 전도했지만, 하나님 앞에서 자기 공로를 내세울 수 없다고 고백한 것입니다.

교회를 위해 수고하고 헌신한 것이, 교회에 헌금한 것이 내 공로가 되는 것은 아닙니다. 그것들은 하나님 앞에 당연히 해야 할 일 중의 하나일 뿐입니다. 오히려 우리가 하나님의 은혜를 받는 것은 죄인이기 때문이요 우리가 하나님 앞에서 의롭게 된 것은 예수 그리스도의 보혈의 공로 덕분입니다. 이러한 사실을 분명히 하지 않을 때, 우리는 마귀에 쳐 놓은 올무에 걸릴 수밖에 없습니다.

평안의 복음이 준비한 것으로 신을 신고 모든 것 위에 믿음의 방패를 가지고 이로써 능히 악한 자의 모든 불화살을 소멸하고 (엡 6:15-16).

세 번째 무기는 "평안의 복음"의 "신"입니다. 이것은 그리스도인에게 주어진 화해의 복음을 가리킵니다. 그리스도인은 "화평하게 하는 자"(마 5:9), 즉 피스메이커(peace makers)입니다. 예수님은 사람과 사람 사이의 화해자이십니다. "준비한"은 굳건한 기초를 의미합니다.

그리스도인이 가는 곳마다 화해의 역사가 일어나야 합니다. 분리되었던 것이 하나가 되며 깨어졌던 것이 다시 조화를 이루는 역사가 일어나야 합니다. 이것은 "평안의 복음"의 "신"을 신은 그리스도인이 감당해야 할 복음의 사명입니다.

네 번째 무기는 "믿음의 방패"입니다. 당시 방패는 병사가 손에 쥐고 마음대로 움직일 수 있도록 타원형 나무판 위에 가죽을 씌워 만들어졌습니다. 그것으로 "악한 자의 모든 불화살"을 막아 내야 합니다. 화살은 가까운 데서 쏘지 않습니다. 마귀는 우리가 보지 못하는 먼 곳에서 우리를 겨누어 불화살을 쏩니다.

"불화살"이란 송진을 묻힌 화살촉에 불을 붙여서 쏘는 화살입니다. 가죽으로 덮인 나무 방패에 불화살이 꽂히면, 불꽃이 힘을 잃고 꺼졌다고 합니다. 마귀는 우리의 성격, 인격, 행위 등에 불화살을 쏩니다. 건강에 쏠 때는 막을 재간이 없습니다. 오로지 믿음뿐입니다. 믿음이 없으면, 쓰러질 수밖에 없습니다.

구원의 투구와 성령의 검 곧 하나님의 말씀을 가지라(엡 6:17).

다섯 번째 영적 무기는 "구원의 투구"입니다. "구원의 투구"는 구원의 확신을 의미합니다.

신앙생활에서 가장 중요한 출발은 구원의 확신입니다. 구원의 확신이 없는 사람은 어떤 형태로든 자신을 잃어버리기 쉽습니다.

다른 것은 몰라도 적어도 구원의 확신만은 늘 충만하기를 바랍니다. 하나님이 우리를 사랑하셔서 십자가에서 돌아가셨다는 사실이 우리를 위한 구원의 투구입니다.

당시 투구는 말총 장식이 달린 구리 외피에 안쪽은 가죽으로 덮여 있었습니다. 그리스도인은 내면에 구원의 확신을 품고, 밖으로는 구원의 간증을 나누어야 합니다. 교회 안에 구원의 간증이 있기를 바랍니다. 주님이 내 죄를 사하시고, 사탄의 세력을 꺾어 주시고, 내 영혼을 하나님 생명책에 기록해 주셨다고 하는 놀라운 구원의 확신이 있기를 바랍니다. 바로 이것이 "구원의 투구"입니다.

사람의 신체 중에서 중요하지 않은 곳이 없지만, 머리만큼은 절대로 다쳐서는 안 됩니다. 저는 오토바이 사고를 당한 사람들을 너무 많이 봤고, 오토바이 사고로 죽은 사람들의 장례식도 여러 번 치러 봤기 때문에 오토바이만 보면 겁이 납니다. 사고가 나서 다리가 부러지고, 팔이 부러져도 머리만 상하지 않으면, 그나마 회복 가능성이 있습니다. 그래서 오토바이를 타는 사람들은 꼭 헬멧을 써야 합니다.

이와 마찬가지로 그리스도인이 사탄에게 이리 찢기고 저리 찢긴다고 할지라도 구원만 빼앗기지 않으면, 재생이 가능합니다. 바울은 사탄이 와서 우리를 흔들어 댈지라도 한 가지만은 흔들리면 안 된다고 말했습니다. 바로 구원의 확신입니다. 구원의 확신이 흔들리면, 믿음 전체가 흔들린다는 사실을 기억하십시오.

예수로 말미암는 은혜와 평강

하나님이 주신 여섯 번째 무기는 "성령의 검"입니다. 다섯 번째 무기까지는 모두 보호용 무기였습니다. 공격용 무기가 이제 등장합니다. "성령의 검"은 곧 하나님의 말씀입니다.

성경은 "하나님의 말씀은 살아 있고 활력이 있어 좌우에 날 선 어떤 검보다도 예리하여 혼과 영과 및 관절과 골수를 찔러 쪼개기까지 하며 또 마음의 생각과 뜻을 판단"(히 4:12)한다고 말합니다. 그러므로 말씀으로 무장해야 합니다.

하나님은 여호수아에게 "이 율법책을", 곧 말씀을 "네 입에서 떠나지 말게 하며 주야로 그것을 묵상하여 그 안에 기록된 대로 다 지켜 행하라"(수 1:8)고 말씀하셨습니다. 그런데 구체적으로 어떻게 해야 말씀으로 무장할 수 있을까요?

첫째, 말씀을 많이 외워야 합니다. 그냥 통째로 외우십시오. 에베소서 전체를 외워 보십시오. 다 외우지 않더라도 중요한 몇 구절만이라도 외울 수 있게 되기를 바랍니다. 성경의 핵심 구절을 최소한 200개는 외우길 바랍니다. 성경은 읽는 것보다 외우는 것이 훨씬 더 좋습니다. 아무리 감동적인 설교라도 듣기만 한다면, 대부분 예화밖에 기억에 남지 없습니다. 재미있는 이야기나 기억에 남지 정작 하나님의 말씀은 남지 않습니다.

그러므로 말씀을 읽고 듣는 것보다 더 좋은 방법은 쓰는 것입니다. 듣고 나면 곧잘 잊어버리지만, 쓰는 것은 오래 남기 때문입니다. 그러나 쓰는 것보다 더 좋은 것은 외우는 것임을 잊지 마십시오. 전도사 시절에 만났던 한 할머니가 지금도 생각이 납니다. 그분은 당시 칠순의 연세에도 마태복음 5장, 6장, 7장을 다 외우셨습니다.

성경을 외워 보십시오. 기억력이 좋아지고, 지능 지수도 높아질 것입니다. 말씀을 외우는 것이 좋은 이유는 그 외운 말씀이 우리를 지배하게 되기 때문입니다. 눈을 떠도 말씀, 눈을 감아도 말씀, 꿈을 꿔도 말씀, 무슨 일을 하든지 말씀이 자신을 지배하게 해야 합니다. 그래야 마귀가 꼼짝하지 못합니다.

말씀의 능력이 얼마나 대단한지 직접 경험한 적이 있습니다. 영락 교회에서 여전도회 특강을 했는데, 그 자리에 미친 여자가 한 명 있었습니다. 제일 뒤에 앉아서 아주 방자하고 교만한 태도로 집회를 계속 방해했습니다. 듣자니 신학교를 졸업했지만, 귀신에 사로잡혀 미치고 난 뒤에는 집회마다 쫓아다니며 방해한다고 했습니다. 감사하게도 집회는 잘 끝났습니다.

다들 그 사람 때문에 골치가 아프다고 했습니다. 그래서 저는 그 사람과 대결하기 시작했습니다. 더러운 귀신에게 야단치고, 말씀으로 꾸짖었더니 그 여자가 저한테 대들기 시작했습니다. 성경 말씀까지 인용하며 대들었습니다. 그런데 들어보니까 성경 말씀을 잘못 인용하고 있었습니다. 그래서 "이 더러운 귀신아, 네가 인용하는 성경 구절은 다 잘못된 것이다"라고 꾸짖었더니, 그 즉시 꼬

꾸라졌습니다. 귀신이 도망가 버린 것입니다. 그 순간 깜짝 놀랐습니다. 말씀의 능력을 생생하게 체험했기 때문입니다. 말씀의 능력이 얼마나 큰지 새롭게 인식하는 계기가 되었습니다. 그러니 날마다 말씀으로 단단히 무장하기를 바랍니다.

둘째, 매일 아침 큐티를 해야 합니다. 큐티야말로 말씀으로 무장하는 가장 좋은 방법입니다. 말씀을 읽고 묵상하며 기도로 30분을 보내 보십시오. 이것만큼 큰 축복이 없습니다.

> 모든 기도와 간구를 하되 항상 성령 안에서 기도하고 이를 위하여
> 깨어 구하기를 항상 힘쓰며 여러 성도를 위하여 구하라(엡 6:18).

하나님은 여섯 가지 무기로 전신갑주를 갖추라고 하십니다. 그리고 마지막에 한 가지 무기를 더 주시는데, 바로 "기도와 간구"입니다. 성경은 무시로 깨어서 기도하라고 권면하고, 성도들을 위해서 중보하라고 명령합니다.

전쟁 중인 군인에게는 총도 중요하지만, 더 중요한 게 있습니다. 바로 무전기입니다. 사령부에서 보내는 작전 계획을 제때 받아야만 하기 때문입니다. 당장 진격하면 이길 수 있을 것 같은데, 본부에서는 후퇴하라고 할 수도 있습니다. 사령부는 전체 상황을 파악하고 있기에 지금 공격하면 오히려 더 위험에 빠질 수 있다는 사실을 아는 것입니다. 반대로 눈앞에 펼쳐진 상황은 불리해 보이는데,

사령부에서 공격 명령을 내리기도 합니다. 대부분 본부의 명령을 따라야만 승리를 거둘 수 있습니다. 그래서 무전기가 중요한 것입니다. 영적 전쟁에 있어서 "기도"는 무전기와도 같습니다. 하나님과 나 사이에 무선 통신이 필요합니다.

하나님이 주신 영적 무기들을 살펴보십시오. 한 가지 특징이 있음을 발견합니다. 등에 짊어지는 무기는 없다는 것입니다. 모두 앞을 향하는 것들뿐입니다. 이것은 마귀에게 등을 돌리지 말라는 뜻입니다. 등은 언제 돌립니까? 도망갈 때, 등을 돌립니다. 마귀를 향한 공격과 방어에는 전진만 있을 뿐입니다. 마귀와 싸울 때는 대적해야지 등을 돌려 피하면 안 됩니다. 이처럼 그리스도인의 삶은 전진만 있습니다. 계속 전진해 나아가십시오.

> 또 나를 위하여 구할 것은 내게 말씀을 주사 나로 입을 열어 복음의
> 비밀을 담대히 알리게 하옵소서 할 것이니 (엡 6:19).

바울은 영적 승리의 비결을 가르쳐 주고 나서 마지막으로 자기를 위해 기도해 달라고 부탁합니다. 제가 성도들에게 하는 부탁과 그 내용이 똑같습니다. 중요한 것은 기도의 내용입니다. 바울이 사랑하는 성도에게 부탁했던 기도 제목은 "복음의 비밀을 담대하게 알릴 수 있게" 해 달라는 것입니다. 그리스도인의 제일 관심은 복음 전파여야 합니다.

우리에게는 예수님을 잘 믿는 이웃이 많지만, 복음을 전도해야 할 대상이 훨씬 더 많습니다. 예수 그리스도를 모른 채 살아가는 사람들이 얼마나 많은지 모릅니다. 우리는 그들에게 관심을 끊임 없이 기울이고, 담대하게 복음을 전해야 합니다.

바울이 에베소서를 쓸 당시는 오늘날과 그 상황이 상당히 다릅 니다. 생명을 걸지 않으면 복음을 전할 수 없었기에, 특별히 조목 조목 부탁했던 것입니다. 교회는 혼자 잘 믿고, 혼자 잘 살기 위해 존재하는 것이 아닙니다. 평소에 전도하는 일을 게을리해서는 안 됩니다. 우리가 사는 이곳은 바로 영적 전쟁터이기 때문입니다. 마 귀에게 패배하지 않기를 바랍니다. 성령 충만함으로 늘 승리하기 를 바랍니다. 주님이 우리를 돕고 계십니다.

마지막으로, 그리스도 안에 있는 사람이 받는 두 가지 축복에 관 한 이야기를 나누겠습니다. 바로 "은혜와 평강"(엡 1:2)입니다. "은 혜와 평강"은 당시 흔히 쓰던 인사말이기도 하지만, 시대를 초월 하여 우리 신앙 전체를 압축해 주는 말이기도 합니다.

"은혜"로 말미암아 우리가 구원을 받았습니다. 하나님의 은혜 없이는 구원도 없습니다. 그러므로 은혜는 구원과 믿음의 시작입 니다. 그러면 은혜 받은 사람의 결국은 무엇입니까? 바로 "평강" 입니다. 그리스도인이 천국에서 주님 앞에 설 때까지, 이 땅에서 가져야 할 결론은 무엇입니까? 그것은 평화, 하늘에서 내려오는 평화입니다. 그러므로 "은혜"는 믿음의 시작이요, "평강"은 믿음의 끝입니다.

또한 은혜는 값없이 주시는 하나님의 변함없는 호의요 사랑입니다. 평화는 단순히 전쟁이 없는 상태, 분리가 없는 상태, 다툼이 없는 상태가 아니라 한 걸음 더 나아가서 전쟁과 분리와 다툼 이후의 연합을 의미합니다. 즉 평강은 화해가 이루어진 상태를 가리킵니다. 이것이 성경에서 말하는 진정한 평화, 평강입니다. 예수 그리스도를 믿는 사람들이 받는 축복 가운데 이 두 가지가 가장 귀합니다.

그런데 하나님의 은혜와 평강은 어떻게 내게 임할까요? 내가 직접 받을 수는 없습니다. 하나님과 나 사이에 계신 예수 그리스도로 말미암아 내게 임합니다. 그래서 바울은 자신이 "하나님의 뜻으로 말미암아 그리스도 예수의 사도"(엡 1:1)가 되었다고 말합니다.

우리를 위해 십자가에 못 박혀 죽으시고 부활하신 예수 그리스도를 깊이 생각해 보기 바랍니다. 그리스도를 통해 하나님이 베풀어 주신 은혜와 평강이 가정과 삶 가운데 충만하기를 바랍니다. 주님 앞에 서는 날까지 '나는 하나님께 부름 받은 하나님의 사람'이라는 확신을 가지고, 가정과 직장과 사회에서 날마다 승리하기를 바랍니다.